组 织 学 习 与 进 化

U0574100

心智突围

个体与组织如何打破变革免疫

[美] 罗伯特·凯根　　丽莎·莱希　著

Robert Kegan　　Lisa Laskow Lahey

杨珲　殷天然　译

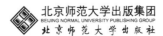

北京师范大学出版集团

BEIJING NORMAL UNIVERSITY PUBLISHING GROUP

北京师范大学出版社

序一
走得慢，让我总是走在你的前面

陈颖坚（Joey）[1]

假如成长是一件好事，我不得不坦率一点地自问："那为什么我总是成长得那么慢？"

我相信很多的读者（尤其是这本书的读者）都读过一本普及心理学的畅销著作《终身成长》（*Mindset*），作者卡罗尔·德韦克（Carol Dweck）在书中提出两种不同的思维心态，一个叫成长性思维（growth mindset），另一个叫固定性思维（fixed mindset），选择不同的心态会有完全不同的人生。《终身成长》主张我们必须拥抱成长性思维。此书流行至今，培训界时常用幻灯片提醒我们：不具备成长性思维就会被时代淘汰。我们的聚光灯现在都打在"成长"这件事上了，一面倒地认同它的同时，却忘了提出成长往往需要我们稍作内省，回观自己的内心，才能找到前行的力量。《心智突围》填补了《终身成长》没有给出的这条成长路径，也因为这样，我认为《心智突围》才真正称得上是让一个人变得更为"完整"的经典。这样来说，完整可能比狭义的成长更重要。

以退为进：令我惊艳的第一次出场

我记得 2008 年从美国带着当时鲜为人知的"四栏练习"（今天已改名

---

① fsa 共同创始人，资深组织发展顾问；《领导者的意识进化》《人人文化》译者。

为变革免疫地图）回来后，第一个应用场景是在中国台北。客户有一个要求：企业的业绩连年破顶，业务领导们觉得自己交出了漂亮的功课，可是在全球经济大衰退的气氛下，台湾是可以有利润的地方，因此业绩的目标一年比一年高，到达团队的增长上限。整个业务团队的士气低落，没人关心他们之前付出过的努力。我的任务是为这个团队"赋能"，希望可以将这个团队再向前推一把。说实话，这就是组织的荒谬，这完全是有今天没明天的经营策略。我坦率地告诉客户，第一，我没想到怎样才能再推他们一把；第二，哪怕我想到可以怎样推，我也不想这样做，因为这等同于推这些人去山顶之后让他们无助地摔下来。我说明了利弊后客户也认同我的观点，却陷入了进退维谷的困境。此时我跟客户说可以试用一种新工具叫作四栏练习，这个工具的特色并不是主张拼命地推进增长、改革、进步或是改善，而是有意识地退一步，回观自己的限制性因素是什么。我觉得对于很有意愿往上冲的业务领导们来说，当前的压力可能是一次契机来试探行为改造、自我变革的"推边际"（edge），可以转被动为主动；同时也可以建构一个能彼此关怀的"家园"（home）。我没想到这次在团体中使用四栏练习会带来巨大的成功。

迄今我已有不下于500个四栏练习个案的实战经验，我一般都在企业工作坊进行辅导，遇上恰当的时机，也会为团队做集体的四栏练习。这些经验让我可以更清楚地看到四栏练习的威力有多大，同时它也让我坚信一个好工具可以打开人的心智与心灵。我也深信，四栏练习对我作为"组织变革工作者"起到了重要的训练作用，它一次又一次让我看到人的脆弱面但也是人最珍贵的东西；它一次又一次让我看到成人意识进化中所说的"层次升维"是怎样展开的；它一次又一次训练我那不太灵敏的同理心，让我可以与我的客户、学员们产生更深层的连接。某程度上我可以这样说：四栏练习让我成长了。

手感很重要

然而，四栏练习的步骤出奇的简单。我认为就算不需要任何教练在旁引导，读者自己也可以按照四栏练习的四个栏目，一栏一栏地填写，都会得到一定的洞见。这就是四栏练习本身的威力，也是我经常跟学员们说的"信任这个流程"。不过，如果没有一个好手的引导辅助，四栏练习也不必定是一个百发百中的工具。我的学员里不乏资深的教练，他们往往在使用过程中出现某种"不知道该怎样带下去"的困局；偶尔教练成功带完了整个四栏练习流程，但仍然觉得没啥感觉，不知道中间漏掉了些什么。这些年来，随着从引导大量四栏练习中练出的手感，我发展出一套自己带领四栏练习的独特手法，每一栏都要求做到某些关键的动作，才能保证走到下一栏。但这些都是很个人化的手法，需要一个教练与这个工具长年的"磨合"，才可以自如地使用。四栏练习有一些重要的提示给入门的使用者。这恰恰是《心智突围》的目的，有了这本类似"使用手册"的著作，我相信读者们会更有动力展开自己与四栏练习的磨合过程。

四栏练习的微妙之处：看到另一个自己

但如果四栏练习有它的特效，它的神奇之处在哪呢？它的独特之处在于不是一味地强调"成长性思维"。我从自己做过的案例中得到最大的启示是：成长并不完全来自一股热情。也许这样说更有颠覆性：如果单靠所谓的创造的热情、愿景、使命，不可能帮变革者走得太远，他随时会被另外一些阻抗力量打死。帮助我们成长的，往往来自对一些更深藏信念的松动。这些信念，一直都处于深处，鲜有机会被捞出来重新审视。可能是因为日常没有这种闲情逸致；可能没有想得那么深；可能一直认为这是自己的阴暗面不想拿出来面对；可能压根儿不承认自己有这样的"另一个自己"。以上种种，都是由于我们没有真正看见这个不同——甚至是被遗弃——的自己。每次我将学员带领到"隐藏且相互冲突的内在承诺"阶段，他们会看到自己内心原始的"需要"及不愿意放手的"渴求"，而这往往与自我保护的机制相关。当他们真诚地表露自己的脆弱时，我都会在他们眼中看到泪光。这是非常美丽且动人的时刻，我跟随着他们的心变得更加包容了。这就是四栏练习的威力。

四栏练习的过程，让我真正体会到人类与生俱来两股同时存在的生命力量：创造的热情以及不想面对死亡的防御功能。这两股力量，在很多时候相对独立地运作，你追随着伟大的理想创造了很多令人赞叹的奇迹，同时你也小心翼翼地保护着自己免受伤害。但偶尔这两股力量会彼此相撞，在这个时候，拼命推动热情那一面只会徒劳无功。需要做的是进行一次 U 型的深潜，提起勇气来与惧怕死亡的那一面相见。这个所谓惧怕死亡的自己，按照凯根最近的一个说法，转换为心理上的保护力量时，就是必须保护自己免于或远离"不能接受的损失"，纵使这些损失是成长过程中必然要付出的代价。

全然接受这样的我

狭路相逢勇者胜。但此处所谓的勇者，他更能敞开自己脆弱一面，而不是用铜墙铁壁来自我防御。当自己真正能做到"全然接受这样的我"的时刻出现之后，讽刺地也是吊诡地，前行的路突然变得可能。这些经历，我从来没有在其他同类型的变革工具中碰到过。

我们必须再次庆祝杨珲与天然重新翻译的《心智突围：个体与组织如何打破变革免疫》！她们都是教练界的好手，本身也是四栏练习的使用者，有她们的合力，连同北师大出版社之前出版的《人人文化》《孕育青色领导力》《走出心智误区》《领导者的意识进化》，我相信我们的队友们在维护整个成人意识进化领域语言上的一致性，终于可以在中国的土壤里落实了。但我也必须承认，这只是对于个人成长、成人发展的起步。

最后，我想跟大家分享前面关于"成长太慢了"的另一个意义建构的方向，希望对大家走进《心智突围》有提示作用：我之所以总是走在你前面，恰恰是因为我走得比你慢！互勉。

2022 年 5 月
北京

序二

李京华[①]

我对个人成长和转变的兴趣始于青少年时代。我来自一个大家庭，兄弟姐妹比我优秀，而我则甘于普通。中学时的陈老师注意到我的潜力，当我失去信心时，经常给予我鼓励和肯定。当我屈从于不如别人的想法时，他开导我、指点我，让我相信我可以像其他人一样出色。

后来，我从事了教育工作，首先是在学校，然后是在社区。我特别关注那些"学习缓慢"的人，以及处境不利和边缘化的人。尽管我一心想为他们提供帮助，但作为一名教师和变革推动者，我在工作中看到的失败多于成功。在博士阶段的学习过程中，我认识到外部的赋权再加上个人内在意愿才能创造一个适宜的环境，从而让成年人改变和成长，让社区变革。

25年前，当我成为一名领导力教练和引导师时，我致力于帮助高级领导者提高他们的领导技能和技巧，同时完善自己的辅导技能。我的注意力更多地集中在领导人的"做事"而不是"做人"上。虽然客户在学习中有所收获，但我有时感到他们的改变大多短暂，少有长期效果。

之后我发现了罗伯特·凯根（Robert Kegan）和丽莎·莱希（Lisa Lahey）的"改变免疫力课程"。我特地飞往美国参与学习，后来更是与凯根在中国共同为中国的教练和企业领导人举办了数场变革免疫引导课。我更加敏锐地意识到横向发展（以技能和技术为主）和垂直发展（内在调适性学习）的区别。我也开始理解近几十年来，70％的组织变革失败其主因

---

① 密歇根大学成人发展博士，ICF PCC资深高管/团队教练和领导力引导师，组织发展专家。

是仅仅关注结构、制度和流程、奖励和激励，但对外在引发的改变和调整关注不足。

道理很简单：除非人心改变，否则组织不会改变。尽管组织不断提供各种以知识、技能和技术为重点的企业培训，但一些领导者的核心态度和做法没有改变。他们期望组织能改变，但前提是他们自己不需要做出任何艰辛的调整，他们就会很高兴并表示支持变革。或许，他们想改变，但他们的意图和愿望由于内心的重大假设而受阻，这些假设源于其恐惧和不安全感。

作者使用了一个精心设计的四栏图，帮助读者（领导者）了解他们自己做了什么，以及为什么这么做。那些受过去有利或不利的经验影响而形成的心态和信念，现在成了改变个人和职业发展的障碍。这些内在的变革障碍被称为"变革免疫。"

本书使用日常语言通过循序渐进的方法帮助我们揭露潜在的"大假设"。它原本旨在保护我们免于恐惧和担忧，但却阻碍了我们变革的决心和努力。本书将描述一段个人转化过程，即在接受挑战和获得支持的环境下，个体在心智、情绪和行为上进行渐进式的调适并学习新的技能，从而颠覆其免疫力。本书还提供了集体免疫地图，引导团队和组织揭示他们的内在假设和"群体免疫"，当集体免疫呈现在人们面前时，禁锢团队的固有信念得到了解放，组织的潜力被释放出来。

这种独特的变革免疫地图带来了彻底的主客体转换。当免疫地图呈现出潜意识中的重大假设时，我们就能以新的眼光看待自己和周围的世界。因此，我们有了更多的选择，有了更广大的发展空间，实现了可持续突破。这种深度自我意识的觉醒是激发成长和转变的途径之一。

在我自身和客户身上应用凯根的成人建构发展理论、莱希长期研究和设计的"变革免疫地图及转变过程"时，我收获到无比的满足。通过变革免疫地图的梳理诊断，然后提出不同的问题并多角度辅导领导者，我见证了领导者态度的变化。他们的心智越发成熟。他们更有能力面对沮丧、冲突甚至混乱的局面了。他们意识到自己能以更多的角度对待人、事、物，这给了他们一种新的自由度和自主感。当他们谈论自己的工作、同事和个人生活时，会感受到全新的快乐和自信。领导力发展不再只是管理能力的增长，它也关乎一个领导者内在的完整性，要求领导者在充分表达自我，以及为工作投入前所未有的精力、激情和创造力这两方面不断发展。

2012 年和 2013 年，凯根和莱希曾到访上海和北京。当时中国的大多数领导者和组织只关注领导力的横向发展，培养能够维持组织发展的知识和技能，而不是对变革免疫力的更深层次的反思。十年后，世界发生了难以置信的变化。领导者无不希望继续保持业务增长，或至少能维持业务并有所突破。但是怎么做呢？我们关于组织、关于组织里的人，还有关于客户的信念，仍建立在过往的经历和偏见上，与此同时，我们却又漫无目的地抓住最新的管理时尚或营销噱头做不同的尝试。

新一代年轻人希望追求自己的梦想和目标。一群数量虽少但在不断增加的"青色组织"和创业领袖正在探索未来商业的可能性，探索如何使商业更加智能、友好，探究如何让组织摆脱过去习以为常的机械僵化的管理，成为一个自主、协作和不断进化的活体。这一切都涉及人和组织的觉醒和心智成熟。

随着我们不断将领导力和组织发展建立在实证研究和心理洞察的基础上，成人发展理论、个人及组织心智发展和成熟理论渐渐走向舞台中心。"变革免疫"比以往任何时候都更有意义，它为成人成长提供了一个模式，帮助我们自己、我们的组织和社区学习如何克服内在障碍。也许当我们学会打破对变革的免疫力时，我们更能应对周围世界不可避免的变化了。

我很高兴看到这本新修订的中文版《心智突围：个体与组织如何打破变革免疫》面世，这是由几位经验丰富的中国译者，同时又在工作中熟练应用变革免疫推动组织发展的专业顾问共同努力的成果。他们的经验和见解为翻译工作提供了智慧，使文意更加清晰。本书是教育工作者、企业家、创业者、领导者、组织顾问和教练的必读之书，尤其在当今世界，它不仅挑战我们的工作方式，还挑战我们对自己、人际关系和工作的看法。

我们所继承的并与他人分享的意义是我们理解自己和世界的方式的根

基。这本书向成年后的你提供了继续学习和趋向心智成熟的方法，并帮助调整你在组织中与他人互动合作的风格。当今世界从来没有像现在这样如此迫切地需要领导者愿意致力于打破/穿越自我和组织的变革免疫，在这个意义上本书是送给那些愿意做出改变的人的最好的礼物。

2022 年 3 月

香港

序三
看见，然后突围，"那件大事"

杨　珲[①]

一口气读完《领导者的意识进化》的那天，我就特别期待着凯根教授的著作能够在国内出版，让成人心智进化的理论、实操为当下的组织与领导力发展护驾领航。我心有所念，居然就接到了学妹的翻译邀请！心中欢喜，终于有了仔细琢磨凯根关于转变的方法论、全方位研究领导者突破性转变案例的机会！

然而，我没有料到在翻译的过程中，令我一次次叹服、感动、流泪的是书中一个个真实的领导者。彼得与罗恩，是我很喜欢的一对高管（第3章中的变革项目客户）。彼得作为创始人与首席执行官，心中坚如磐石的"一件大事"就是"这儿我一定要说了算、一切都要尽在我的掌控中"；而多年好友、联合创始人、公司首席运营官罗恩的"一件大事"是"公司里的每个人都要喜欢我，我要享受与彼得并肩掌舵的那种快乐"。可以想象，这样的一对高管，在面对公司业务向全球发展、大笔并购、团队成员激增的调适性挑战时，他们自身的意识成长，将成为整个公司领导力发展的支撑点。

彼得与罗恩深知变革的艰难，但真正艰难的，是转变人们的意识。他们请凯根用变革免疫的方法在整个公司的高管层进行"一件大事"的领导力变革项目。在这个项目中，领导者们采用凯根的"变革X光成像"，看

---

① 北京师范大学心理学部与美国匹兹堡大学学习与发展中心联合培养认知心理学博士。高管教练，领导者意识进化与成长的推动者。曾任多家大型跨国集团HR高管。

见了到底是什么内在信念在阻碍自己达成"真心特别想要达成的目标"（是不是有点绕？确实，你确定、肯定以及笃定，特别想要达成某个目标，但是你的实际行为却一直在南辕北辙）。而且，高管团队中每个人都要分享自己的"一件大事"是什么。

分享归分享，在无数次下定决心要授权、要倾听之后。就在决策"一件大事"的领导力项目怎样总结收尾的高管会议中，彼得还是非常倔强，"在我的公司，领导力项目必须这样总结收尾，这才是高标准的领导力！"在人人假装低头沉思的尴尬里，刚刚被并购过来的公司的领导者比尔，沉默良久："嗯，很抱歉，恕我冒昧。但是，嗯……我想，刚才发生的这一切，是不是就是一个很好的事例，它恰好体现了你自己的那'一件大事'？"

彼得事后回忆："那天，我艰难地咽了一口气，做了一个深呼吸。那真的是极为珍稀的一个人生时刻，我仔细咀嚼、消化，试图表现出我希望我的高管们表现出来的那样的行为。"那个时刻，转变真实发生了。

翻译到这里，我热泪盈眶。彼得的努力、倔强、奋斗，曾经是这家公司成立并得以发展的核心，也是彼得的人生大假设。但是，也正是这个大假设、这"一件大事"，阻碍着彼得达成他真实想要的转变。曾经保护你的，现在正在阻碍你。

彼得看见了这件大事，并且成功突围。那么，什么是你的"一件大事"？你又将如何突围？

2022 年 3 月

北京

序四
生命成长，组织绽放

殷天然[①]

我与凯根教授初识于 2015 年秋天的上海，那时我们共同筹备"全球教育领导力"论坛和"变革免疫"认证专题讲座。他亲和而富有活力，当他得知我有意从学术研究转入咨询行业，当即意味深长地笑着"欢迎"了我并祝我好运。之后的七年，我逐步深入企业组织管理现场，参与诊断痛点，陪伴组织迎接真实的挑战，终于慢慢理解了凯根教授当初那意味深长的微笑。因为比起真正面对组织管理实践挑战，理论的探索创新虽然孤独而艰难，却仍然是相对单纯而易于聚焦的。我也渐渐理解为何凯根教授与莱希教授不满足于提出成人心智复杂度三个阶段的理论，而是不懈探索，直至开发出变革免疫 X 光片：一种能够支持专业顾问应用于个人领导力突破与组织发展的有效工具。他们深知现实世界的表象往往是复杂多变的，但学者的使命恰恰是洞见规律、揭示真相，以及在此基础之上尽可能提供解决问题的"金钥匙"。

在本书开篇凯根教授以深切的关爱之心，体察了当代人焦虑、恐惧、自我设限之苦，洞察到"我们自身的心智复杂度远远落后于世界需要的复杂度，我们身陷困局"。针对在越来越复杂的外部环境中无力应对的组织管理者，凯根教授提出应该通过提升自身的心智复杂度，完成意识层次跃升来持续发展自我，才更有可能从容面对层出不穷的外部挑战。这样的先

---

① 法国国家科学研究院管理学博士，全球领导力与组织发展顾问循证专业高管教练。

见，着实给了迷茫的组织管理者一把开启自我突破、激活更高层次领导力、破解适应性挑战的"金钥匙"。与此同时，当我们处在需要应对变化的环境中，组织中的每一个个体同样需要最大限度地激发主动性，释放自我潜能。如何能让"组织与人才共创价值"？透过组织发展专业视角完成本书的翻译，我想自己找到了一块重要的基石。

凯根教授多次到访中国，传道授业解惑。他具备极强的洞察力，在与中国企业家、管理者、管理学界与教育界学者及实践者深入密切的交流互动过程中，他被这一片生机勃勃的沃土深深打动。他感受到人们渴望新知，勇于探索突破。借本次中文译本的出版，我们同样希望回报凯根教授的殷殷期盼。

正如凯根教授所言："一切尽在掌控其实是一种幻象，但至少我们可以让自己拥有鸟瞰的视角。"在人类与万物共生的世界里，更好地洞悉自己，创造人类独有的价值，这也是我参与翻译本书最宝贵的收获。

2022 年 4 月

上海

目　录

致　谢

　　这本书的写作贯穿我们一直以来的研究工作。书评家们说你将会在这里发现全新的、然而又是一条"尝试之路"的方式，为工作中的个体和团队带来显著的改进。

　　是的，这条路上的每块砖我们都已经铺就。本书中介绍的思路、实践在下面这些地方都已经得到了很好的应用，包括一家欧洲的国家铁路公司、一家全球性的金融公司、一家美国最知名的科技公司、一个儿童福利机构的领导层团队及其管辖范围内美国中学的学校董事会和监管者、一家全球性的战略咨询公司和美国发展最快的工会组织。

　　事实确实如此，这是一条曲折迂回的道路。我们最开始并没有计划要解决这个问题，但是后来却变成了解决这个问题的专家，那就是要填平一个沟壑。这个沟壑就是，人们在真心期待要做的事情与实际做的事情及其结果之间的巨大差异。25年前，这一点也许对组织没有什么用。虽然我们之前就意识到这个问题值得花费一生的时间去探索，但我们真的没想到，这个探索让我们和世界各地，包括美洲、欧洲、亚洲和非洲的领导者和组织有了如此深入的合作。

　　最开始的时候，我们是研究成人心智模式与复杂度的学术型心理学家。随后，我们中的一个个人——凯根（Kegan），开始成为发展新理论的领军人物，而另一个人——莱希（Lahey），开始领导团队研究方法和测试工具来检验这个新理论。从20世纪80年代开始，我们逐渐揭示了深深鼓舞着我们——以及全世界的研究和实操同仁——的一些新洞见。

　　我们发现，在成年之后生命依然有着新的可能性！虽然早期的一些流行(甚至在那时是科学的)观点认为，我们的心智就像我们的身体一样，在成年之后不会再"长高"了。我们发现，一些关于成人受试者的研究表明，他们可以在成年之后继续进化出高度复杂和敏捷的认识世界的方式。

虽然我们的观察发现，只有少数人能够习得最高层次的发展模式。但是，我们的长程研究(对同一批受试者进行多年研究)清楚地表明，如果人们在发展，那么他们就会遵循相同的先后发展进程。每个新的心智层级发展都必须克服前一个层级的局限。进一步的研究还发现，每一次质变的飞跃不仅会拓宽人们的视野(他们如何看待自己和世界)，也会使他们的行为更加高效(关于心智的各个层级，将在本书的第一篇详细描述)。

然而，我们确实也发现多数人在成年后没能进化出新的心智模式，即使有所变化，这些变化也非常微弱。我们在心中(我们是在教育学院而不是管理学院接受大学教育)一直都是一个教育者，我们想知道到底怎样可以帮助人们在心智成长上发展出更高的复杂度。一些人更高的心智优势是运气还是偶然，还是完全可以人为促进的？我们可以支持人们成长吗？这些疑问让我们越走越远，在20世纪90年代，我们有了第二个发现。

之前我们对心智发展进化的研究是从外部进行的。我们描述人们进行意义建构的每一种方式，为什么这种方式创造出了某种现实世界，一种方式进化的时候其结构发生了哪些变化，等等。但是现在，我们不知不觉开始转向对内在动力的研究，尤其是那种把我们固着在现有的层级上无法前进的"核心动机"(master motive)。我们发现了一种我们命名为"变革免疫系统"(immunity to change)的现象，这种内在隐藏着的动力系统积极地(而且完美地)阻碍我们实施变革，因为这个系统的核心职责就是要确保现有的意义建构系统不被改变和破坏。

在我们2001年的著作，《谈话方式会改变工作方式》(*How the Way We Talk Can Change the Way We Walk*)中，我们首次向读者介绍了关于变革免疫的概念。在书中，我们呈现了一个多年提炼得到的原则上很简单的进程。这个进程可以帮助人们揭示那些内在隐藏的动机和信念，而正是这些动机和信念阻挠人们实现那些他们真正想要发生的改变、也确实是应该发生的改变(无论这些目标是"在沟通中更加鼓舞人心"还是"我必须减重")。

对这本书的反响出乎预料。它被用来指导人们(现在每年用以指导几千人)走过这个发展进程(如果想的话,你也可以如此这般指导自己,本书第9章有详细描述)。我们经常听到人们这么说:"我从没想过会发现这个!"又或者,"我做了三年的心理治疗也没发现的东西,现在三个小时就搞清楚了!"事实上,人们如此激动的原因是他们的发现是如此清晰、充满力量(而且发现的速度是如此之快)。但我们也都知道,在有了清晰的洞见和有能力采取行动之间,还有着巨大的鸿沟。

我们意识到我们发展出了非常有力量、同时又很实用的理念,但是离达成读者的真实目标还有一段距离(仅仅有了洞见,并不能帮助一个完全无法授权的经理人,也不能帮助一个没法给予上级反馈的下属,即使他非常想这么做,而且实际上也有能力这么做)。同时,让我们自己完全满意,也还有很长的路要走(不仅能够看到那些构成了当前思维模式的机制,同时也能帮助人们突破自己所受的限制)。

在《谈话方式会改变工作方式》出版之后不久,我们有机会与一个群体一起工作。这些人是来自世界500强公司或国家级非政府组织的知识管理部门或人力资源部门的领导者。他们属于同一个机构,这个机构专门搜寻那些还处于发展阶段的新思路、新实践,然后对"发明家们"的新思路和新实践可能具有的价值,给予坦诚的评估和反馈。我们没有事先告诉他们我们的研究与发现,只是邀请他们,在我们的指导之下尝试使用这个进程几个月的时间。

当完成评估的时候,他们的反应几乎都是一样的,一位首席知识官的说法最具代表性:"我既得到了一些好消息,也得到了一些坏消息。首先,好消息是:过去我花了20年的时间提升我的能力和绩效结果,而你们刚刚教我们使用的工具是最有效的学习工具,真的,最有效的,没有之一。这就好像你把直升机的引擎安装在了正确的位置,然后你就有一种可以马上起飞的感觉。但坏消息是:你完全不知道拿这架已经起航的飞机怎么办——要飞向哪儿以及怎么安全落地。"

他是正确的。从《谈话方式会改变工作方式》的一些读者那里我们得知，一旦他们的直升机起飞，他们就知道怎么飞到自己的目的地。然而对大多数人来说，洞见虽然令人振奋，但仅有洞见还不足以带来持久的改变。我们还有很多的工作要做，有第三道坎需要迈过。距离上一本书出版七八年之后，这本书现在问世了。

在这些年中，我们的工作都是帮助人们实现他们特定的改进目标。而对我们的工作最有冲击的一个发现就是，与人们深思熟虑的真诚愿望相抵触的那些变化，正是一些可以帮助人们突破现有思维模式的限制、发展新的意义建构系统所需要的变化。基于我们的同事罗纳德·海菲兹（Ronald Heifetz）极具启发意义的、对"技术性挑战"和"调适性挑战"的区分，我们可以说，有一些个人改进目标——尤其是那些我们知道自己必须做、但却怎么也做不到的——需要我们自己"长大"：也就是说，我们必须调适自己才能实现目标。

于是，我们思索是否可以建构一个成功的"学习平台"。这个平台要同时完成两个目标：诊断免疫系统并且颠覆这个免疫系统。我们之前的诊断工具可以让以前看不见的东西清楚地呈现出来，而我们的研究表明这样可以促进心智复杂度的提升（让心智结构从"主体"到"客体"，从"掌控者"到"工具"）。我们推测，有能力进入并转化心智模式是能够面对特定的调适性挑战的核心。但恰恰相反，一个人面对调适性挑战时的紧迫感，就会使这一挑战变成一个特洛伊木马：这是一个引人注目的注意力焦点，一旦打破，能量释放，就有可能转化整个（心智）场域。

本书是我们这几年不断探索、追寻的成果。在我们看来，对这个学习平台的最佳检验就是问以下的问题："它真的帮助我达成了特定的发展目标吗？"（例如，"我真的变成一个鼓舞人心的沟通者了吗？""我现在更善于授权了吗？"）当然，如果对问题的回答是肯定的，那么这个学习平台就是有价值的。

但是，我们有野心问一个更大的问题："这，也促进了我的认知复杂度的增长吗？我所发生的变化能否允许我发挥一组新的能力，而不是仅仅能够应付当前的单一改进目标？"如果对这个问题的回答也是肯定的，那么投资时间精力去着力个人的成长，其价值就要远远超过仅仅完成一个改进目标。

当你阅读本书中的案例时，你有充分的自由去评测这个学习平台有多么强大。阅读过程中，如果你对刚才的第二个问题的回答也是肯定的，那么本书的核心观念——人们是可以改变的——对你来说就有了两重含义。第一层含义是：是的，人——即使是成年人——是可以在专注的领域中做出显著改善的，即使他们之前已经尝试并失败了很多次。第二层含义是：是的，即使是"成年人"也可以继续进化其心智系统的复杂性，就像从童年时代发展进化到青少年时代一样，从而形成一个更具洞察力的、更负责任的、更少自我中心的现实理解与表征体系。

如果你对我们之前出版的书籍不太熟悉，欢迎！我们并不要求你要熟悉之前书籍的内容，那也不是读懂这本书的前提条件。如果你曾在生活中尝试做什么，但是失败了的话，如果你曾经想帮助他人做出改变，那么阅读本书就是你的最佳选择。如果你是领导者、经理人、顾问、律师、培训师、教练或老师——只要个人或团队的改进是你工作的核心重点——我们这本书就是为你写的。

如果你对我们之前的工作很熟悉，那么欢迎你回来！也许你之前读《谈话方式会改变工作方式》的时候会有一个疑问："现在你已经揭示了变革免疫的内在本质，让我看到了问题所在，那我究竟应该如何学习去解决这个问题呢？"这本书就是答案。

如果你对成人发展感兴趣，如果你在探索成年之后继续显著提升心智复杂度的可能性，如果你曾经阅读过凯根之前写的两本书《发展的自我》（*The Evolving Self*）和《超越我们的大脑》（*Over Our Heads*），并且想知道关于支持成人发展有什么新的进展，那么，你也是我们的目标读者。

如果你已了解我们关于变革免疫的实践工作是基于我们对心智模式和意义建构系统进化过程的理论研究，如果你很想知道我们在这二者之间发现了什么新的联系，从而怎样支持建立新的学习组织、应对调适性挑战，那么，这本书就是为你写的。

写作本书的这些年里，我们还做了一件特别的事情：我们花了相当多的时间与组织、企业、政府、教育行业中的领导者和团队一起工作。他们有勇气去尝试一个完全不同的方法，来改进个人和团队的工作，即使尝试新方法的时候有一些不舒服和害怕。与我们一起工作的组织特点各有不同，但是这些组织的领导者——首席执行官、部门领导、团队领导——有一点却是一样的，那就是在遇见我们之前，他们就已经深深意识到：人们实际上天天都带着自己人性的一面工作；那种想把工作领域和个人领域绝对分割开的想法是天真无知、于事无补的；21世纪的领导者们必须找到一种高效的办法，将情绪情感的力量植入组织与团队中。

我们想对这些勇者们说的不仅仅是感谢，他们的故事你会在书中读到。我们真的想要表达对他们的崇敬，他们不仅仅是我们的客户，也成为我们的思想伙伴。他们帮助我们更深刻地认识到本书真正在传递着什么。

这些年，从我们写作《谈话方式会改变工作方式》的时候开始，另一个强大的学习资源是我们参与了哈佛教育研究院的领导力改变团体（CLG，Change Leadership Group，Harvard Graduate School of Education）。这个团体最初由比尔-梅琳达盖茨基金（Bill and Melinda Gates Foundation）资助创建，一直致力于发展一整套"改变领导者的系列课程"，以帮助教育监管者们为美国的公立学校校区带来显著的、系统性的改革。

可以想象，这样的改革成效要建立在并不充分的组织动力和心理动力互动的基础上，领导力改变团体非常谨慎地将不同学科间的团队慢慢凝聚在一起，选择了一些试点学区来尝试搞清楚学校领导者们到底需要什么，才能让自己的外部和内部感知都变得更加敏锐。

我们加入了这个团队，领导与心理学相关的工作。在我们与他人合著的另一本书《变革领导力：学校变革的实践指南》中，你能看到我们如何将变革免疫的理念融入领导力的课程中。

我们与领导力改变团体（CLG）和学校学区的同事们一起工作了几年，

这一段经历教育了我们。在这段时间中，我们与组织的领导者们一起着力于改革，我们不得不采用组织中的同事们的思考方式所造就的组织视角，这使得我们能够以更加辩证的思路来构想社会中心论与心理中心论之间的关系。

之前，我们认为组织、团队、社会结构的意义和作用就是它是否积极地支持了个人的成长（"组织是否提供了一个'支持性的'环境？"或者"组织怎样才能变得更好？"）。而现在，我们更倾向于这样问："这些人的成长怎样才能帮助团队提升团队业绩，或者帮助组织产出想要的绩效成果？"（在本书的前面几章，当我们考虑将变革免疫工具用于团队的时候，你就能够看到这种新思路。）

我们要感谢这些咨询顾问同事，他们在本书描述的项目中和我们一起工作：在彼得（Peter Donovan）和他的管理执行层团队的工作，蒂莫西·海文（Timothy Havens）博士和马克·绍尔考迪（Mark Sarkady）加入了我们。在第7章的医疗公司案例中，罗伯特·古德曼（Robert Goodman）博士是我们一起工作的伙伴。

我们必须要感谢以下这些朋友和伙伴，他们对本书的贡献深得我们的信任：Karen Aka，Maria Arias，Elizabeth Armstrong，Michael Bader，Marwan Bizri，Connie Bowe，Sue D'Alessio，Herman De Bode，Peter Donovan，Conning Fannell，Pierre Gurdjian，Ron Halpern，Tim Havens，Ron Heifetz，Deborah Helsing，Annie Howell，Tsun-yan Hsen，Jude Garnier，Robert Goodman，Barry Gruenberg，Jennifer Juhler，Michael Jung，Neil Janin，Art Kaneshiro，Jay Kaufman，Richard Lemons，Marty Linsky，Kati Livingston，Emily Souvaine Meehan，Beat Meyer，Frank Moretti，Patricia Murrell，Donald Novak，Micky Obermayer，Eric Rait，Wilhelm Rall，Barbara Rapaport，Mark Sarkady，Harry Spence，Mary Ellen Steele-Pierce，Willa Thomas，Tony Wagner，James Walsh，Laura Watkins 和 Terri Weiland。

我们还要感谢我们的编辑杰夫·凯赫（Jeff Kehoe），书还没有开始写的几年前，他就已经是我们坚定的支持者。还有科琳·卡夫坦（Colleen Kaftan），他帮助我们重新构建了整个森林并且把每棵树都安置得恰到好处。因为你们俩，这本书才有了今天的精彩模样。

上一本书中，我们感谢了我们的家人，如今，他们依然是我们一生持续的鼓舞、快乐、支持的源泉。但是，在你们继续阅读之前，我们想谈谈我们自己的父母。在将近20年的共同工作的时间里，我们几乎都没注意到我俩恰巧都生长在"商业之家"这个共同点。我们两个家庭都拥有自己的小生意，我们的父母亲都曾经一起或分别管理过自己的企业。

虽然我们的父母都为我们感到十分骄傲，但诚实地说，他们也承认他们有点儿怀疑：这些关于"管理科学"的理论和书籍是不是真的对他们实际的管理工作有所助益。（如果你的工作就是帮助那些经营业务的经营者们，我猜想你们中的一些人也会有同样的怀疑。）

父母中的一位告诉我：这些东西统统都让我想起了钓鱼的人和狩猎监督官的故事。一个狩猎监督官被邀请去一起钓鱼。结果一个陌生人把他载到了湖泊的中央。正当这个狩猎监督官在整理钓鱼竿的时候，他恐惧地看见钓鱼者从自己的工具箱中拿出了一管炸药，点燃了并且扔进了湖中。随着一声巨响，湖面掀起了巨大的水花。这时候，很多的鱼儿——完整的、还没死的——都被水浪掀上岸来，你只要拿铲子铲就是一大堆。狩猎监督官这时候完全暴怒了，呵斥道："你到底是在干什么啊？我是狩猎监督官，你这是违法的行为，简直是太危险了……"在狩猎监督官嚷嚷的时候，钓鱼的人又从工具箱中拿出一管炸药，点燃了，递给了狩猎监督官。

"你到底在想什么啊？"狩猎监督官吼道。他把炸药那点燃的引线拿得远远的，"我简直不敢相信！你让我拿着这炸药要干什么？"

狩猎监督官一直在怒吼，同时引线也越燃越短了。最后，钓鱼者说话了："听着，你到底是继续嚷嚷，还是钓鱼？"

说这个故事的父辈认为，所有那些关于管理和领导力的书籍都是"仅仅是在嚷嚷"，而一个真正运营公司的人才是"在钓鱼"。而他说，真正的钓鱼并不是像诺曼·洛克威尔（Norman Rockwell）描述的那样。"这些书就像那个狩猎监督官，他们脑子里有一套事情应该如何做的原则和理想。当然了，如果你身在书中所描写的简单纯粹的世界中的话，这些原则和理想听起来确实很有道理。但是，真实的商业环境并不是书中的那种世界。真实的世界是非常复杂棘手的。"

本书对此最好的一个回应是，"我们从心理实验的纯净房间（我们漫长的、弯曲迂回的研究之路开始的地方）尽可能地走到那些真正钓鱼的地方"，"这些作者知道真实的世界是什么样的"。我们不准备认同做生意的父辈的那些疑虑，但是我们的研究工作已经把我们带到了组织生活最复杂和"最现实"的侧面：个人的意义体系和感受在公开的工作领域中有重要作用。

我们不愿意写出一本辛勤工作的父辈不想看的书——但有趣的是，事实可能真的是这样。本书中你将读到的案例和故事与诺曼·洛克威尔描绘的工作和领导力相去甚远。这些故事是揭开水面、潜入世界本质的必经之路——运用很多高效的工具，而不是一管炸药。

导　言

今天，没有任何领导者还会怀疑，持续变革与改进是他们工作中的头等大事；也没有领导者还需要一本充满同情心的书，告诉他们改革的过程——无论是他们自己还是与其他人一起——是多么艰难。我们都清楚变革很难，但不清楚的是为什么以及怎样才能成功做到。很多人们喜欢的解释——在有些案例中也是确实的原因——往往对变革为什么难没有给出强有力的答案。是缺少紧迫感？没有足够的激励机制？不清楚我们到底要以什么新的方式做事？在你的工作中，在你周围同事和家人的工作中，上述这些真的是阻碍变革的关键原因吗？

不久之前，一项医疗研究发现，心脏科的医生告诉那些罹患严重心脏病的病人们，如果他们还不改变生活习惯（减重、戒烟、锻炼），就会有生命危险。即便如此，七个病人中只有一个真正做出了改变。七个人中只有一个！我们完全可以假定那另外的六个人是想活着的，是想第二天早晨能够醒来的，是想看到自己的孙辈们健康长大的。他们不缺乏紧迫感，这个激励机制也不可能更吸引人，而且医生们也就该怎么做给出了非常清楚的指示。但是，他们依然没能改变。

如果人们清楚地知道自己的生命就有赖于此，然而仍然无法改变。那么，组织中的领导者，无论什么样的公司、无论哪个层级，他们怎么才能成功地驱动并完成改革进程——即使是那些他们自己和下属都真心期待的改革？在公司里，什么利益得失能有生命重要呢？

是不是我们对变革的阻碍因素和促进因素需要一个更清晰的全新理解？

和心脏病病人一样，今天的领导者和他们的下属们大多数情况下并不缺少意愿。真正的问题是，他们无法填补他们热切期待的与他们实际真正在做的之间的鸿沟。填补这一鸿沟，是 21 世纪的一大核心学习课题。

三个问题创造了今天这本书的研究范围

我们不断增长的改变需求和我们对到底什么在阻碍改变发生的理解之间的分离是造就这本书的三大高频问题的第一个。如果你也像我们合作过的领导者那样，曾经多年努力推动并实践变革，你就根本不会怀疑一个人——包括你自己——真的能发生多少改变。这导向了第二个高频的问题。

年复一年，为了应对层出不穷的挑战与机遇，各个领域的组织都在投入宝贵的资源——上亿的美元与无数的时间精力——试图提升员工的能力。任何人如果稍微了解那些没完没了的职业发展项目、个人能力发展计划、领导力培训、绩效评估、高管教练项目等，所有这些项目已经表达了领导者对个人改变赋予的根深蒂固的积极期待，那么，我们为什么还需要再额外投资呢？

然而，只要我们赢得了领导者的一些信任和友谊，我们就很可能听到——经常是喝了几杯或者吃过一顿好饭之后——"让我们面对现实吧，人们其实是无法改变的。我的意思是，最后，一个人是啥样，他就是啥样儿。在一个人 30 岁或者 35 岁的时候，他就已经定型了。我估计人们仅仅能做一些微小的调整。事实上，最好的办法就是聘请他们的时候，尽量利用一个人的优势，避免一个人的劣势。何必把自己累垮，非要逼着一个可怜的家伙去做他其实做不到的改变呢？"

于是，一个有趣的情况就是，一方面是无数组织在个人成长上投入巨大的公开的积极期待，另一方面是私底下对个人是否真正能改变的悲观感受。当我们坦诚地面对这种悲观感受时，不只在一种情景中，不只在一个国家，不只在某一个部门，我们经常听到相似的故事：

我们这里的年终评估是很严肃的。那可不是像动画片一样，人们只要骨碌碌转着眼睛，喃喃自语一点鼓舞人心的话就完事了。在我们这里，人们会认真倾听得到的反馈。我们把人们聚到一起做年终回顾与整合，花费了公司很多的时间与费用，人们在其中也投入了大量的精力与脑力。在一些会议中，人们甚至都掉眼泪了。他们做出了真诚的改变承诺和行动计划，要改变那些需要改变的地方。会议结束每个人离开的时候，都觉得刚刚参与了一场强有力的谈话，时间用得非常值得。但是之后呢？一年之后我们回到会议室看看事实反馈，事情并没有发生什么变化。这里面肯定是哪儿出了问题！

确实，这就是我们写作本书的原因。关于个人和组织为什么难以改变的悖论，我们有一个响亮的回答。

这里我们将要讨论的改变，不是那种在边缘做点儿微小调整的意思。我们运用的事实证据不是自欺欺人，也不是为我评估。我们用的是来自他人的不署名评估，来自一个人最关键的伙伴——与你天天工作或者生活在一起的人。如果你的客户、同事、家人在我们的调研里面这么说：

"你不管跟尼古拉做什么事，你都需要和他的伙伴一起做，对吗？"（来自一个客户）

"我们整个团队都感受到了马丁的显著变化，我们开始喜欢和他一起工作，整个团队的产出更加高效了。我以前真没料到他还能这样"。（来自一个同事）

"这么些年以来，我和母亲之间有了第一次真正的谈话。"（来自一位家庭成员）

那么我们才相信一些重要的改变确实发生了。

改变的证据也可以来自其他方面，例如我们正在与之合作的学校学区的领导者团队，他们距离我们住的地方几千公里。我们已经一起合作好几年了，因为他们实在是距离遥远，我们就在他们所在的城市雇用了一个当地的变革教练，以实施变革工作。最近我们雇用了一个新的候选人和他们一起工作。这个人对学校教育非常有经验，我们请她只是和学区管理者们坐在一起，观察他们，感受一下他们是如何实施我们的变革计划的。

我们对手头的事情是很专注的。但每次我们看看那个坐在学区领导者中间的候选人时，我们看到她的脸上有一种很困惑的表情，但我们却帮不上忙。她在那里大概两小时以后，我们看到她站起来了，没有任何说明，她就走出了房间，脸上带着一种目瞪口呆的震惊表情。她再没有回到房间。我说："哎，我猜他们进展不是很好。"

几天之后，我们的一个团队成员终于找到了机会和她沟通。她好像还处于某种震惊中。她说："我已经花了一辈子的时间和学校领导们一起工作，但我还从来没有听到过那种对话，从来没有见过人们能如此真诚和负责任。我还从来没有听到过人们以那种真正会带来改变的方式谈话呢。"（在你深入地阅读本书后半部分之前，你就能明白这种谈话的全貌。）她匆匆离开是因为她当时有一个约会。她很想知道，怎样才能加入我们的教练团队。

本书的内容，是建立一种关于终身学习型组织的新理念与新实践。彼得·圣吉（Peter Senge）发表他的著作《第五项修炼》（*Fifth Discipline*）已近20年，那是第一次激励组织领导者们去思考学习型组织。而25年前，唐纳德·舍恩（Donald Schön）的《反映的实践者》（*The Reflective Practitioner*）就已经重新燃起了人们探索工作思维的热情。放眼今天的世界，各个领域中的领导者都被激励着领导组织学习，并且在行动的过程中不断自我反思。

然而，要应对21世纪的变革挑战，我们需要将个人与集体的学习提升到新的层次。如果我们没能这么做，我们还是会在不断学习、尽力反思，但是我们所期待的改变或者别人期待我们做出的改变却没有发生，因为我们所有这些学习和反思还是在旧有的思维框架中进行的。这样，就有了我们的第三个问题。

在 20 世纪末，我们麻省理工大学的同事圣吉和舍恩，激励了许多领导者在他们的领导力优先事项清单上，加上了学习这一条。而自那时以来，关于学习型组织的理论与实践一直在不断丰富、发展。但是对我们这些终身研究教育的人来说，所有这些理论与实践仿佛还少了一个非常重要的部分：那就是对于成人发展的全面、深入、系统化的理解。

当圣吉和舍恩写作他们的著作时，脑科学家们还在坚持认为，人们成年之后，其大脑就不再发生显著的变化了。其时，和许多"软科学家"一样，我们在进行我们自己的研究，而这些研究的结果描绘出一幅不同的画面。在今天，无论硬还是软科学家都同意，心智的发展不一定会在成年之后就结束。但是，我们必须尽快将这个重要的研究成果运用起来。

在学习型组织领域，一直缺失关于成人发展的研究。这个缺失在今天尤为重要。因为，管理者们一直在要求人们完成那些以前他们做不到的事情、以前还没准备好的事情、自己的能力还没发展好的事情。过去，所谓的"领导力发展"过于关注领导力，太少关注发展了。有太多的书籍在确认领导者到底需要哪些核心能力和如何帮助他们获得这些能力。但是，我们忽略了能力最重要的来源：我们自己在任何年龄阶段都可以拥有的（那些为我们工作的人也一样可以拥有的）、克服自身原有的意义建构盲点和限制的潜力。

如果对人类的发展没有更准确的认识：发展进程是怎样的、如何可以继续发展、什么情况下发展会受到约束，那些所谓的"领导力发展"就会仅仅流于众多的"领导力学习"或"领导力培训"。这些新学到的技能就像在现有的操作系统中加入了一些新文件，如此而已。这样或许也不是完全没用——毕竟新文件或新项目确实能拓展你的范围和多样性，但你运用这些东西的能力依然还局限在已有的操作系统之中。真正的发展是要转化操作系统本身，而不是仅仅增加知识储备和技能。

如果你处于任何的领导层级，需要主导和驱动一些计划和进程。而事实上，你自己也在被某种计划和进程所驱动。你对此几乎没有察觉，也无力掌控。而且大多数时候，这些隐秘的东西限制了你发挥能力取得最佳业绩，甚至它们使你的努力注定失败。如果你不像注重领导力那样重视发展，那么你所谓的领导力发展就只能导向你原来已经有的那些计划和进程。这些内在的进程"掌控着你"，因此你的改变努力必定受限。

本书中的案例和故事指明了一条真实的发展之路。以心智的、质的提升带来人们工作上能力的质变——不是雇佣新的人手，而是发展已有的人才。

本书的章节安排

本书分为三个部分。第一篇是关于对变革的新理解。第二篇展现了我们的研究在个人、团队、整个组织中的价值。第三篇邀请你在自己身上进行尝试。

本书的第一篇简明扼要地总结了我们在过去30年中，关于人类心智复杂度研究的主要成果，以及这些成果在职业生活中的运用意义。第1章论述了相关的理论、经验，这些是后面所有实践工作的基础。在第2章中，我们介绍了一个之前隐而不见的现象，这个现象阻碍了我们去实现那些我们渴望实现的改变——我们把这个内在动力系统命名为"变革免疫系统"。第3章中，你将会从两位领导者身上学习。他们一位来自商业领域，一位来自政府机构。你将会看到他们为什么将本书的理念引入组织，以及他们取得了怎样的收益。

本书的第二篇中，我们描述了更多的变革案例。在这些案例中，我们可以看到个人和团队怎样发现自己的变革免疫系统，并对之展开工作。我们选择了来自不同领域的工作者，他们面对的是形形色色的改进目标。第4章中，我们论述团队怎样找到他们的集体变革免疫。而第5章和第6章，我们谈的是两个在个人的变革免疫系统上下功夫的人。第7章是一个最野心勃勃的设计——在整个团队持续改进集体工作绩效的大背景下，每个团队成员也同时在努力颠覆着自己已有的变革免疫。

第三篇是让读者直接体验本书的核心，它将指导你来一场你个人的或者集体的打破变革免疫之旅。第8章确认你这趟旅程必需的支持性元素。而在第9章和第10章，我们将带着你一步一步地进行诊断，然后颠覆自己的变革免疫系统。第11章中，你将会得到那些支持你如何进行团队和组织的变革免疫工作的工具和流程。在结论部分我们将总结，如果想将组织打造成个人发展和团队集体发展的沃土，领导者需要具备的七个特质。

只要你感受到提升人们的能力在工作中是多么重要，你就会读完这本书。在阅读本书时，希望你能发现人类发展新的可能性，并且真的有机会将其实现。我们真诚期望，这本书是你在各种情况下的好伙伴——它丰富着你的大脑、心灵、胆识，并助你成就所愿！

第一篇　揭开变革挑战的奥秘

第1章
重新构想变革挑战

在不远的未来，究竟是什么将会让你的领导力独树一帜？诚如本书的副标题所说，是你发展自己、发展他人、发展团队的能力。在新的世纪，人的潜力在全球——无论是美国还是欧洲、是中国还是印度——都将是一个关键变量。那些认为人才资本是一个固定的资源并孜孜以求打赢人才战的领导者们，正在把自己和组织推向严重不利的境地。

而相反，那些不断追问自己"我怎样才能创造一个丰饶之地，让人才得以茁壮成长"的领导者，正在迈向最大的成功。这样的领导者明白：每个人都有最大的愿望去成就，而当人们能够抓住新机会、面对新挑战时，他们的成长就会进入下一种可能。这些领导者清楚地知道，什么会帮助人们成长，什么又是阻碍。

人们常常把变革的挑战误解为怎么应对或处理这个世界日益增加的复杂性。应对或处理包括增加新的技能或拓宽我们的反应体系，但我们还是原来的那个自己，只不过是增加了一些新的资源。我们也许确实学习到一些东西，但是我们没有真的在发展。应对和处理是有用的技能，但是已经不足以面对当今的变革挑战。

实际上，关于复杂性的经验绝不仅仅是关乎这个世界的，它更是关乎人的。复杂性更加表现在当今世界的需求与人或组织的匹配上。当我们感觉这个世界"太复杂"的时候，我们不仅体会到了世界的复杂性，更体会到了世界的复杂性与此刻的我们自己之间存在着不协调。只可能有两种办法纠正这种不协调：要么减少世界的复杂性，要么发展我们自身。前者绝无可能，后者又一直被视为成年之后就办不到的事情。

　　作为本书的作者，我们花了整整一代人的时间研究成年人的心智复杂性究竟如何成长和发展。我们坚信，我们的研究将帮助你更好地理解你自己以及你的团队成员。带着这种新的觉察，你将会看到人类潜力新的疆界。而这，就是那些未来的成功领导者最应该注意的。

关于年龄与心智复杂度的最新观念

　　人的一生中，心智发展可能的轨迹到底是什么？本书中的思想与实践都起始于：我们发现，关于这个问题一直存在着一个错误概念。我们刚开始研究工作时，人们普遍认为心智的发展类似于物理性发展——基本上进行到 20 多岁时就停止了。30 年前，如果你请这个领域的专家以年龄为 X 轴、以心智复杂度为 Y 轴描绘心智发展的话，你就会得到一幅图 1-1 那样的画面：30 岁以前是一条陡直的上升线，然后就是一条直线。那时，专家们对此很有信心。

　　我们在 20 世纪 80 年代开始报告自己的研究结果，提出有一些成年人（并非所有人）在经历着心智复杂度的飞跃，非常类似于人们从青少年早期到青少年后期、从青少年后期到成年早期时所经历的心智复杂度的剧增。在那个年代，脑科学研究的同行们坐在尊贵的陪审团席位上，脸上也许会对此看法浮现出礼貌的轻蔑笑容。

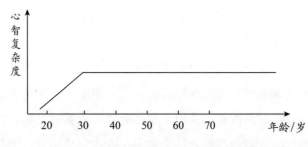

图 1-1　年龄与心智复杂度：30 年前的观点

他们可能会说："你也许认为你能从长期纵向研究中得到某种推论，但是，严肃的科学研究是不允许推论的，我们要看的是事实。对不起，从青少年后期开始，大脑的潜能就不会再发生显著的变化啦。"当然，这些"严肃的科学家们"搞不好也假定年纪大一点的人是比年轻人聪明能干一些，但是他们把这种优势仅仅归结为经验的增加。也就是说，心智机器还是同一台，只不过学习积累了更多的内容，而不是这台心智机器本身发生了质变或升级。

30 年之后，结果呢？事实表明之前的每个研究者都是在推论，包括那些自以为只关注"事实本身"的脑科学家们。严肃的科学家们有了更好的研究设备，今天的大脑看起来跟 30 年前能看到的很不一样了。今天，我们经常谈论的是大脑的神经可塑性和现象性潜能，而在人的整个一生当中，这一直都在进行着。

今天，我们将用怎样一幅图来描述年龄与心智复杂度之间的关系？过去 30 年来，我和同事们进行了长期纵向研究。我们采用一个跨度 7 年的访谈和再访谈研究深入分析了几百人的结果，认为年龄与心智复杂度的关系如图 1-2。

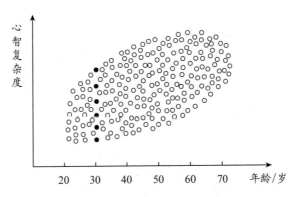

图 1-2　年龄与心智复杂度的关系：当今的看法

图 1-2 显示出两个重点：

- 在一个样本数量足够大的研究中，你会看到一条缓慢向上倾斜的曲线。从人类的总体数量来看，心智复杂度会随着年龄的增长而增加，贯穿整个成年期，一直到老年期。所以，心智复杂度的发展绝不会停留在20多岁的时候。

- 在每个年龄段都可能存在明显的个体差异。例如，图1-2中所示6位30多岁的成年人（黑色圆点），他们的心智复杂度各不相同，而其中有些人的心智复杂度比40多岁的人还要高。

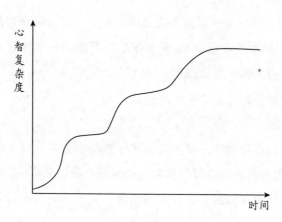

图1-3　成年期心智复杂度发展的轨迹

图1-3描绘了个体心智复杂度的简要发展轨迹，这里有几个重点：

- 存在一些有显著差异的彼此明显独立的阶段（所谓的"层级"）。也可以说，阶段之间的界限并不是武断、随意的，每一个阶段代表着显著不同的认知世界的方式。
- 发展并不是持续线性展开的，存在稳定期和变化期。当一个新的层级形成，我们会倾向于停留在这个阶段一段时间（虽然在每一个阶段当中会不断产生精细化和延展）。
- 阶段之间发生转化的间隔时间——"停留在层级上的时间"会变得越来越长。
- 这条曲线变得越来越细，意味着到达了更高的阶段的人越来越少。

但是，在成年期，心智复杂度的这些不同阶段到底是怎样的？我们能不能这么说：一个人在高阶段上所能看见、做到的，在低阶段上就看不见、做不到？的确，我们现在需要详细说说这些阶段了。心智复杂度和它的进化并不是通常意义上的你有多聪明，也不是你的智商有多高；不是对世界形成越来越抽象、越来越复杂难懂的看法，仿佛"最复杂"就意味着能看懂物理学家那写满了方程式的黑板似的。

成人心智复杂度的三个阶段

本书将详细描述成人心智复杂度的三个显著不同的阶段。现在，我们用图 1-4 和表 1-1 先作一个简要概览，看看这三个阶段的核心差异。

成人拥有三个不同阶段的意识体系——规范主导心智（the socialized mind）、自主导向心智（the self-authoring mind）、内观自变心智（the self-transforming mind）。成人据此以各种不同的方式认知外部世界，并与外部世界互相作用。仔细观察组织生活中的各个方面，我们也会发现这三个阶段存在明显差异。例如，处于不同心智阶段的人们对组织中的信息传递的理解可能是完全不同的。

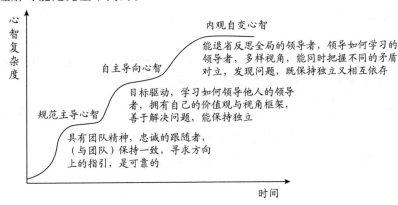

图 1-4　成人心智复杂度的三个阶段

表 1-1　成人心智复杂度三阶段描述

规范主导心智 　• 个人所在环境中的定义与期望塑造和定义了我们自身。 　• 我们的自我意识与其认可的事物"镶嵌"在一起，并对其保持一致与忠诚。 　• 首要体现在我们与他人的关系中，同时也体现为"思想体系"（我们的想法与信念）。
自主导向心智 　• 我们有能力从社会环境中抽身而出，形成一个内在的"评价点"或自我个人权威，以对外部期望作出判断和抉择。 　• 自我与源自于自己的信念体系/意识形态/个人准则保持一致，并且能够自我指导、采取行动、设定界限、发展自身意见并为其设定边界。
内观自变心智 　• 我们能从自我审定的评价点和个人权威中抽身而出，反思其局限性；能体认到任何一个系统或自组织都是部分的、不完整的；对矛盾和反对意见更加宽容友善；寻求并同时接纳多个系统，而不是坚守一个系统并打压其他。 　• 自我的和谐源自于内在的一致性、完整性，并能够通过辩证来整合，而不是非此即彼地看待人与事。

信息在组织内部是否流通顺畅——人们"发出"的信息如何被对方接收和解读——明显是组织是否运作有效的一个关键特征。组织文化、组织行为和组织变革的专家们对此通常都有一套老练的解释——组织的系统影响了个人行为，却天真地忽略了另一个有力的因素——个体是在哪一个心智阶段看待组织文化或变革行动。

规范主导心智

规范主导心智对信息流的发出方和接收方都有巨大影响。如果我处于规范主导心智阶段，那么我发送信息的时候，首要考虑的是我相信其他人喜欢听什么。关于集体迷思（group thinking）的研究已经显示：在团队作集体决策的过程中，一些团队成员会隐藏一些关键信息，这样做的原因是"虽然我明明知道这计划几乎绝无胜算，但是我觉得领导者需要我们的支持"。

集体迷思的研究最初是在亚洲文化中进行的，这些隐藏信息的团队成员担心让领导者觉得颜面扫地，即使这样做的代价是可能把公司置于险境。这些研究给人的错觉是好像这只是某种文化中的特定现象。同样，斯坦利·米尔格拉姆(Stanley Milgram)著名的"威权下的盲从"(obedience-to-authority)试验的最初研究目的也是为了揭示所谓"好德国人"的心智模式，以及这种德国文化怎么使得优雅善良的人执行了可怕的命令，竟然屠杀了数以百万计的犹太人和波兰人。[1]但是米尔格拉姆在实际收集研究数据的过程中惊讶地发现，"好德国人"遍布了美国的每一条大街！虽然我们通常认为亚洲文化中会有着过度的羞耻感，但欧文·詹尼斯(Irving Janis)和保罗·哈特(Paul t'Hart)的研究清楚地揭示了：无论是在得克萨斯还是多伦多，无论是在东京还是伦敦，集体迷思都很盛行。[2]这不是某个特定文化中才有的现象，而是关于心智复杂度的普遍现象。

规范主导心智也会影响信息接收者如何接收和关注信息。当一个人的自我和谐首要来源于要与重要他人和珍贵的"环境"保持和谐，那么其规范主导心智就会对接收到的信息高度敏感，并深受其影响。其接收到的信息可能远远超过了信息本身的外在明确意思，会投入过多的注意力去琢磨那些想象中的言外之意，觉得这些言外之意比明确的信息本身对他们的影响更加重要。这常常让上级非常震惊和恼火，他们完全不明白下级怎么可能"从这样一个信息得到那样的解读"。但由于接收者的信号—噪声探测器被严重扭曲，接收者所认知到的信息与发送者的真实原意可能已经差之千里。

自主导向心智

让我们用自主导向心智来进行对比。如果我在自主导向心智的阶段看待世界，我"发出"的信息就是我需要他人听见的信息，以更好地实现我的计划、使命或设计。我有意识或者无意识地有一个方向、计划、立场、战略，一个关于必需条件的分析以及沟通的背景情况等。我的方向、计划等可能出色，也可能充斥着盲点。在驱动他人遵循我的方向前进时，我可能是大师，也可能是笨拙的新手，这取决于其他因素。但是，心智复杂度决定了我发出的信息是在推动一个大车轮前行（自主导向心智），还是在确保我自己能够搭上一班车而成为被驱动者（规范主导心智）。

"接收"过程存在着类似的思维定势。自主导向心智制造了一个允许通过的过滤器，它在寻找的那些信息优先通过，尤其是与我的计划、立场、框架有关联的信息。我不需要的、与我自己的行动设计没有明显关联的信息，几乎就别想通过我的过滤器。

非常明显，这样的接收过程可以很好地解释人们为何有能力做到专注、怎样区分轻重缓急、怎么能从无尽的注意力需求中最好地利用时间。确实，自主导向心智是规范主导心智发展的下一个更优阶段。但是，如果个人计划和立场存在缺陷，或者某些过滤器不喜欢却至关重要的因素被遗漏，又或者某个过去的成功框架今天已经不堪重负，上述接收过程就会变成一场灾难。

内观自变心智

对比来看，内观自变心智也有一个过滤器，但又不仅仅等同于过滤器。内观自变心智能够从过滤器中退后一步思索过滤器本身，而不是只能透过过滤器看待一切。因为内观自变心智既能看到每种立场、分析或者计划的价值，也能对之保持谨慎的警觉。内观自变心智永远明白：智者千虑，必有一失。世界在发展变化中，今天有效的体系明天不一定依然好用。

由此，具有内观自变心智的人在沟通中不仅会力推自己的计划和思路，也会给这些计划和思路留有改变或扩展的空间。这样的人在发出信息的时候会主动征询并要求得到资讯，他们不会局限在自己的框架和思路中去获取资讯（仅仅是为了证明自己计划的正确性），还会征询关于计划本身的观点，以引导自己和团队去发展提高、重新定义甚至改变最初的计划，以使计划是整合的、包容的。他们发出信息不仅仅意味着驱动行动，也可以是重新绘制路线图或者重新设定方向。

具有内观自变心智的人也会应用其过滤装置，但他们不会被困在自己的过滤器中。当处于这个心智复杂度发展阶段的人觉得自己的路线图正确时，他们能够专注、抉择、驱动行动。同时他们也非常敏锐，能优先捕捉到那些暴露现有计划局限性的关键信息。他们很珍视自己的过滤器，知道过滤器能够从米糠中脱出米粒，但同时也能敏锐地筛选出那些"黄金米"可能是未被明确要求的、异常的、明显不合逻辑的信息，这些信息颠覆了最初的设计，并将带领我们走到下一个水平的质变。

具有内观自变心智的人更有可能思考这样的"黄金米"，为什么呢？因为人们更可能把这些信息发给他们。具有内观自变心智的人不仅关注那些已经送到门边的信息，也清楚地知道自己处于高位，自己的行为会大大地影响人们是否愿意把信息送上门来。别人不用费尽心机猜测是否应该发送这些可能"取消行动"的信息，具有内观自变心智的人会自然而然地让别人知道这些信息很受欢迎。

心智复杂度与绩效表现

仅仅描述组织生活中的单一要素——信息流，我们就已经能够看到不同阶段的心智复杂度的不同价值。每一个后续的心智复杂度阶段都比前一个阶段更高(但不是更高级)，因为每一个心智层次都"超越并包含"了前面所有的心智层次，也就是说能熟练自如地运用之前的全部层次以及当前的心智层次。之前我们关于传递和处理信息流的描述也揭示了内在心智活动可以转化成为外在真实行为，并且影响组织行为和工作胜任力。这意味着更高阶段的心智复杂度带来更高的绩效。

这种说法到底仅仅是一个貌似很有道理的假设，还是已经被系统地验证了？已经有一些研究发现了用不同的测试方法测出的心智复杂度与工作胜任力和绩效之间的相关性，本书后面将会详细论述这些研究，现在我们先看看主要的研究结果。

基思·伊格(Keith Eigel)测评了 21 位 CEO(首席执行官)的心智复杂度水平，他们都来自业绩优秀的大公司。这些公司都是各自行业中的领先者，平均年营业额超过 50 亿美元。[3] 他使用的是一个时长 90 分钟的访谈测评工具，这是一个主体－客体访谈工具，在《我们如何测评心智复杂度》（"How Do We Assess Levels of Mental Complexity"）中有详细描述。在过去 20 年，这个工具在世界各地得到广泛使用，它有着很高的评分者间效度，以区分各个发展阶段之间以及发展阶段之中心智复杂度的发展变化运动。他还运用单独的绩效测评来评估 CEO 们在以下方面的工作效率：

- 挑战现有流程
- 激发共享愿景
- 管理冲突
- 解决问题
- 授权
- 赋能
- 建立关系

另外，作为对照组，伊格对同样的公司中由 CEO 提名的高潜力中层经理进行了同样的测评。图 1-5 呈现了他的研究结果。

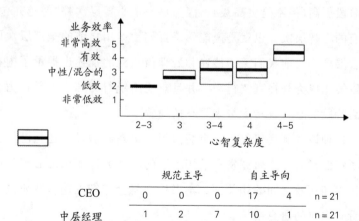

注释：3=规范主导心智；4=自主导向心智；5=内观自变心智

来源：K. Eigel, "Leader Effectiveness" (PhD dissertation，University of Georgia, 1998).

图 1-5　个人心智潜能与业务效率：伊格的研究成果

有几个显著的结果，最主要的是存在一条清晰的倾斜上升曲线，显示了更高层级的心智复杂度与从多个维度中测量到的工作绩效存在正相关。所以，发展到更高的心智复杂度是有可能的，而且这种发展会与真实的工作绩效相关。这不仅体现在 CEO 身上，在中层经理身上也是如此。这一结果在其他的一些细分研究中(被研究的领导者数目少一些、测量的是某些特别的胜任力)一样被证实。[4] 综合来看，不断增加的数据让我们产生了新的想法。我们开始考虑：某一特定的心智复杂度是让这个"复杂的世界"变得更加易于管理还是更加难以管理？

我们如何测评心智复杂度

这个测评工具是一个 90 分钟的主体—客体访谈工具 (Subject-Object Interview)，之所以这样命名，是因为心智模式包含两个方面：一个是"我们拥有的"思想和情感(我们可以看见它们、采纳它们，犹如对待一个客体)，另一个是"拥有着我们的"思想和情感(我们为这些思想和情感所控制，它们是主体)。不同层级的心智复杂度对客体与主体的界限定义不同，更复杂的心智意味着能够看到更多客体(把更多事物当作客体，包括自己)，而盲点(所谓的主体)越来越少。这个测评工具已经被证实非常敏锐，它能以很高的评价者间信度区分出任何两种心智模式之间的 5 个完全不同的中间过渡位置。

测验开始时，给受测者 10 张主题索引卡，这些卡片上写着：

- 愤怒
- 焦虑、紧张
- 成功
- 坚定的立场和信念
- 悲伤
- 撕裂
- 感人的、令人感动的
- 丧失、离别
- 变革
- 重要的

在访谈开始后的 15 分钟里，我们要求受测者在相应的卡片上记录下自己对下面问题的回答："想一想在过去的一段时间如几天或者几周中，你是否发现自己真的对某事非常愤怒或悲伤(或者紧张、害怕、焦虑等)?"然后访谈进入系统的探索：受测者告诉我们内容(什么使他感受到愤怒或者成功等)，我们去探索内容背后的原因(为什么这件事情会让他感到愤怒或者成功，在那个紧要的时刻到底发生了什么)。我们选用上述这些指标，是因为早期有研究已经表明，这些指标会引导人们构建关于现实的边界和轮廓。一个训练有素的访谈者通过对访谈结果的分析，能够很好地了解受测者能看到什么、不能看到什么（盲点）的底层原则。

访谈的进行和分析依照标准的程序。世界各地不同年龄、各行各业的受测者接受了数以千计的这样的访谈，他们中的大多数人感到自己在访谈中非常投入。

资料来源：L. Lahey, E. Souvaine, R. Kegan, et al., A Guide to the Subject-Object Interview: Its Administration and Analysis (Cambridge, MA: The Subject-Object Research Group, Harvard University Graduate School of Education, 1988).

对下属和领导者的新要求

当今这个更加快速、扁平、互联互通的世界，对领导者及其下属提出了什么新要求？让我们再看一看图1-4，其中描述了成人心智复杂度的三个阶段。

先看看过去与现在对下属提出的要求。在我们已经习惯了的世界中，绝大多数情况下，一个人只要是很好的团队合作者、贡献自己的力量、忠于自己的组织或团队、遵照老板的指令和方向前进，就是好下属。换句话说，一个人只要用规范导向的自我安排工作，就足以满足过去对一个下属的要求。

但是今天呢？纳撒尼尔·布兰登（Nathaniel Branden）写道：

> 过去二三十年来，全球经济体都有了惊人的发展，从一个制造型社会变成了信息化社会。我们亲眼见证了雇员的主要工作从体力劳动变为心智劳动。现在全球经济的共同特征是迅猛的变化、科学技术的颠覆式突破、史无前例的竞争态势。这些发展创造了比前几代更高的教育和培训需求。每个熟知商业文化的人都知道这一点。但不为人知的是，这些发展同样创造了对心理资源的新需求。具体来说，这些发展要求更高的创新、自我管理、个人责任感以及自我指导等能力。这不是仅仅要求高层这样做，而是要求组织中的每个层级，从高级经理到一线主管再到基层员工……今天，组织不仅需要前所未有的高级知

识和技能，更需要高水平的独立性、自我倚重、自我信任，以及自主采取行动的能力。[5]

布兰登的这段描述，以及许多关于职场新需求的观点，是不是跟我们所说的心智复杂度有关呢？他无意中其实是在说，过去的工作者在规范主导心智的层面上工作就足够了，但是今天我们需要在自主导向心智的层面上工作。实际上，我们号召工作者们在更高的心智复杂度层面看待他们自己以及这个世界。

那么，对上级和领导者们的新要求又是什么？组织发展的理论家克里斯·阿吉里斯（Chris Argyris）提出，那些传统的、低效的管理和领导模式今天依然在大行其道。曾几何时，领导者们只需要发展出有价值的目标和明智的模式、培养团队人员的共识、在"特定的范围内达成组织绩效"——也就是在对手面前立于不败之地[6]，这样就已经足够了。然而今天，这样一个技能熟练的经理恐怕不再合格，因为他不仅要维持运营一个组织，还要能够在飞速变化的环境下重新建构组织——重建组织的标准、使命、文化。举个例子，如果一家低成本的产品型公司想要转型成为一家为大众做定制产品的公司或者一家为企业级用户提供解决方案的公司，就必须打造一整套全新的个人和组织竞争力。

阿吉里斯和舍恩30年前就描述了类似的组织转型：

> 转型意味着组织中的人必须用全新的方式从事市场营销、管理、产品宣传等工作，他们必须习惯于一种更短的产品生命周期和更快的变革。事实上，他们在改变并塑造着他们自身的全新形象。但是，这些变革的需求与组织的另一重大规范是矛盾的：组织需要有可预见性以管理组织事务……组织发起变革以实现对效率的更高追求，而这一变革与既有的组织规范本身必然会爆发冲突。[7]

在超过一代人的时间里，阿吉里斯和那些受到他影响的人都在不知不觉地呼唤着一种新的心智能力。这种心智能力不仅表现为能够创造一种组织运营的新观念、有勇气坚守这一观念，也表现为能够退出其自身的意识形态或框架，看到观念本身的局限性与缺陷，并且能够再造一个更加整合的观念——有足够的实验性以能够发现自身的局限。换句话说，阿吉里斯在寻找的当今最佳领导者，就是那种能够运用内观自变心智来获取和构建意义的领导者。

所以，我们疾呼更多的工作者从规范主导心智——"好兵"——转变为自主导向心智，我们也疾呼更多的领导者从自主导向心智——可靠、自信的"老船长"——发展出内观自变心智。一句话，我们疾呼处于各个层级的所有人的心智发生广泛而深刻的质变。

我们期望的心智与实际的现实之间的差距有多大？我们是不是在奢望根本不可企及的东西？事实上，在过去半个多世纪，逐渐复杂的世界也许已经成为一个更好的孵化器，心智复杂度在其中可能已经随之自然得到发展提高。

现在，有两种成熟、可信的被广泛运用的测量心智复杂度的方法（这与智商测试有显著不同，智商与心智复杂度之间只有微弱的相关。一个智商高于平均智商水平的人，例如一个智商分数 125 分的人，有可能处于心智复杂度三阶段中的任何一个阶段）。一个是华盛顿大学造句测试（Washington University Sentence Completion Test，简称 SCT），另一个是之前我们说过的主体－客体访谈工具（Subject-Object Interview，简称 SOI）[8]。有两项研究对用这两种测评工具得到的数据进行了元分析，每项元分析都包含了几百个研究对象。图 1-6 简明扼要地呈现了两项元分析的结果。

从图 1-6 的数据中，可以观察到两个显著的结果。

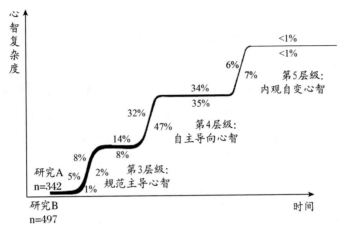

图1-6 成人心智复杂度分布情况的两项大样本研究的结果

来源：研究A：R. Kegan, *In Over Our Heads* (Cambridge, MA: Harvard University Press，1994).
研究B：W. Torbert, *Managing the Corporate Dream*（Homewood, IL: Dow–Jones Press, 1987）.

• 两项研究的对象不同，却有同样的发现——在多数受试者中，心智复杂度并不处于自主导向心智阶段。具体而言，每项研究都发现有58％的人不处于自主导向心智阶段。由于两项研究的受试者多为中等收入和受过大学教育的人，这个百分比在实际人群中可能会更高。

• 超越了自主导向心智阶段的人占比很小。

这些数据揭示，我们所期望的人类心智能力（包括我们自己的心智）与现实之间差距很大。我们期待更多的工作者拥有自主导向心智，而实际上大多数工作者并非如此；我们期待更多的领导者拥有内观自变心智，而实际上这样的领导者寥寥无几。

稍微回顾一下伊格的研究，我们在微观层面可以看到一样的宏观趋势。在图1-5中，只有大约一半的"高潜力经理"处于自主导向心智阶段（这些经理的绩效优于其他经理），而21位行业领先公司的CEO中只有4位超越了自主导向心智（这些CEO的绩效优于其他CEO）。

心智复杂度："技术性"挑战和"调适性"挑战

我们的同事和挚友罗纳德·海菲兹有一个重要的区分，这个区分帮我们很好地总结了目前已经论述的核心观点。海菲兹将变革挑战分成两种类型："技术性"挑战和"调适性"挑战[9]。"技术性"挑战并不一定容易应对，其结果也不一定次要或非显著。一些艰巨的"技术性"挑战包括成功切除已经发炎的阑尾、安全降落一架鼻翼被卡住的飞机，毋庸置疑，解决这些挑战对手术台上的病患和飞机上的乘客来说是生死攸关的。

在海菲兹的定义中，这些挑战是"技术性"挑战，其原因是应对这些挑战必需的一整套复杂行为是人所共知的。一个实习医生或新手飞行员，可以通过练习和掌握这些已经被证实有效的行为成为合格的工作者。同样，一个实习医生或新手飞行员经过多年的训练之后，其技术复杂度可以得到显著提高，但其心智的成长不在其技术范围之中。例如，随着实习外科医生成长为技能娴熟的外科大夫，没人再担心其心智的成长。

然而，你今天和明天必须面对的许多挑战不仅仅需要在现有的思维框架中加入一些新的技术能力，更需要转换自己的思维框架，走向更具整合特征的心智发展阶段。这就是所谓的"调适性"挑战。

海菲兹指出，领导者所犯的最大错误就是用"技术性"方法去解决"调适性"挑战。也就是说，我们的变革未达到预期成果，问题就在于现实明明是"调适性"挑战，而我们却错误地期待能使用"技术性"方法搞定。所以，我们必须找到"调适性"而不是"技术性"方法，来支持我们自己和他人面对"调适性"挑战。

对"技术性"挑战和"调适性"挑战的区分，帮我们将注意力从"问题"拉回到"有问题的人"。我们已经论述过，"复杂度"是世界的复杂需求和设置与我们自身意识的复杂性之间的关系。考察这个关系的时候，我们发现了一个巨大的鸿沟：世界的复杂度与日俱增，而人类的心智复杂度远远落后。于是，我们身陷困局。

自然，我们必须问下一个问题：我们可以做什么来孵化或者增强心智复杂度？对这个问题，我们走遍全世界，在一个实验室中探索了 20 多年。在下一章，我们将请你走进这个实验室，看看我们的发现。

第 2 章

揭秘变革免疫

那么，调适性而不是技术性地应对调适性挑战，这到底意味着什么？换句话说，这是否意味着要刻意促成心智复杂度的成长和发展？本书将要详尽回答这一问题。

我们已经知道，要面对调适性挑战，首先需要对问题有调适性构想（formulation。例如，我们需要看清楚调适性挑战与我们自己当前有限的心智复杂度存在矛盾），其次需要有调适性的解决方案（例如，我们自身必须以何种方式适应）。

本章将论述第一个方面：对调适性挑战作出调适性构想，看清楚使我们逼近自己心智复杂度极限的挑战不是一个单纯的认知问题，也关乎我们的头脑与心灵、思考与情感。一个调适性构想需要我们采用全新的认知方式：不仅有更深入的分析，还能揭示挑战背后隐含的"情感生态学"（emotional ecology）。

本章将介绍获得这种崭新认知方式的一个明确方法（在第 9 章，你将能够发展一套自己的应对挑战的调适性构想）。一旦我们讨论了怎样形成调适性构想，我们就将呈现在你自身和你的组织中怎样通过发展心智复杂度促使变革成功。

首先，我们邀请你进入我们的"实验室"，学习我们使用的研究方法，也看看我们的研究发现——一种我们称之为变革免疫的现象。我们的实验室不是在大学里的某个角落，我们工作时也不穿白大褂。我们的实验室遍布世界各地，在商业组织中、政府机关里、教育机构中；在美国，也在其他国家。在每个案例中，勇气可嘉的领导者们——首席执行官、高层经理、政府官员、学校院长——邀请我们与他们通力合作。我们和他们的高层团队一起花上几个月的时间，走过这条探索学习之路。

我们要将研究成果双手奉上，放在你的手中，确保你能从各个角度获得全面认识。如果这个展示成功，你就能够看到变革内部隐藏着一个动态的机制。通过绘制心智路线图，我们把每个人看待变革的特定观念呈现出来，就像 X 光一样，使原来看不见的事物清晰成像。这道 X 光或者说变革免疫分析表帮助我们不仅看到变革时发生了些什么，也看到其本质原因，还有可以做什么以取得前所未有的成功。理解这一现象的最好方法，就是来看看几个真实的变革免疫分析表。

彼得的变革免疫分析表

彼得是一家金融服务公司的联合创始人和首席执行官，这家公司位于新英格兰，市值几十亿美元。在我们认识以彼得前，他已经把这家公司从一个无足轻重的市场参与者打造成了行业王冠上一颗不容置疑的明珠。他50 多岁，正当壮年，极具感染力和影响力。他充满活力、风趣幽默，而且充满好奇心、关心他人、热爱工作。毫无疑问，作为公司的联合创始人，他给公司的文化打上了自身人格的烙印。

就算如此优秀，彼得也和所有人一样有自己的局限，那就是他得说了算，而且这个问题越来越明显。就在我们开始一起工作之前，为了扩大公司规模，他刚刚决定并购在美国其他地区的两个竞争对手。当然，这场并购意味着要将非常不同的组织文化整合在一起并任用新的高层管理人员，而这些高管需要掌握新的角色定位并适应彼得的管理方式，这是组织面临的一个巨大挑战。对彼得而言，在这个新情境中，他需要发展出一种分布式的领导模式，不再事事亲力亲为，而是懂得放权授权，将更多更好的思路——而不仅仅是他自己一个人的思路——融入公司的管理中。

基于自己的觉察和收集到的周围同事的反馈，彼得列出了自己愿意努力达成的一些个人改变的目标。他说，要想带领公司取得下一个成功，自己必须作出这些改变。这不是他想不想变化的问题，而是势在必行的事情。他自己写道，他想做到：

- 对新的想法更加接纳。
- 作出更加具有弹性的反应，尤其是讨论界定新的职能和职责的时候。
- 更加开放，授权并支持新的决策权威流程。

现在，在彼得的这些目标上面有一台 X 光机，要求他诚实地写出自己做的或没做的哪些事情与自己的目标是背道而驰的。他的目标清单变成了这样：

- 对新的想法经常作出简单、草率的反应，如"就这样了""到此为止吧"，而且语气盛气凌人。
- 很少询问开放式的问题，也很少真正询问他人的意见。
- 跟他人沟通得最多的信息，是那些他人需要去处理然后汇报的信息。
- 经常武断地给出自己的意见，结果根本就不是对方想要的。

表 2-1 呈现了彼得的 X 光分析的两个特征。

表 2-1　彼得的 X 光成像：第 1 栏和第 2 栏

1. 承诺 （改进目标）	2. 实际上做得太多/做得太少 （与改进目标背道而驰的实际行为）
• 对新的想法更加接纳。 • 作出更加具有弹性的反应，尤其是讨论界定新的职能和职责的时候。 • 更加开放，授权并支持新的决策权威流程。	• 对新的想法经常作出简单、草率的反应如"就这样了""到此为止吧"，而且语气盛气凌人。 • 很少询问开放式的问题，也很少真正询问他人的意见。 • 跟他人沟通得最多的信息，是那些他人需要去处理然后汇报的信息。 • 经常武断地给出自己的意见，结果根本就不是对方想要的。

专注于矫正第 2 栏的行为，仿佛是本来就该做的一种司空见惯的方法，但是这样做就是在技术的层面解决问题。如果第 1 栏的内容显示彼得面对的是调适性挑战，而不是技术性挑战，那么，想技术性地矫正第 2 栏的行为，就是一个试图通过技术性手段解决调适性问题的绝佳例证。

在进一步运用 X 光检查之前，让我们先带着一种反直觉的谦逊态度看看第 2 栏的这些妨碍性行为。我们不会把它们当作必须除掉的行为，而会把它们当作可贵的资源、有价值的信息，从中可以描绘出真正发生的事情的令人满意的图像。也可以换一种说法：第 2 栏的这些妨碍性行为给我们提供了真相的入口，这个真相不仅仅关乎"事情本身"。我们关心的不是怎样矫正这些行为，而是这些行为背后隐藏的真相。

此时，我们想起了心理学家威廉·佩里（William Perry）说过，如果我们真正想帮助一个人发生变化，要关注两个最重要的方面：他真正想要什么（第 1 栏）和他自己的那些阻挠目标达成的行为（第 2 栏）。我们的 X 光技术还开启了一个新的第三视角：究竟是什么原因导致人们不断重复妨碍性行为以使他们离目标更远？为了回答这个问题，我们发展出了第 3 栏"隐藏的相互冲突的承诺"。

运用 X 光技术，我们能够将那些在内在地"控制彼得"的隐藏的承诺显示出来。这些承诺限制、束缚着彼得（他自己有时候都完全意识不到它们的存在），与他在第 1 栏中作出的承诺彼此竞争。

是什么内在隐藏的承诺在"控制彼得"？他自己列出了下面这些。

- 得按照我的方式做事。

- 我自己必须有直接的影响力。

- 感到作为所有者的荣耀（包括做事的方式），也就是说，这儿是我说了算。

- 拥有那种自我是超级问题解决者的感觉，我通晓一切，一切也尽在我的掌控之中——过去、现在、未来。

最后这一条对彼得来说最具影响力。

就像在表 2-2 中一样，如果我们把这些元素放进 X 光机，就能看到表中的三个部分并非孤立存在，它们组成了一个能动的工作系统。

表 2-2　彼得的 X 光成像：从第 1 栏到第 3 栏中的隐性动态

1. 可见的承诺（改进目标）	2. 实际上做得太多/做得太少	3. 隐藏的相互冲突的承诺
• 对新的想法更加接纳。 • 作出更加具有弹性的反应，尤其是讨论界定新的职能和职责的时候。 • 更加开放，授权并支持新的决策权威流程。	• 对新的想法经常作出简单草率的反应如"就这样了""到此为止吧"，而且语气盛气凌人。 • 很少询问开放式的问题，也很少真正询问他人的意见。 • 跟他人沟通得最多的信息，是那些他人需要去处理然后汇报的信息。 • 经常武断地给出自己的意见，结果根本就不是对方想要的。	• 得按照我的方式做事。 • 我自己必须有直接的影响力。 • 感到作为所有者的荣耀（包括做事的方式），也就是说，这儿是我说了算。 • 拥有那种自我是超级问题解决者的感觉，我通晓一切，一切也尽在我的掌控之中——过去、现在、未来。

表 2-2 显示，我们现在看到的表述不是三个孤立的栏目，而是一个完整的、动态的系统。这个系统是平衡的，互相对抗的力量在其中以某种方式和谐并存并一直持续存在。我们把它叫作免疫系统，这个系统让我们有可能了解什么是变革免疫。借助 X 光技术发现的这个现象，使得我们能够解释变革为什么那么困难。

我们为什么要借用免疫这个医学比喻呢？这是经过深思熟虑的。非常重要的是，这个现象本身不是一件坏事。恰恰相反，很多时候，免疫都是一件好事，是启动了某种特别的智慧力量来保护我们、挽救生命。每一种变革免疫都可以被看作个人拥有的宝贵力量和优势，就像彼得的一个高管看到他的 X 光分析结果的时候说的那样："这个 X 光图中展示的固执和无情，与公司的成功和我们家买得起大房子可是有很大的关系呢！"

当免疫系统变成阻碍变革的问题之一

然而，有的时候免疫系统也会威胁生命健康。当我们需要疗愈自身或者茁壮成长，而免疫系统又排斥身体内外的新物质时，就可能置我们于危险之中。此时的免疫系统并非忘记了保护我们，它只是在犯错，不明白必须改变其运行准则。讽刺的是，那些过去特别有效的方式此刻却可能带来致命的风险，但免疫系统并不明白这一点。

在彼得的变革免疫案例中，我们能够看到为什么技术性手段是不足的。对彼得来说，一个技术性的探索可能包含减少第 2 栏中阻抗行为的计划与策略（他很少询问开放式的问题，他给人们的感觉是人们必须向他汇报每一件事）。对此，我们确实可以制订一些有效的解决方案。而且别忘了，彼得是一个非常有意志力和决心的人，而且非常自律。我们刚刚开始和彼得一起工作的时候，他决定要减重 5 千克。于是他取消了加餐和甜点，两个月后，他成功减重了 5 千克。而且，四年之后我们一起午餐时，他的体重也没有反弹。

那他为什么不能用同样的手段应对管理的挑战呢？假设他发誓要掌控自己提问的方式，要把自己问的每个问题都变得更加开放，并做好监督记录。或者假设他跟下属开会时，在会议结束前总是记得询问下属的行动计划，并且记录下属来找他作决定（其实他们并不需要这么做）的次数是不是减少了。如果彼得并不需要什么新的奇思妙计就能减重，难道同样的方法就不能再次奏效？

我们总是和客户这样说：如果你认为你梦想的变革可以通过某些诀窍或意志力就能实现，或者可以通过制订提倡一些行为而禁止另一些行为的行动计划就能实现——就像减重那样，那就竭尽全力试试看好了。我们能提供的听起来绝不会比一个技术性方案更加快捷和容易，问题的关键是：技术性方案是不是真的能奏效？

事实上，就像所有的聪明人一样，我们有幸合作过的所有客户此前都已经尝试过要改变第2栏中的那些与目标背道而驰的行为，而他们都发现那样不管用！他们尝试用技术性手段解决问题、迎接挑战，好像这是正确的方式似的。其实，首先需要做的是发现问题和挑战是不是技术性的，人们不是总能一看现象就知本质。对彼得而言，很明显，减重5千克不是一个调适性挑战，所以作为技术性方案的减少饮食就足以解决这个技术性挑战。在这一点上，彼得可是个特例——研究数据表明，那些节食的人的平均反弹体重是所减体重的107%。对我们中的大多数人而言，减重不是一个技术性挑战，而是一个调适性挑战，节食这种技术性手段是行不通的。

之前，彼得就已经尝试过改变自己的语调，给下属更多工作空间。他也取得了一些暂时的改进但没过多久，他的旧有行为又都回来了，而且据他自己承认，还增加了7%。这就清楚地表明，对彼得而言，这是一个调适性挑战。而X光技术清晰地揭示了其中的原因：第2栏中的那些行为并不是因为道德力量不足而产生的失败行为，恰恰相反，那是高智能、高效率的行为，那些行为为他的另一种意图服务！他要每个人都来找他作决策，因为他是一个隐藏着的承诺的奴隶，这个承诺就是：我才是那个最明事理的不可或缺的人（也许现在情况更加明显，因为公司增加了很多新人，而这其中很多也是那种自认为最明事理的人）。

不过，别搞错了，彼得绝对是真诚、坚定地想成为更好的授权者，X光技术不是要揭穿言不由衷的承诺以揭开某人的真实面目。如果我们只是简单地发现了人们所说的和所做的之间的差距，过去这20年研究的现象就不那么有趣了，也不那么重要了。想改变却失败了，并不是因为不真诚。一个心脏病人对于生存的愿望不可谓不真诚，即使如此，他可能还是会又抽上一支烟。改变会失败，是因为我们两者都想要，生活在矛盾当中。就像彼得说的："我的免疫分析结果看起来，就像是一只脚在踩油门，同时另一只脚却在踩刹车！"彼得的确想要改变，但同时又想"保住性命"。对他来说，如果不能实现内在承诺，做那个最明事理的人，或者不能一切尽在掌控，他的"性命"就危险了。

全世界各地的组织，动辄耗费几十亿美元和大量时间、精力评估组织流程，希望提升人员的能力。人们勇敢地听取关于自身行为改进的反馈意见，通常也以极大的真诚努力改变。开始时，他们在改变中投入大量的情绪能量，然而一年之后再看，结果常常是改变并未真的发生。

最常见的是，这些真诚的改变声明不过是又一次新年决心罢了。很多新年决心确实是真诚的，正是因为这份真诚，新年决心常常不能成真才让人困惑不已。当我们制订自己的新年决心时，把那些不好的行为挑出来准备放弃，决定增加那些好的行为。其实这样不管用，除非我们明白：我们有哪些内在承诺使得那些看起来背道而驰的行为同时也是高度有效的。此时我们才算找到了真正的问题，诚如爱因斯坦所说，正确描述问题与发现问题的解答一样重要。X 光技术可以帮助彼得揭示他的变革免疫中的症结，这个症结阻碍了他的变革目标的达成，以帮他"保住性命"。

罗恩的变革免疫分析

我们来看另一张免疫 X 光片。罗恩·哈尔珀(Ron Halpern)是彼得的总经理和首席运营官(COO)，几乎从彼得创业的第一天开始，他们就在一起工作了。罗恩拥有律师的教育背景，在金融服务领域已经工作了 30 多年。罗恩为人热情、开朗、温和，他和彼得不仅是工作伙伴，更是生活中的挚友。

作为负责日常运营的人，罗恩必须经常作出决策。通常他不太跟别人商量，这样就能尽量避免面对别人不高兴的情绪反应。罗恩确实经常这么做，但一个非常重要的场合除外——在执行管理层内部作出决策。所以，当罗恩询问周围的人他需要作出的最重要的改变时，他所得到的回答也就在预料之中了。他在第 1 栏中写道，他的承诺是：

- 做一个更有力量和直接的沟通者。
- 在执行管理层内部做一个更高效的决策者，尤其是涉及那些不同寻常的决策时。

- 停止做一个过分的调和者。
- 更好地把 CEO 的不同意见推回去，不要过分依赖他的同意和支持。

和彼得一样，在写第 2 栏的时候，罗恩也非常坦率、公正：

- 不够直接。
- 检查太频繁，过度咨询，过分确保没有消极反应。
- 试图取悦每一个人，尤其是 CEO。
- 过分仰仗 CEO 的意见。

加上第 3 栏，表 2-3 是罗恩完成的免疫分析表。

表 2-3　罗恩最初的 X 光成像

1. 可见的承诺(改进目标)	2. 实际上做得太多/做得太少	3. 隐藏的相互冲突的承诺
• 做一个更有力量和直接的沟通者。 • 在执行管理层内部做一个更高效的决策者，尤其是涉及那些不同寻常的决策时。 • 停止做一个过分的调和者。 • 更好地把 CEO 的不同意见推回去，不要过分依赖他的同意和支持。	• 不够直接。 • 检查太频繁，过度咨询，过分确保没有消极反应。 • 试图取悦每一个人，尤其是 CEO。 • 过分仰仗 CEO 的意见。	• 公司里的每一个人都喜欢我。 • 维持对 CEO 非常高的评价。 • 与 CEO 一起享受并肩掌舵的快乐，而不是指出不同方向要承担的痛苦。

可以看出，罗恩与彼得的调适性挑战完全不在同一个方向，但其共同点就是罗恩的 X 光片同样揭示了一个强有力的均衡、一个试图平衡两种矛盾的内在承诺力量的免疫系统。毕竟，总是有人"一只脚在踩油门，同时另一只脚却在踩刹车"。

有人把 X 光片看作一个人内在状态的成像。我们不用内在状态这个术语，因为那给人的感觉是静止的、停滞的、缺乏能量的。事实上，"一脚踩油门，一脚踩刹车"的时候，在整个系统中有巨大的能量在流动。但是由于这些能量是在向相反的方向流动，"车"就没法启动了。想象一下，如果彼得和罗恩能够释放一点他们的免疫系统中彼此冲突的能量，如果你（或者你的同事）能够释放一些你们的免疫系统中彼此冲突的能量，那么彼得和罗恩——包含组织中千千万万的我们——可以利用这些能量做成多少之前想做却做不到的事情？本书的第二篇将详细论述这一点。

第 2 栏中罗恩的阻抗行为和彼得的一样，靠新年决心是没法解决的。因为，X 光片向我们清楚地展示了，罗恩的不直接坦率、过度咨询他人、努力取悦每个人等行为其实是在非常高效地完成第 3 栏中他的自我内在承诺。这里我们要注意，如果仅仅分析第 2 栏中的阻抗行为，是很难预测出这些自我内在承诺的。发现自我内在承诺从来都不容易，在这个案例中，罗恩花了一些时间（具体技术稍后详述）才发现其自我内在承诺，那就是要被喜爱、尊敬且无论如何都要保持与彼得的亲密关系。

导致同样的阻抗行为的自我内在承诺可能是完全不同的。一个人可能有一模一样的第 1 栏目标和第 2 栏阻抗行为，但是其自我内在承诺却是尽力避免为糟糕的决策和公司失败负责。所以其总是倾向于让别人来作出决策，自己却置身事外。而"主导"另一个有同样的第 1 栏目标和第 2 栏阻抗行为的人的自我内在承诺可能是：避免被嫉妒、被憎恨，避免自己比别人跑得太快太远，避免被看成"跑到对立面去了"，避免显得太"专横"、太"权威"而和大家不是"一伙儿的"。最后这一条正巧不是罗恩的自我内在承诺，但也有可能是。

每个人都有一个属于自己的变革免疫地图

我们马上就会发现，第 3 栏中的自我内在承诺是调适性变革的最强有力的入口。因此，我们必须清楚地觉察到，许多人也许有着一样的阻抗行为，但其行为背后的真正动机可以是完全不同的。

回到减重的例子，我们就能看得清楚一些了。我们知道，你还在惦记着这事儿，对不？你希望在这儿得到一些帮助，好打赢你的腰围大战。我们说过，减重这事儿对彼得来说完全不是难事，但对其他许多人来说却是调适性挑战。美国人每年通过限制饮食减重几百万千克，然后却反弹了更多体重，这个难题真的有解决之道吗？

表 2-4　减重问题的 X 光多人成像

1. 可见的承诺（改进目标）	2. 实际上做得太多/做得太少	3. 隐藏的相互冲突的承诺
• 我要减重。	• 我吃得太多。 • 我不饿的时候也在吃东西。 • 我吃的食物富含脂肪。 • 我吃的食物富含碳水化合物。	• 理由 A：我要逃避我的无聊感，我需要一些刺激，我需要有活力，我需要战胜我的空虚感。 • 理由 B：我需要与他人产生亲密的联结感，接纳爱的馈赠。 • 理由 C：我不要别人把我看作或者联想成仅仅是一个性对象，我要战胜那种被压垮的感觉，我不要感觉愤怒。

我们很多人都很熟悉表 2-4 中的第 1 栏和第 2 栏。第 1 栏中，我们为了健康或者虚荣心的原因，又或者因为衣服已经太紧了，反正不管为了什么原因，真诚地定下减重的目标。第 2 栏要求我们鉴别出那些与减重目标背道而驰的阻抗行为，很多人都能看出且心里其实早就清楚：这个问题与我们的饮食方式大有关系！我们吃得比我们需要的多，即使完全不饿，我们也在大嚼油腻的或者富含碳水化合物的食物。

于是，我们直接在第 2 栏中的行为上下功夫，想以此解决问题。限制饮食就是一个最好的例子，但是这个方法经常无效。我们必须重新用一个更好的（非技术的）方式来描述问题，需要看到自己是被一个调适性挑战困住了，也需要看到第 2 栏中的行为是非常高效、有用的，而不仅仅是阻抗的。

第1栏中的目标和第2栏中的行为非常普遍，但实际上，X光片中的第3栏所揭示的下面几个节食减重者的免疫机制是完全不同的。

我们曾和一些节食者一起工作，他们的目标都是减重。这是我们在丹麦哥本哈根进行的一个项目，旨在检验我们的方法在治疗肥胖症方面的效力。第一个人发现他的暴饮暴食完全不是因为饥饿，而是因为经常泛起的空虚感。每当这种时候，暴饮暴食就是他的解决之道。

第二个人这样描述自己："我属于一个充满爱的部落，我们每周一次，充分享受一顿包含了不同菜式、不同时代美食的饕餮盛宴。换句话说，我是一个意大利裔美国人"，这还仅仅是周日的一顿饭。他接着补充道："你要不是意大利人，你就没法理解我说的话。每次我下决心减重，拒绝我那些亲爱的姨妈们给我准备的额外的肉酱通心面或者什么其他的食物时，她们就会露出那种深深受伤的表情，仿佛在说：'搞什么？你觉得我们不如你啦？我们不再是一伙儿的啦？'我爱姨妈们，她们给我端上的不是又一大盘食物，而是很多的爱。拒绝这样的爱是很痛苦的。我猜，你会说我的内在承诺是想要与我的族人保持亲密联结。"

第三个人一直都想要减重10千克。她能很勇敢地开始实施一个节食计划，减掉10千克，但是没过多久就又都反弹回来了。她发现自己在第3栏有一个承诺：跟他人的关系中不要有任何能联想到与性相关的吸引力。每次只要减重成功，她就发现那些只把她当作性对象的男人又回来找她了，这些男人完全没有把她看作一个平等的女人。从她自己的历史经验来看，她有充足的理由深深地厌恶这一点。

这三个人的改善目标和阻抗行为看起来是很相似的，但是其减重问题的特定（调适性）机制却相去甚远（如表2-4所示）。对他们每个人来说，减重都是一项调适性挑战。但他们三个人的调适性挑战是不同的，他们都别想仅仅通过饮食调节就能减重。成功之路对每个人都是不同的，因为每个人的变革免疫系统都是独特的。

现在我们只是刚刚开始让你熟悉这一套用以分析变革免疫的程序，在进行更加深入的探索之前，我们来设想一下你现在可能有怎样的反应。当你看到我们的实验室中的这些景象尤其是彼得和罗恩的第 3 栏内容时，你可能会这么想：

> 他们从哪儿找到的这帮如此愿意敞开心扉的家伙？我真不知道是应该敬佩这些家伙的坦诚、直率、不设防，还是应该对他们赤裸裸的自我揭示和暴露缺点感到震惊。不管怎样，反正我绝对不相信那些和我一起工作的人能够暴露出这样的内容！连我自己都不可能！这确实很有趣，确实给了你一次深入自我向内看的机会。我甚至马上就开始猜测那些和我一起工作的人在第 3 栏会写些什么内容。但是现实一点说，我真的看不到这个方法怎么起到作用，因为我真的不相信会有很多人愿意在这样的深度剖析自己。我感觉基根和莱希一定是在和一些特殊的人一起工作，才能走到如此的深度。

如果我们只看到 X 光片分析的这个部分，而不知道下一步的进展，确实会有这样的感觉。下一章我们将详细论述接下来发生的事情。但是目前，我们可以非常自信地告诉你：作出这些 X 光片分析的人一点儿也不特殊，他们就是和你我一样的普通人，和你我一样从事着普通的工作、有着相似的年龄和级别。而且，如果被问到，他们会告诉你，他们和你一样，也不愿意分享此类私密的信息。

我们能够得到这样的分析内容，是因为我们已经用我们发展的 X 光分析技术研究了成百上千的样本，这包括你所能想到的所有人种、职业类别、领导层级等。他们可能是工程师、教育者、首席执行官、中央情报局探员、外科医生、在任法官、内科医生以及大学教务长，也可能是儿童福利局助理局长、中学副校长、公司副总裁、银行家、立法者、医药公司高层管理者、律师、国际商务顾问、图书管理员；经理、高级经理、一线经理或财务经理，还可能是企业、教育、政府、医疗部门的毕业生，或是教授、退休人员、上校、工会领导人、软件工程师。他们可能来自世界五百

"听着，如果你愿意，你把这叫作'拒绝'也可以，无所谓。
反正，我的个人生活里发生的这些事情都与我无关！"

图 2-1　漫画

强企业，也可能来自很小的公司；他们来自不同的国家。他们普遍受过大
学教育、有着中等收入，但他们在自我揭露、自我觉察或者情绪表达方面
绝没有任何特殊的问题或是需要，他们用在心理治疗或者自我反省上的时
间跟普通人是一样的。跟图 2-1 中的人相比，他们并非更喜欢自我反省。

　　在开始这个 X 光分析程序之前，他们中的任何一个人都没有想到会出
现这样一个既深度揭示又如此有趣的画面。如果我们在研究前就告知他们
可能得到的结果，搞不好有些人就真的选择退出了，而更多的人可能会心
生疑虑。所以，不要假设你看到的这些 X 光片的主人有任何特别之处。

免疫系统中的情感生态

　　在最简单的层级上，变革免疫系统给人的一个特有印象是：仿佛我们
在系统化地抵制那些我们真诚地希望达成的目标。实际上，这一有机的动
态均衡机制会防止我们朝向某个单一的目标，它需要在整个心智复杂性的
连续统一体上将个体维持在一个特定的位置。成人心智是一个持续发展变
化的有机体，而变革免疫机制则提供了一个兼具外在与内在特点的视角。

　　关于变革免疫机制提供的兼具外在与内在特点的视角，我们可以深入
探索之前已经说过的内容：免疫系统是一种有智慧的力量，它保护我们，

有时甚至会挽救我们的生命。思考免疫系统的自我保护功能与智慧，我们就能更深入地了解变革免疫机制到底意味着什么，而且此时出现了一个新的想法：所谓的发展意味着会同时激活大脑与心灵的活动，即思维与情感的活动。我们说过，每个调适性挑战都是在触碰我们思维定势的边界，而我们的思维定势一定反映着我们看待世界时的感受与思考。变革免疫机制将如何处理这种感受与思考、情感与思维的双重指令？又将揭示出什么我们以前不知道的关于情感与思维的奥秘？

我们先看看情感的部分。花了整整 20 年的时间持续研究我们要揭示的现象之后，我们对人类的勇气有了全新的理解。

勇气意味着在害怕的时候依然前行的能力，不管其中的某一步是伟大还是微小。如果我们根本没有感到害怕，那迈出这一步就不能被称作勇敢。也许这一步显示了我们有多么聪慧、多么精力充沛、多么专注，但是这些都不能叫作勇敢！正是在面对恐惧之时，人类才能显示出自己的勇气。我们对勇气的这一新的理解来自于这样的发现：人们在持续不断地与恐惧作战，而且这种战斗远比我们想象的要多得多，这一点是很多成功的、能干的人完全没有意识到的。

我们知道，也许你正对着自己说"我不怕""我感觉很棒"。你是对的，你感觉不到你的恐惧，那是因为你正在应对它。虽然你没有意识到自己的害怕、担忧，但是你已经发展出了一套非常有效的焦虑管理系统，这就是我们所说的变革免疫系统。

焦虑是我们终于敢于承认的最重要的——至少是已经被理解的——一种可以在公开情境下表露的私人情绪。当你仔细研读一张 X 光片的时候，无论是彼得的还是罗恩的，你会逐渐看出来一个人的思维定势的某个隐秘维度。这个维度通常与情感有关，而不是与认知有关。它通常不是关于焦虑本身，而是关于如何管理焦虑。免疫系统 X 光分析通常展示了一种表征体系。这个人用这种表征体系去应付的不是某个特定的情境引起的焦虑，而是某些贯穿其一生的持续反复出现的甚至没有被意识到的焦虑。

例如，彼得的免疫系统要管理的是害怕失去威权、失去"一切尽在掌控"的感觉的持续性焦虑，而罗恩的免疫系统要管理的是"绝不能把重要的关系搞砸了"的持续性焦虑。可是他们谁都没有在意识层面体会到这些焦虑，因为他们的免疫系统已经完美地自动处理好了这些焦虑。像彼得或者罗恩这样的领导者，或者像你我这样的普罗大众，都发展出了强大、坚定、自我运转良好的焦虑管理系统，它们使得我们在千变万化的情境中能够良好适应。

但是，即使是这样高效成功的焦虑管理系统，其运作也是要付出代价的。无可避免的是，它们带来了盲点，阻碍新的学习，在我们生命的某些层面局限着我们的行动，甚至阻挠我们实现那些我们真诚地希望发生的改变，破坏我们达到更高层级的心智运作水平。

很多自我改善的努力都局限在一个狭窄的心理学层面，而没有面对整个动态的有机体系。如果没有借助于 X 光分析，很有良知的彼得或罗恩就会着力于改变自己在第 2 栏中的行为，犹如一个想要减重的人就会去节制饮食。但是无论他们怎么努力、怎么真诚地寻找办法减少那些阻抗行为，所有这一切还是发生在既有的思维框架之中，在这里不可能发生新的学习。彼得也好，罗恩也好，包括我们所有人，如果既想保留现有的免疫系统，又想实现第 1 栏中真诚地想要达到的改善目标，那是完全不可能的！那么，我们怎样才能突破这个窘境呢？

打破/穿越变革免疫的三个前提

如何打破/穿越变革免疫？我们将其总结为一系列的前提：

• 打破/穿越变革免疫并不是要解除所有的焦虑管理系统，我们总是需要某些焦虑管理系统的。当身体的免疫系统出了问题，拒绝接纳身体非常需要的某种物质时，解决之道并不是解除全身的免疫系统。对彼得、罗恩以及我们所有人来说，解决之道是转化已有的免疫系统，建立一个更大的、更复杂的免疫系统，在这个新的免疫系统中，第 1 栏的那些改善目标被允许实现。当然，免疫系统的转化是非常困难的。

　　• 并不是改变带来了焦虑，而是那种我们面对危险时觉得自己没有防护措施的感受带来了焦虑。那种"改变让我们不舒服"的观点被人们广泛宣传、广泛接受，但它却是未经认真考量的不完全的事实。如果我们跟你说你明天会中头彩、会找到生命中的至爱或者会被提拔为高级合伙人，你一定会同意。面对这些改变，人们的第一情绪反应绝不会是焦虑！所以，绝不是改变本身让我们不舒服，甚至不是改变所带来的某些困难让我们不舒服。真正让我们产生焦虑的，是"知道"困难就在眼前却无能为力的那种感觉！颠覆已有的变革免疫系统会把我们暴露在危险的境地中，它的存在是为了保护我们的生命，我们不可能轻易就放弃这样一个重要的保护系统。

然而，在后面的章节中你会看到：

　　免疫系统是可以被颠覆的，被限制得太紧的焦虑管理系统可以被一个更广大的具有扩展性的系统替代（这个更广大的系统的界限也会被逐渐发现，于是新一轮的替代和穿越将再次发生）。

当免疫系统被颠覆时，我们将不再用以往的方式看待事情。过去，已有的免疫系统从焦虑中向我们传递一些错误的限制性信念，那就是"这些事情我是绝对不可能做到的"。但事实上，我们完全可以做到！为了测试自己的错误信念，彼得开始运用学到的新方式在工作中尝试向他人作出让步，这极大地帮助了他在新的、复杂的情境中对新创建的公司进行整合。罗恩则开始对执行层的高管们给出更加高效的反馈，他发现，多数情况下，这样做非但没有破坏他的人际关系，反而增进了他的人际关系。

　　因此，我们发现的免疫系统并不仅仅用于解释人们为什么无法达成他们真心想要的改变，它也显示了整个运作系统。免疫系统是我们管理情感生活的一种超级有力的手段，而情感生活是一种已经根深蒂固的深层感受，那就是：生活是危险的，任何一个敏感的人都应该懂得保护自身安全。一张免疫系统的 X 光片仿佛是人体的整个防御体系说明手册中最机密的一页，这一页的价值就在于说明：如果我们不能认清曾经给我们带来至关重要的生命保护的免疫系统、不知道我们正把它置于险境，就不可能在面对调适性挑战时获得成功。

所以，探索变革免疫这一现象也让我们重新深度理解人类的情绪情感世界，而情绪情感是我们在面对调适性挑战时不可或缺的。正如其名字所示，变革免疫系统是一个保护自我的系统。

通往更广阔的觉知之路

然而，仅仅把变革免疫当作一个保护自我的系统未免太狭窄了。在这一章，我们想总结一下这个令人激动的话题。这样的总结将帮助你看到，变革免疫系统对我们前两章所讲的各种元素——接受来自变革的挑战、应对心智复杂度不断增加的视角、管理持续出现的焦虑——是怎样进行整合的。

觉知方式(way of knowing，哲学家们又称之为"认知论")是一个听起来很抽象的术语，它描述的是一种主体—客体关系（subject-object relationship）。任何一种觉知方式都可以被描述为两个方面：一个是看到（look at），另一个是看出去（look through）。儿童的感知是非常主观的，所以当有些东西看起来很小的时候（例如从高楼上看地面上的车辆和行人），他们会认为这些东西真的是很小的。3～5 岁的孩子可能会往楼下看时大喊："看那些小矮人！"但是，8～10 岁的孩子就已经能够反观自己的感知了，他们会说："看啊，楼下的人看起来好小啊！"

当我们不是仅仅从主观的视角看出去，还能真正看到客体的时候，我们的觉知方式就开始向复杂的方向发展。换句话说，当我们建立了一个更大的系统，能够兼容并蓄并扩展之前的系统时，我们的认知方式就会变得更复杂。这意味着，如果我们想进一步发展自己的心智复杂度，就需要将自己的意义建构（meaning-making）重心从主体向客体移动，明白我们的思维方式只是认知或者意义建构的一种"工具"——是我们拥有这个工具（我们可以控制它、运用它），而不是这个工具拥有我们（我们被它掌控、被它运用）。

我们在第 1 章中描述的各个层级的心智复杂度阶段，都包含着完全不同的主体—客体关系。在这个心智复杂度不断提高的认知发展过程中，人不断把之前只能当作主体的部分（借以看出去的过滤器或镜头）变成可以被看到的客体。图 2-2 总结了成人心智发展各个阶段中的主体—客体关系。

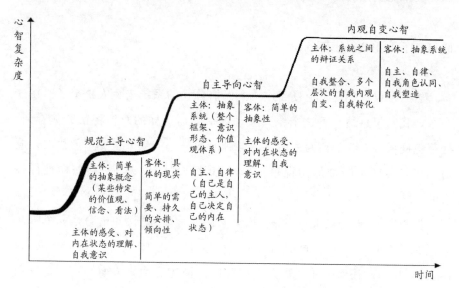

图 2-2　心智能力发展的连续阶段中，逐渐广阔的主体—客体关系

例如，一个通过规范主导心智感知世界的人，他"周围的"（他的家庭出身、他的宗教信仰和政治派别、决定他的职业和收入状况的工作上级等）价值观与期待就会成为他的主体。对这个人来说，如果他觉得被看作不合族群的、不忠诚的、被族群排挤在外的、不受族群保护的，就会感受到很大的危险。那些他很看重的人对他的负面评价，会被他直接转换为对自身的负面评价。

而在下一个层级即自主导向心智阶段，这个人能区分他人（即使是重要的他人）的观点和自己的观点的不同。他当然会听取他人的观点，但是他自己可以决定听取多少、以怎样的方式听取、允许自己被影响到什么程度。进入这一更复杂的心智发展阶段的成人清楚，在他们的意义建构分类中，他人的观点只是工具之一，是他们拥有的某种资源，而不会被其掌控。换句话说，更加复杂的心智使我们有能力把他人的观点当作客体，而不是主体。

这种把观点、价值观、信念、想法（我们自己的或他人的）归入一个更广大而复杂的体系中，并且能够对它们进行优先排序、组合，创造前所未有的新的价值观和信念的能力，使得能够重新编写自己的现实，并将自身视作内在权威（internal authority）的源泉。这就是所谓的自主导向心智。

请注意，这种新的觉知方式并没有把危机感从心理生活中去除掉，它改变的只是产生危机感的源头和情境。在这个层级上，终极焦虑并不来自于被族群排挤在外，而是来自于感到没有达成自己的标准、没有实现自己的目标，感觉自己失控，或者意识到自己生命的画笔濒临干枯。

如果一个人不是永远迷恋自己的理论、体系、框架和意识形态，就需要发展到一个更复杂的觉知层级，以使他不仅能够通过自己的框架看出去，也能看到自己的框架本身。在这种情况下，这个框架就是暂时性的，而不是永久性的，更是一直在创造中，而不是业已定型的丰碑。这就突破性地进入了一个更大的情感与认知的空间，在这个空间里，我们能看到框架本身可能具有的局限性，而不是把框架当成最终作品那样誓死捍卫，也不用把所有的相反意见都当成对自我的打击。

规范主导心智、自主导向心智、内观自变心智这三个在复杂度上存在本质差别的层级，体现了三种不同的认识论。每一种觉知方式都包含了对什么是主体、什么是客体的不同认识，它的成长或者说进化意味着打破原先的平衡，将我们原来认为是主体的部分看成客体。

好啦，到这里也许你会说：嗯，很好！但是问题还是存在的啊！我们怎样才能使自己从主体迈向客体？什么，能够促进和帮助心智复杂度的成长？我们能不能利用现在已经知晓的东西孵化或加速心智复杂度的成长？

最优冲突的重要性

现在应该已经很清楚的是，发展心智复杂度不单单是一个认知提升的事情。但是，"发展心智复杂度"这种说法就仿佛具有某种魔力，马上就会使人想到这仅仅是关于认知提升的，或者认为那就是一些教条性的原则。例如，如果我们努力学习，那么几乎可以肯定，我们的心智复杂度就能有所提高。然而我们一开始就明确指出，心智活动是大脑与心灵、思维与情感交融的过程。那么，到底怎样才能发展出更高层级的心智复杂度呢？

关于人类发展的心理学研究，早在 75 年前就开始了。无论是瑞士的皮亚杰(Jean Piaget)和英海尔德(Barbel Inhelder)，还是美国的鲍德温(Mark Baldwin)、沃纳(Heinz Werner)和科尔伯格(Lawrence Kohlberg)，总结这些人的研究以及我们的发现，我们认为，发展出更高层级的心智复杂度的关键是最优冲突(optimal conflict)：

- 生活中持久地经历挫折、两难矛盾、生活苦难、困境或个人问题。
- 这些困难恰当地让我们意识到当时自己的觉知方式有局限性。
- 而当时在我们关注的一些领域中，我们得到了有力的支持，这些支持让我们既不会被冲突击垮，也不能逃跑或者令冲突蔓延。

在这一章，我们将向你展示怎样调适性地(注意，不是技术性地)应对调适性挑战。如果我们的工作成功，你就可能明白其中的奥秘：做一张 X 光分析表，把它放在一个人的面前，支持他看到 X 光片的内在含义并采取行动。这是支持心智复杂度发展的有力工具，它使得人们能够应对调适性挑战。实际上，为变革免疫绘制一幅图画，就是要使最优冲突昭然若现。

再回顾一下表 2-2 中彼得的 X 光分析，这张分析表清楚地显示出：彼得非常想要达成一个改变，但是一直没能成功。这一冲突非常恰当地让彼得意识到自己现在的觉知方式有局限性。他开始能够把这个冲突（表格中第 1 栏与第 3 栏之间的冲突）从主体的位置——他是（is）自己的冲突，转换到客体的位置——他有（has）一个冲突。由此他才能够开始应对这个冲突。只有当彼得能够从整个系统的高度意识到只看见第 1 栏的目标是不可能实现目标的，他才有可能真正实现目标。

当人们第一次看见自己的 X 光分析表的时候，他们通常有着很复杂的情绪体验。"感觉有点太赤裸裸了""感觉不舒服""很有趣啊""好可怕"等情绪很常见。这种感觉，也许就像从一个超大光圈的镜头中瞥见了这个世界。

我们能否从彼得的 X 光分析表判定彼得处于哪一个心智复杂度阶段？仅仅凭一张 X 光片、一个初步的分析，并不能明确判断一个人到底处于心智发展连续体（爬升期和平台期）中的哪一个点（在本书的第 9 章，你有机会绘制自己的第一张 X 光片。你也许就会发现你无法从中判定自己的心智发展阶段，这很正常。每个人想要了解自己的心智复杂度的愿望很不相同，这取决于你是想要着力于达到第 1 栏中的目标，还是有一个更宏大的个人发展计划）。

然而，彼得的 X 光分析表的第 3 栏揭示了一些制约他的因素，现在，他可以直面这些因素了。他的那些因素在你看来是不是有些意思？对比看看表 2-3 中罗恩的 X 光分析，你是否发现这两个人有很大差异？彼得的变革免疫与他的需求"在我的公司我要掌控一切、我说了算"紧密相关。如果你把他刚才说的话语中的"我"换成"公司"这个词，你就能看到一个自我主导的心智系统在运作。他的心智模式只有在一种情况下能够得到扩展和发展——发生了一件可怕的事，这件事不可避免地威胁到他既有的心灵与大脑的最经济的运营模式。此时，彼得才有可能应对他的调适性挑战。

对比来看罗恩，是什么在阻碍他实现他自己特别想要达到的目标？罗恩与重要他人保持一致性所带来的深深的满足感，即我们说的规范主导意识。在很多方面，彼得与罗恩都是非常成功的领导者。他们对所在的公司有着卓越的贡献，同时他们的天赋才能彼此互补。他们携手将公司业务发展了三倍。如果你与其中任何一个人单独相处一天，马上你就会感到他真是一个聪明人。如果我们目前对他们的心智阶段的直觉是对的（当然也可能是错的），我们可以说，在某种特定的方面，彼得的心智要比罗恩更"复杂"，但这完全不是说彼得的智商更高，也不意味着彼得在面对调适性挑战时更容易或更困难。每个人都有他自己的觉知边际，在这里每个人都必须找到办法以管理自己的最基本的、持续的焦虑。我们需要切记的是，每个人的持续性焦虑的类别是非常不一样的。毕竟，人人都有自己的畏惧。

变革免疫的三个维度

现在你肯定已经认识到变革免疫是一个包含了多个维度的现象，正如图 2-3 呈现的那样。首先，在实操的维度，一幅变革免疫地图让我们看清楚了我们是如何让自己最想实现的目标落空的。但同时，它也清楚地呈现出我们是在心智发展的哪一个阶段上进行觉知、应对那些终极焦虑，这是第二个维度。在第三个维度，我们必须孕育出一种认识论上的平衡，由此，我们才能真正觉察这个世界和我们自己。

变革免疫

变革阻碍系统
（阻碍了具有挑战性抱负的前行）

感受系统
（对焦虑进行管控）

认识系统
（对现实处境的理解）

图 2-3　变革免疫的三个维度

从下面两个新的 X 光分析表中，你可以尝试看看怎样总结出这三个维度。就像之前彼得和罗恩的 X 光片一样，这两个 X 光片也是完全真实的，他们是我们有幸合作的两个真实客户。当你研究他们的 X 光分析表，觉得自己感悟到了免疫系统的某些维度，那不是因为我们故意把这些维度编辑好放在这里，而是因为你自己确实能够看出这些维度啦！

表 2-5　一名年轻合伙人的变革免疫 X 光分析表

1. 可见的承诺	2. 实际上做得太多/做得太少	3. 隐藏的相互冲突的承诺	4. 大假设
• 在工作中更加积极主动、有激情。与自己的内在激情真正联结，相信自己的独一无二。	• 我在干着一些我实际上根本没有兴趣的事情（但是我觉得我不得不这么干）。 • 我的工作很常规，遵守各种既有的程序（我觉得人们就期待我这么做）。	• 那些我特别看重的人很尊敬我。 • 千万不能弄出什么名誉、社交、经济上的乱子。 • 要看起来很成功。 • 不要经历那些未知的、未被证实的严重考验。	• 我假定自己最安全的路径是在既有的、业已成型的道路上成功地表现出他人期待的优秀业绩。 • 我假定如果人们不尊敬我，那我就是一个大大的失败者。

　　表 2-5 和表 2-6 来自同一家跨国咨询公司的两名合伙人。表 2-5 来自一名年轻合伙人。看着他的 X 光分析表，也许你会说："这个家伙，真讽刺，他想要确保安全的做法明明会给他带来他最害怕的风险！很明显嘛，如果他采用自己认为安全的方法，他在这家咨询公司几乎一定会死得很惨！"如果你这么说，说明你已经从规范主导意识的外在层面看到了问题所在。对这名合伙人来说，如果不能从规范主导意识的阶段向上发展，就不可能实现第 1 栏中他最想实现的愿望与承诺。

　　这里，为了继续探索下去，我们提醒你注意在之前的 X 光分析表中没有出现过的第 4 栏。一个完整的 X 光分析表应该包含第 4 栏——大假设（big assumptions）。是不是这些大假设（认知模式后面的核心原则）导致了变革免疫？我们把它们叫作"大假设"的原因是，这些假设已经大到我们不再把它们看作"假设"，我们已经想当然地认为它们就是真理。没错，这些假设可能是真理，但也可能不是真理。但由于我们已经把它们看作天经地义、理所应当，这些假设就成为我们的盲点，我们完全不会去质疑这些假设了。

　　如果这名年轻合伙人有勇气尝试去检验自己的假设，也许他就有机会修改自己的假设。这种对大假设的修订不仅可以将他从当前紧握的免疫系统中释放出来，还可以帮助他开始形成一种更复杂的心智结构，也就是自主导向的心智。

在这名年轻合伙人的 X 光免疫分析表中，我们可以看出：

- 他如何让自己最想要的进展失败了（他最想要的是与自己的内在激情真正联结，相信自己的独一无二）。
- 他所谓的"变革阻碍系统"是用于保护他的名声、抵御他的恐惧（例如不能被重要人物轻视）。
- 他的地图模式以及他的焦虑保护措施显示了他的一个更广泛的个人认知体系。在这个体系中，他通过调节自己与他人的价值观和期待保持和谐一致。

表 2-6　一名资深合伙人的变革免疫 X 光分析表

1. 可见的承诺	2. 实际上做得太多/做得太少	3. 隐藏的相互冲突的承诺	4. 大假设
• 更好地发展"存在"状态，而不是"行动"的部分。具体来说就是发展出一种立场和姿态以深度理解他人，而不仅仅停留在工具化或未来目标的层面。	• 特别有倾向驱动解决方案。找寻"答案"，挽救局面。 • 寻找甚至制造出那些"只有我能力挽狂澜"的情景。 • 一旦心里作出某种决定，就很难再聆听了。	• 成为英雄。 • 感觉自己不可或缺。	• 如果我感觉自己不是英雄，就不能得到最深层的满足。 • 我假设目前我用以衡量"满足"的标准是对我有效的唯一标准。

表 2-6 来自一名资深合伙人。在这张分析表中，你同样能看到免疫机制的三个维度。但是，这三个维度呈现的方式与前例完全不同。摆在这名资深合伙人面前的同样是一个调适性挑战，他非常期望自己能够有一种不

同的立场和状态，与客户或者伙伴建立深层的联结。我们把这种状态叫作"在一起"，而不仅仅是分析问题、解决问题。他希望与别人共处时不再有那么强烈的"目的"，或者带着与以往完全不同的"目的"加入其他人当中。

他的 X 光地图显示，如果他只是在技术层面下功夫（例如参加关于咨询技巧的课程），他实际上不可能达成第 1 栏中的目标。要改变第 2 栏中的行为，绝不是一件容易的事，因为这些行为要服务的可是一个非常重要的目的。现在，通过 X 光分析表，他可以清楚地看到自己的真实行为实际上一直在阻碍着自己的愿望，并且明白了这是为什么。他的变革阻碍系统把他保护得好好的，只是要保护的东西跟之前的那名年轻合伙人很不一样。他要保护的是害怕自己不再是那个力挽狂澜的英雄，而这一点对他的自我认知至关重要。

另外，这张 X 光表可以用于一个更大的心智发展项目，而不是仅仅为了达成第 1 栏中的目标。这张表甚至可以支持他发展到超越自主导向心智的阶段。他是否能够重新思考和修订第 4 栏中的大假设，决定了他是否可以将"做出自我"和"成为自我"一起融入当下的自我认知。拥有了这个更复杂的心智层级（内观自变心智），"做出自我"对他的束缚就会大大减少。同时，他也不必非得选择自我认知的两个极端中的任何一个。我们知道，生活中的重大问题几乎都是辩证的，例如独立自主还是依赖他人，当个大人还是做个孩子。

到这里，我们已经向你介绍了一个多维度的现象——变革免疫。下面我们来听听领导者们自己的现身说法：他们为什么选择运用变革免疫方法，以及怎样让变革免疫方法在领导团队的过程中发挥作用。

第3章

"我们从来都没办法说出口"

——激活组织的情感

客户就是我们的老师。在我们继续向前探索之前，你可以听听我们的客户是怎么说的。还记得我们在第 2 章中多次提到的彼得吗？他是一家快速发展的金融服务公司的首席执行官，让我们一起来见证他的一个关键时刻。这次，彼得和他的高层管理团队正在一起开一个关于变革免疫的研讨会。

彼得正在说："我已经听到了你说的东西，但是我真的不想用那种方式做事。"当时，大家都坐在一个大型会议中心的一间非常大的客厅中。彼得语气强硬，而与会的高管中立刻就有几位面露尴尬、低头沉默。

彼得这话是对比尔说的，比尔是三位高级执行副总裁之一。当时大家正在讨论如何结束第二天早上的网络会议，公司的执行委员会（EC，Executive Committee)的所有十八位成员都将来到新英格兰参加会议。他们有的距离很近，就住在波士顿；有的距离非常遥远，住在美国西海岸。比尔当时想说服彼得改变主意，看看会议怎样收尾最好。5 年前，公司以及公司的执行委员会都不大，但是公司的共同创始人彼得决定了公司要快速发展，而公司确实也得到了长足发展。相应地，执行委员会也扩大了许多。

"我们需要变得更大，更大"，彼得后来这样讲述当时他为什么将变革免疫工作引入公司最高层管理团队的故事。"要做大，而我不能仅仅依靠公司的自身增长，我需要并购。幸运的是，我有两个合适的竞争对手可以并购。一个在华盛顿，并购之后我们的业务翻了一倍。几年之后，我们又并购了一个加利福尼亚的公司，这下子我们的业务又增长了50%。在短短的三年半时间中，我们从一个只有100多人的规模10亿美元的只做抵押贷款的公司，发展成为一个有300人的规模50亿美元的商业借贷领域的公司。我们的业务覆盖全国。"

彼得继续说："你完全可以想象，要让这么多来自不同公司的高管成员保持协调一致是多么困难，这是并购给我们带来的一个严峻挑战。在我们公司，到底什么叫作领导力？我们需要同一种语言、同一种定义。尤其是我们的高管团队还是很新的，一方面是因为并购，另一方面是因为在公司成长的过程中提拔了一些优秀的管理者。同时，我们有着三个独立的工作平台，地域分散，彼此还相隔甚远。你知道吗？我感觉我们的领导力发展已经停滞不前。我们3年前采取了一次行动，力图促进领导力的发展。但是，我依然感到我们的领导力还不足以帮助公司进一步成长。最开始的时候，我关注的是中层管理者领导力的提升。后来有一次，我跟一个下属就到底什么是领导力争论了一小时。我这才意识到，我们真正应该关注的是高层管理者。这就像弹回来的弹簧似的，就像对着镜子说'真正的敌人其实就是我们自己'。在我们有能力去发展中层管理者之前，真正需要发展的是我们自身。我感到我们过去在这个方面没有进展，我一直在琢磨这到底是为什么。"

异常紧张繁忙的一天结束之后，僵局开始显现。执行委员会的成员们都出去透透气、等着晚宴开始，会议室空空荡荡。会议组织小组的成员们聚在一起，商量如何在第二天早上有一个完美的会议闭幕式。我们很快就发觉，彼得和他的几个执行副总裁之间并没有真正达成一致。

之前，我们已经花了好几周的时间与会议组织小组准备这个研讨会。在读了我们刊登在《哈佛商业评论》[1]上的关于变革免疫的文章之后，彼得和他的高管找到了我们。彼得回忆道：

> 我当时在飞往加利福尼亚的飞机上，你们的文章一下子触动了我。当时我就把杂志递给一同出差的公司首席财务官，跟他说："你

得读一下这篇文章，我们应该采用这个。"然后我们马上就在头脑中快速搜索，看公司里哪些核心人员应该参加，"对，这套方法应该适合他！"然后，我们暂时把这个念头放下，回到波士顿。6个月后，再次阅读这篇文章，发现这次还是像第一次读的时候一样兴奋。于是我们给整个高层管理团队传阅了这篇文章，与大家一起坐下来，好好地规划如何将这个思想引入我们公司。

彼得的直觉敏锐地捕捉到了我们的研究中的一些精髓，而那时我们自己对此都还不甚清楚。之后的研究进展不断证明了这些直觉的正确性：在第1栏中确立正确的改进目标至关重要。诚如彼得所言："你的学习技术如何并不是很要紧，真正关键的是要确立重要的改进目标。如果我们不是通过对自己至关重要的改进目标来探索变革免疫，那就是在浪费所有人的时间和金钱。"

确定每个人的"一件大事"

彼得和他的内阁希望执行委员会的所有成员都做出自己的变革免疫分析表。每个人的第1栏——改进目标，即"可见的承诺"——到底应该是什么，不应由他自己一个人确定。彼得坚持认为"我们大家都不应该自己就决定了自己的目标，我们应该听取其他同事的意见"。在研讨会开始前的几周，执行委员会的每个人都跟他人进行了一些沟通——与自己的上级、同级、下级。不管跟谁沟通，沟通的主题都只有一个："你认为，要使我变得更好，最重要的一件事是什么？"

彼得表示：在我们公司的领导力发展进程中，还是第一次运用这么直接的焦点问题。大家以前都习惯了给出范围很广的反馈，包括许多优势与改进领域，而且有很多细节。但这次完全不同，他们需要给出一句简洁的描述——"一件大事"（One Big Thing）。这个描述最后都成为高管之间的暗语了，他们会说"我要干的那一件大事是什么"或者"哎，哈罗德的那一件大事是什么"。

相比于得到一笔奖金、得到晋升、保住饭碗，执行委员会成员更加在意的是：我的上级是怎么看我的。这绝对是他们的兴趣焦点。同时，他们也非常想知道自己的同级和下级对自己有什么看法。所有这些信息都对第1栏中的改善性目标有很大作用，由此，他们确定了自己要努力的方向。

但是彼得还有别的顾虑，他认为自己和高管们如果只考虑周围人的想法，那还不够：

> 有的人也许会在周围同事中研究一番，然后确立自己的目标。我慢慢意识到这还不够好。我开始跟他们说，你们应该回家找伴侣测试一下。一开始，同事们会说："啊？那是为什么啊？"我回家跟我的太太谈了，说："亲爱的，你知道吗？我正在找出我要改进的一件大事，我感觉自己有时候有点儿过于掌控了。"当时我俩正躺在床上。我太太盯着我看了一会儿，然后哈哈大笑，说："你就别开玩笑了。"我跟她说："亲爱的，我没开玩笑，我是认真的。"这时候她才说："我都跟你结婚23年了，你才刚刚发现自己有点儿过于掌控？我跟你说吧，你就是一个掌控狂。"你看，这下子我认为自己真的是找到了自己的那一件大事。我认为这样才能叫作通过了"伴侣测试"。

我们不好说当时彼得对我们的方法有多少了解，但他的直觉敏锐地体悟到：仅仅做周围同事的360度反馈是不够的，我们还需要来一个720度的反馈——包括我们个人生活中那些关键的人。这极大地提高了人们对第1栏目标的承诺度，他们清楚地意识到，如果目标达成，对自己的工作和个人生活都大有裨益。而他们必须做的，就是找到路径，朝着自己的那一件大事大步迈进。彼得给一件大事下了更大的一个赌注，同时他也大大提高了在台面上可以赢取的奖金。

所以，我们开始研讨会的时候，每个人已经做好了分析表的第1栏，那是一个他们真心想要达成的改进目标。当天的研讨会用来绘制他们的变革免疫地图，每个人都能看出：我们自己的免疫系统曾经那么完美地保护了我们，使我们能够免于威胁。但同时，免疫系统也已经习惯了用老方法运作一切——也就是说，对我们真心想要作出的新改变毫无助益。通常，这样的体察和感悟是很清晰的。但是那天研讨会的特别之处是：执行管理层的每个成员是和自己所在的小组分享他的免疫地图，而不仅仅是和一个伙伴分享。这个方式带来了很大的张力。

我们把整个团队分成了几个小组，确保营造足够的安全感和舒适感。虽然所有执行委员会成员都在一起工作，领导着同一家全国性的公司，但他们还是在同一个信任版图上有自己的那一块。例如高级执行副总裁（EVP）之一比尔，是彼得几年前并购的一家公司的CEO，他在那儿深受爱戴和尊敬。他快退休了，几年来对彼得的强硬作风感觉很不舒服，但依然帮助自己原先的高管团队融入了更大的执行委员会。他管理技巧娴熟练达，对情境和他人十分敏感。他成功引领着自己的老部下们不仅高效地探索出自己真正想改进的目标，而且相互分享。

他觉得研讨会非常有价值、令人兴奋，但是同时他也想保护自己人。他觉察到在如此开放、走得这么深的变革免疫研讨中，自己的老部下们感觉十分脆弱。比尔后来说："我们这些人已经认识很多年了，但是这次，我们仿佛是以一个完全不同的角度认识彼此。"正是由于比尔对自己人的关心，导致了他与彼得的僵局。而也正是彼得的第三个洞察激化了矛盾。

"我认为我们应该这样来结束明天的研讨会"，彼得用他那个性鲜明的激情语调说，"这是我能想到的把这个观念和方法在实际工作和生活中真正做出来的最佳方式。我们是执行委员会，就必须做点儿不一样的。我们今天在小组内互相分享自己的免疫地图，这已经是前进了一大步。但是实际上我们这些人彼此都很熟悉，感觉也很舒适。明天上午，我们应该开始坦诚地沟通——这样的事情就应该从执行委员会成员开始，我们每个人都应该四处走走，与更多的人分享，彼此沟通我们的免疫地图。"

其实比尔对每个人说话都是直率坦诚的，也包括对彼得。他开口的时候，每个人都清楚地体会到了其中的警告和训诫意味。比尔反驳道："好吧，你虽然这么说，但是我对此不敢苟同。我不知道其他小组的讨论情况怎么样，我们小组的讨论在心理层面进入得很深。我们小组的每个成员深感自豪，但那是他们内心深处的基本面。关于下一步怎么做，我们得好好想想。我的感觉是人们现在正觉得十分脆弱，我不认为他们明天出去可以告诉参加研讨会的每个人自己的免疫地图中所有 4 栏的内容。"

比尔发言的时候，很多人的表情显然是在赞同他的观点。但彼得根本不为所动，他问比尔："所以，你的具体建议到底是什么？"

"我认为应该等到我们都能够那么做的时候。"比尔说，同时他也清楚地意识到彼得的失望，"我认为今天是重要的、收获很大的一天，我只是认为我们还没有到能够做到你说的公开分享的时候。我建议每个人要做的下一步是和自己的教练沟通，我们已经与教练建立了很好的一对一联结，这样的沟通会是最合适的。"

彼得这时候说："我已经听到了你说的东西，但是我真的不想用那种方式做事。"众人面对这尴尬的局面低头不语。彼得接着说道："注意，我们这儿做的事情是想把整个执行管理委员会发展到一个更高的层次。我已经说得很清楚了，在这儿做高管，必须有更高的要求、更高的水平。"

沉默。

"我可没有兴趣开展 18 个彼此分离的领导力发展项目！在我们公司不是这么干的。我在公司里面要发展的，是一个完整的团队！"

这时候有一个同事说道："彼得，我觉得你没意识到，不是每个人都像你一样对跳进这个改变感到舒适。"

"感到舒适并不能让我们的领导力得到发展，我们需要勇敢地向前迈出一步！"

更长的沉默。

在这种时候，外部咨询顾问（也就是我们）很可能会得出结论，认为自己应该介入、说点儿什么。而当时，我们其实并不知道自己该做什么、该说什么。我们期待客户自己能够解决问题，但看起来希望渺茫。

然而这时候，一个转折点出现了，它不仅打破了那天晚上的僵局，甚至也是整个项目的转折点。

长时间的沉默之后，比尔终于开口了："嗯，很抱歉，恕我冒昧。但是，嗯……我想，刚才发生的这一切是不是就是一个很好的事例，它恰好体现了你自己的那一件大事?"

让变化真实发生：从洞见到产生效果

当时参会的一个高层后来告诉我："你知道那天的会议中真正发生了什么吗？我们真实地开始使用这个思路了。我的意思是，这不仅仅是研讨会中的一个工具了，突然之间它就匍匐潜入我们中间。而且，这真的是从最高管理层开始的!"

他接着说："我要向彼得和比尔都致以最高的敬意。在这里，彼得催促高管们向前一步，而比尔真的迈出了这一步。而此时一向倔强的彼得居然让步啦。我当时还想着，糟糕，如果彼得继续端枪扫射，我们的整个项目可能就毁了。你知道的，彼得一旦下定决心做什么事，他仿佛就拥有了某种自然的神奇力量。他可是不达目的誓不罢休的那种人。"

事后彼得自己是这么描述的："那是我坚持要那么做，我可不会妥协或者让步。坦率地说，我们是不是真的已经打好了基础、做好了准备？我不知道，但我也不以为我会让步。当时，我可以采用我的一贯做法，埋头猛力向前爆破一般地推进。但是那天，我艰难地咽了一口气，做了一个深呼吸。那真的是极为珍稀的一个人生时刻，我仔细咀嚼、消化，试图表现出我希望我的高管们表现出来的那样的行为。"

弹簧的回弹从来没有像这次一样，使个人有如此的真实之感。"我们已经和敌人遭遇，而敌人就是我们自己!"彼得后来总结，真正帮助他在那个与自己的观点完全不同的情况下依然能够暂停、倾听、作出不同决策的，是他非常有趣的体验：他体验到比尔的话语中完全没有控诉，也没有人赃俱获的得意，更没有那种"这下我可逮到你了"的感觉。

彼得说："比尔非常直接，但是我感觉他完全没有人身攻击。他没有别的用意，他仅仅是在指出我的那一件大事。"

彼得这么说好像有些奇怪，毕竟，比尔在会议中指出的彼得强大的控制欲是一个非常个人的话题。但当彼得回顾过去几年中取得的成绩、总结高层管理者们的工作时，一个类似的框架开始逐渐清晰：应该找到一种方法，能够把私人生活有机地融入公开的工作中。

彼得这样谈论自己与首席运营官（COO）罗恩之间的关系，我们在第2章中多次提到过罗恩：

> 我的那一件大事就是控制欲，对吧？而首席运营官罗恩的那一件大事是要取悦他人。他是这世界上最善良的人，没有之一。我太太就总是对我唠叨："你看看人家罗恩，你为什么就不能像他那样？他是世界上最善良温厚的人。"他确实如此，我非常喜欢他。是的，我非常喜欢他。但是这里有一个很有趣的互动，我喜欢掌控，而他喜欢取悦，这到底意味着什么呢？我作出决策，他也让我由着自己的想法作决策。有时他有不同意见，既不会直接跟我说，也不会真的彻底执行。这样，他就成了我和跟这个决策相关的其他人之间的一个缓冲器。有的时候，他实际上就得做那些与我的决策相反的事情。为了让我高兴，他不肯对我说不；但是为了公司的利益，他又必须做他自己认为正确的事情。
>
> 你会发现，每当我和罗恩意见不一致时，这种形式的互动就会发生。那天，我和罗恩一起坐在会议室里，一起研究我俩的变革免疫地图，我俩就把这件事情说开了。我转向他，说道："你看我这么说对不对？我就是一个虐待狂，而你喜欢这一点！"他开始咯咯轻笑，搞得我也笑起来了。但是后来我说："但是，这实在是太有损效率了，我们必须改变我们的行为。"
>
> 你现在理解了：我和罗恩已经一起工作了15年，15年哟！他可不是半年前才加入公司的哟。我认为我俩都深知我们在一起跳着一支什么样的舞蹈，但就是从来也没有好好谈过，似乎难以启齿。如果不

是"一件大事"这个方法——我们给它取了这么个名字——给了我们合适的框架和语言，我想我们永远都没有勇气真正坐下来面对它。在我看来，勇于面对这个问题是积极正面的，绝不是人身攻击。

接下来彼得开始了自己的人际关系的另一个改变，那就是自己作为首席执行官与他人的关系。"你知道'矿井里的金丝雀'这个术语吗？"彼得一边说，一边解释那是早年矿工们用来探测矿井里面氧气含量的一种预警方法。他告诉我们，他把现在所做的事情看成在创立另一种预警机制，他称之为"心智中的金丝雀"。彼得说："我这么说的意思是，你给了别人允许，允许他们说出对高层管理者的看法，指出高管们表现出的行为。不管是对我还是对别的高管。我们可以这么做，是因为我们已经打好了地基。我认为这是非常、非常有力量的。当我刚开始做一些消极的、功能失常的事情时，我们需要把它消灭在萌芽状态，而不是任其野蛮生长。你知道，一个首席执行官要想得到各种真实反馈，尤其是从自己的高层那儿得到负面的反馈，那是很不容易的。"

然后，彼得这样总结自己与整个管理团队的关系发生的变化：

人们需要相互允许，允许进行这样的对话。这个并不容易发生，尤其是在商业活动中、在高层管理者之间。人们常常说"我们没法谈论这种东西""我们没办法谈到那个地步""我们真不知道接下来会发生什么""我们担心谈话的对方会怎么想"，等等。但是，当你创造了这个思路和工具，这些疑虑和困难就统统消失了。

我们所做的，是提供了一种真实的共同语言。用这种语言，人们得以真诚谈及个人发展中面对的挑战。这种共同语言让我们能够以共同认可的方式去触碰并探讨相关的话题，并讨论怎样在个体或者团队的层面促发行为的真实改变，我认为这非常重要。之前，我多次发现人们的挣扎："我应该用什么样的语言去触碰这个话题？""我怎么开始会比较好呢？""我真的得到了允许，可以探讨这件事吗？"身为首席执行官，我已经得到允许，可以建设性地探讨这个话题，而不让人觉得这是人身攻击吗？建设性探讨与人身攻击之间的分界线是很微妙的，而我认为"一件大事"这个共同语言还有变革免疫 X 光分析表真的把这条分界线画清楚了。它使得我们的讨论既关于个人的人际关系发展话题，又能够对事不对人。我感觉这非常、非常有效。

我认为这帮助我们的管理团队凝聚力更强，沟通大有提升。因为建立了共同的语言和结构，我们现在很快就能直抵问题核心。我们不再需要围着真实的问题绕圈子——"对这个问题，我是不是应该这么说才合适啊？"不用了，使用"一件大事"思路好了。我们知道这是某人的那一件大事，某人也知道这是他的那一件大事。你可以直接找到他，用支持性的方式、实事求是的态度、"一件大事"的框架和术语跟他直接沟通。他将用同样的方式接受沟通，然后大家一起推进。你看，正如我所说，有时候，这真的是一种应对个人或团队问题的非常高效的方法。

同时，彼得也很谨慎地指出，这需要时间和耐心：

不是每个人都能做到这些，也不是每个人都能以同样的方式同时做到。由于大家作出的发展努力不同，承诺的程度也不同，所以你完全可以想象，在这条路上，人们在情绪情感方面或者智识方面往往会处在非常不同的地方。有一个家伙就对我说："这玩意儿会被用来反击我吗？我这完全是在暴露自己啊。"所以你看，你必须多加小心，不要让人们认为这个方法就是一切，能解决一切问题。

随着时间推进，人们逐渐接受、更好地理解我们到底想用这个方法做什么，他们就会变得精力充沛、有胆有略、全力投入。我们在那些会议室里眼中含泪的同事们、那些跨出了大胆一步的人们、那些真实相信我们运用这个方法的意图和价值的人们身上，感受到真正的勇气。最后，他们中的很多人——当然并不是所有人——都成为这个思路和方法的坚定拥趸。我毫不怀疑,这也使得高管团队前所未有地拧成了一股绳。

最后,彼得谈到,除了影响高管团队之外,这些工作还产生了什么其他影响:

> 最后,我认为我们的高管团队在公司内部赢得了极大的声望,因为他们确实敢于将自己在行为发展上遇到的挑战公之于众。公司里的其他同事看到了,甚为赞赏并且很快效仿。于是,这在公司里制造了一种潜在的传播效应,人们会时不时地找到我问"我想知道我的那一件大事是什么"。他们有的人并不是高管,有的人甚至根本还不是经理,他们好奇仅仅是因为他们也感受到这股激情。每个人都想发现自己的一件大事,并在此方面努力。你可以想象,这对我们的业务增长是多么积极、有利!

哦,对了,那个研讨会是怎么收尾的呢?第二天上午,彼得和比尔一起跟整个团队分享了他俩的对话,也告诉了大家他俩最终的决定:在个人自己觉得还没有准备好之前,他们不会逼迫任何一个人。他俩跟大家开诚布公,谈论他俩是如何作出这个决定的。最关键的是,他们告诉大家,正是所谓的"一件大事"导致了我们司空见惯的行为,而"一件大事"即使是首席执行官的,也是可以被改变的。

研讨会结束之后的 30 天内,每一个执行委员会成员都已经自愿地与其他所有成员分享了自己的变革免疫地图。我们在那儿目睹了这个过程,也依然记得当时彼得说的话,"我为咱们这个团队的所有人、你们大家,感到前所未有的自豪"。

"如果你不能把那些藏在桌子底下的事情解决掉，它迟早会挡道的"

——我们从哈瑞·斯彭思身上学到的

我们刚认识哈瑞·斯彭思（Harry Spence）的时候，他在马萨诸塞州政府公共福利部门工作，是社会服务局的理事，这是一个儿童福利机构。哈瑞告诉我们："我当初接受这份工作的时候，认为我的职责就是建设完善马萨诸塞州的儿童福利体系，让它和其他州一样好。"

但是在这个岗位干了 18 个月之后，哈瑞的目标改变了，他说："我逐渐意识到，全国的儿童福利体系的发展水平实在是太低，任何一个在这个领域做领导者的人，都有极大的责任把整个体系提升一步。整个体系一直都处于受到高度关注的惊慌之中，因此一直陷于一种没完没了的自我防御和辩护的姿态。当然，从这样的姿态中，你是不可能有所学习和进步的。"

就像在彼得的公司里那样，我们请哈瑞用自己的语言继续讲他的故事。"你知道，我们一直尝试怎样将这个儿童福利机构转变成一个学习型组织。你怎么才能帮助一个经常体验害怕、惊慌的组织转而深深地相信并实践学习？但如果想发展这么一个全国性的运转不良的组织，学习是必经之路。"

虽然哈瑞所在的机构与彼得的公司性质非常不同，但是我们开始和他们一起工作的原因却是相似的。跟彼得一样，哈瑞也觉得自己的高管团队被困住了。领导这个机构几个月之后，他的实际体会印证了他刚刚接手的时候隐隐约约听到的：这个高管团队作为一个整体，效率太差了。哈瑞是这么描述的：

> 我们连每天的日程该干什么都在纠结，一直习惯于仅仅讨论一些行政与政策的相关话题。我了解到这里的一个基本原则是：我们应该用 80% 的时间讨论行政与政策，用 20% 的时间实践。而我认为这必须改变，我们应该用 80% 的时间实践，用 20% 的时间讨论行政与政策。

但是实际上，我们根本做不到。

我们好像就是没法让一些高层从那些行政或政策话题上脱身，即使是谨慎地、小心翼翼地。对了，说起谨慎和小心翼翼，任何人都能非常明确地感受到这些高管们对待彼此时那种谨小慎微的态度。

为何如此？我想一部分是因为这里的传统。一直以来，在核心办公室之间就形成了某种分裂的内部互动机制，核心办公室的职员之间处处明争暗斗。而同时，他们又都工作在持续不断的惊慌中。如果有人犯了错，不仅这个人的手上会沾上孩子的鲜血，而且整个组织都会被公开钉上十字架。所以，这里有着没完没了的焦虑。由此，这些焦虑又使得他们在儿童福利的服务实践中做得很差，真的是没提供什么好的服务。这些失败又引发更差的服务，形成恶性循环。因此，他们真的是在一种水深火热的状态中彼此竞争。这里存在一些很清晰、具体的内部斗争，有些是我来之前就已经存在的。我来之后，斗争依然在进行。我也曾试图去解决它们，但是仿佛遇到了铜墙铁壁，"我们做不到""我们很害怕"。

然后，就像许多其他的类似组织一样，这里各种小道消息满天飞，尤其是在高管之间。很多高层管理会议无非就是各个小团体或者帮派聚在一起发泄不满情绪，讨论别人又做错了什么事。高层管理会议开完之后，形形色色的小道消息就开始甚嚣尘上。

这一挑战成为我们与哈瑞开始共同工作的契机。和彼得一样，哈瑞找到我们的原因也是他在变革免疫的理念和方法中深深感受到共鸣：

我坚信，组织的发展会被一些隐藏的内部斗争模式严重阻碍，而组织的情绪情感生活却从来都不承认这些隐藏的内斗模式。我们必须真正把这些隐藏的内斗模式清除，把那些掩盖在桌子底下的问题解决掉，否则它们就会成为前进路途中的绊脚石。这是我想与你们一起工作的一个原因。

你知道的，人们通常会认为一个医疗机构、一个儿童福利组织的工作者应该都是受过良好训练的心理学社会工作者或者其他类型的社工，他们中很多人有硕士学位，而且还接受了两年的临床医疗培训，能娴熟地运用专业知识和经验。然而，在这里却盛行着隐藏的内斗模式。我想，也许无论在哪个组织里，这都难以幸免。

所以，这样一个在很多方面都功能失调的组织存在的问题深深吸引了我。这个组织的工作就是处理创伤，工作中的情绪情感往往十分强烈，员工们每天都陷入不间断的创伤之中。这很像是在做紧急救护工作，只不过我们做的是心理方面的紧急救护工作。我们的员工接触过很多令人毛骨悚然的家庭，接触的孩子经常生活在一种非人的可怕环境中。所有员工的所见所闻都是诸如此类的事情，这必然会在工作中引发很多的情绪波动。我们如何才能解决这个问题呢？

你知道吗？我一直在心里对自己说，我不可能把所有人都派到加州去参加一个为期一年的领导力发展课程。我不想没完没了地搞培训，但是我又不知道该怎么办。

当我读到这本书的时候，它一下子就抓住了我。它揭示了我过去参加过的所有培训的核心复杂点，这一切都包含在这个小小的、简明易学的指南中。[2] 我告诉人们："知道吗？如果我只有 4 小时来发展我的个人技能，学到那些我以前在加州或者其他地方学到的所有领导力内容的核心，而且我还可以教别人 4 小时就'掌握'它，这只能是令人叹为观止的 4 栏练习。它是如此简明易学，简直就不可能有人学不会。我们不是在谈那些高深的临床医疗术语，我们也不用建立一个大家认可的概念框架。它就是如此难以置信地简单明了，却又如此充满力量。"于是我和大家商量，首先在高管团队试一试。

人们对此的感觉很复杂，存在着相当的不安全感。每个人都读了这本书，在活动快要到来时，这种不安的焦虑感更加强烈了。然后，我们开始了。那是一个清晨，在大概第二个会议中，我们做了 4 栏练习。实际上我们是分成两个阶段做的，因为一个会议室里这么多人同时做 4 栏练习，一下子还难以完成。人们以不同的方式投入其中，很多人感受到这个工具强大的力量。

在两次 3 小时的会议中，有人泪流满面，有人对自己取得的进展深感震惊。以前在工作中，人们总是觉得自己得不到信任，即使是谈论微小的观点差异也不敢，生怕引发随之而来的冲突或嘲讽。而在这个会议中，人们围坐一桌，很多人倾心交谈，回溯童年经历，分析现状为何如此。

最有力量的还不是这样的沟通和述说在发生，而是屋子里的每一个人都在分享和分担。很快，这些共同分享并分担了彼此的脆弱的人之间形成了强有力的纽带。

而且，人们互相产生了前所未有的同理心，对之前那些使彼此抓狂的事情开始释怀。例如，我们的高管团队中有一位诉讼律师，她是一个可怕的人，有的时候她会进入律师特有的某种狂飙突进、咄咄逼人的沟通模式，而她对面的人就会觉得完全是在被冒犯。我们在练习中了解到她为何如此。一旦人们了解了她这种沟通模式产生的原因，就可以停止抱怨"哎哟，我的天啊，她又发飙了"。现在人们依然会说"哎哟"，然后就能够直接对她说"哎呀，我们好像又回到了老模式啦？等一分钟，暂停一下，是不是这样"。而她也能够说出"哎呀，我的天，还真是这样"。

对能够这样做的每一个人来说，我们在坚定地支持着彼此，不仅因为我们都对必须进行的变革有着内心的承诺，也因为那些在练习中分享并分担着的脆弱激发了我们的深层感受。这开启了新的旅程，并为之打下了基础。这是一个历时近两年的非常值得的工作，它帮助高管们发展了关键的技能，以使我们在越来越充满冲突、紧张、挑战和困难的对话中依然可以 hold 住！

我认为，这种成长的关键核心是高管们把自己发展到了一种状态，就像是一个容器。这个容器可以盛得下充满力量的对话，这些对话可能隐含很多的风险、存在着根本的观念不一致或者类似的冲突。

所以，在过去的 6 个月中，我们公开明确地去关注一些热点话题，"让我们继续发展我们的能力和状态""过去我们高管团队有一些不好公开谈论的热点话题，现在我们把这些话题一一列出来吧""我们把这些热点话题一个一个解决了吧，这样能进一步拓展我们的能力"。经过两年的努力，成效显著：现在的高管会议中，我们大量的时间都在直面那些真正有力的对话，在过去这是完全不可想象的。我们现在需要的是好好管理会议议程的时间，因为高管团队现在经常会就组织中的多个任务展开讨论，并扎扎实实探讨怎样进行业务实践。

将个人发展与组织发展结合起来

随着我们和哈瑞一起深入开展工作，他逐渐明晰地认识到把儿童福利机构的工作水平提升到更高的层次到底意味着什么。他这样来思考二者的关系：

> 儿童福利工作是我有生以来遇到的最复杂的公共事务，本质上说，这是一个需要由公共政府机构来完成的治疗工作。因此我们一直以来真的非常努力，想打造一个专业的服务组织、一个公共的专业服务组织！然而这样的组织现在还不存在。这样的组织必须具有相应的复杂性，以能够应对我们所面对的家庭的复杂性。因为，如果我们把我们的任务简化了，当我们面对复杂的真实环境时，我们就会搞砸。如果你只看到复杂性的皮毛，把事情过度简单化，你就在制造巨大的灾难。这就如同在真的需要手术刀的某个时候，你手里拿着的却是一把长柄大铁锤！因此，我们现在试图将我们的机构改造成具有适度复杂性的专业服务公司。

哈瑞意识到，要达成这种层级的组织发展，就需要在整个组织范围内养成反思内省的习惯。这件事情的关键是要意识到在组织中有着并行存在的两个方面，一个方面是组织所从事的治疗工作的本质，另一个方面是组织中从行政长官到一线的每个员工的每一个人都有自己的个人特质。每个人都需要对自己的个人特质做点儿什么，才能确保自己是在解决问题而不是在制造问题。这并行存在的两个方面是如何互相作用的？哈瑞是这样描述的：

在儿童福利界，有一个著名的说法，"你要是不相信家庭会改变，你就不可能干得了这一行"。这是这一行的特点。如果我是一个儿童福利社工，一般而言我肯定会说我绝对相信，但同时我也会告诉你乔的故事："他就在我办公桌旁边，过去5年里，一打电话就是冲着人嚷嚷。我简直就没见过他安安静静的时候。乔是绝对改不了的。"家庭可以发生改变，而我的同事却改不了，这两句陈述中必然有一句是错误的。所以，这个工作的核心是：如果你想要理解家庭中的改变发生的互动模式，最好就从你的邻座乔开始。你可以把你与任何人的关系都纳入你的变革实验室。一个公共组织怎样才能够培训并支持员工，让员工具备引发他人变革的能力？最好的方法就是从自己与身边同事的交往开始。

因此，作为一个高管团队，我们做的工作就是变革，从中学习到的一大收获是变革确实很困难、变革需要很多的支持。不管怎么说，同事之间又不是工作中面对的那种可怕的存在虐待行为的家庭，我们只是在一起工作而已。即便如此，我们有时候也会经历非常痛苦的时刻。变革真是令人难以置信地艰难。由此，我们对这桩任务的艰难建立起了相当的尊敬，同时也对自己在变革中获得的支持满怀感激。这一切完全可以类比应用于我们一起为之工作的那些家庭。这时候，我们开始看到一个精彩的并行发展过程。

还有第二个并行发展过程，这在临床领域很普遍，就是移情与反移情。情况是这样的：如果我想帮助某人发生改变，那么，我为我俩的互动关系所做的事情中，哪些是有益的，哪些是障碍？我俩的互动关系中的哪些方面在帮助某人发生改变？什么时候我在以我的方式介入，什么时候我又在以我们的方式介入？

你知道的，移情与反移情的整个术语体系庞大、沉重而又玄妙难懂，充满了弗洛伊德式的元素。而4栏练习的绝妙之处就是仅仅运用"一件大事"这样一个术语，你就可以得到类似的领悟——事实上，也许是更加精准的领悟。其中的关键问题就是：我的核心机制和模式是否正是当前的绊脚石？

其实问题的本质是相通的，在我的工作中我会想："我承诺要把管理团队建成真正强大、高效、运转良好的团队，而我自己的什么模式恰恰阻碍了我的承诺的实现？"对我们机构中的一个社工来说，这个问题就变成了："我努力想支持这个家庭变得强大、有所提升，但我自己的什么方面恰恰在阻挠我的目标的达成？"

自省是一切组织工作的重心，而且在儿童福利社工与家庭之间的种种互动关系中显得尤其重要。我们知道，我们需要一个自省的框架，而4栏练习提供了我们所称的"脚手架"。是的，我们没有办法完全掌控某件事情，但是我们可以为某件事情搭建一个脚手架。我没有办法写出一些确切的原则，来告诉你应该怎样和一个家庭打交道以促成积极改变。我不可能弄出一堆官僚规定塞给你，说"照着这些做"，这是不可能有效的。与其他的事情相比，人类痛苦的根源要复杂得多。这儿没有任何简单法则能管用，这里的工作时刻需要随机应变。我们是一家专业的服务公司，而不是一个工业化的产业模式。

围绕所做的工作，我们在努力建成一套价值观念、一套原则。这是我们工作的核心概念框架，以及支持这些工作的价值观。现在我们非常兴奋，因为我们不仅把4栏练习作为我们29个区域办事处的内部管理工具——在这些办事处中都发展出一些4栏练习的术语，并且把4栏练习作为团队自省的概念框架——还将用同样的4栏练习培训办事处的社工，让他们以同样的思路思考他们与所帮助的家庭之间的互动关系。这真是激动人心！

当哈瑞回顾我们一起所做的工作时，他让我们回想起在第 2 章一开始就提到的关键内容，那就是情绪在变革中的隐性作用，我们必须想方设法让这些一直隐而不言的私人体验进入公开的工作领域。哈瑞接着说：

> 实际上，在整个工作中，我越来越深刻地意识到情绪情感在这项工作中的重要性。是什么在冲击儿童福利事业？人们对社会工作学校渐渐失去兴趣，对吧？学生们在社会工作学校学了一整套东西，其中的核心就是"被压抑情感的回归"，对吧？这里的理念是：那些没有被妥善对待的情绪情感，总有一天会作为某种形式的功能障碍卷土重来。这是所有临床工作的一个核心原则。然而，学完了这些之后，你进入一个组织，这个组织却粗暴地压抑一切情绪情感。这样的社会工作机构，完全是在与社会工作的核心原则背道而驰啊！
>
> 总而言之，在社会工作这样的领域——其实我很怀疑不同组织之间会存在程度上的差异——我们尤其需要想方设法揭示情绪情感是如何被压抑的，而 4 栏练习恰恰就能帮助我们做到这一点。

一次就解决两个重大问题：彼得和哈瑞的洞察

彼得和哈瑞领导的组织看起来天差地别——一个是市场经济下的私有企业，另一个是提供社会服务的政府机构。彼得的公司也并非没有社会价值：这家公司专注于多种组合的家庭借贷业务（而且是不错的借贷业务，不同于把我们导向如今的次贷危机的那种借贷业务），以自己的方式对现实社会做出了贡献，使得很多人有生以来第一次实现了梦想。但不管怎样，彼得肯定会认为自己管理的是一家结果导向的公司，对私有股东团体负责。而哈瑞领导的是公众服务机构，对全体公民和公民选出来的代表负责，也就是对马萨诸塞州的州长负责。

他们所处的行业完全不同，但其背后的驱动因素却是相似的——他们的挑战，他们的领导力，他们想要得到的成果。他们都如饥似渴地希望改善组织的绩效，而他俩（没准儿也都是性格特征鲜明的人）也都清晰地意识到：不可能指望有一个英雄人物独自一人就能够带来自己想要的进展。他俩都知道自己需要合作伙伴、都选择了自己的管理层团队作为带来变革的核心力量，但在一开始都对团队状况倍感沮丧。

更加重要的是，在评估自己团队的整个过程中，他俩并没有置身事外，那种"我来带头"的意愿使他俩能够坦陈自己的变革免疫。在要求团队成员做出变革行为的时候，他俩要求自己首先做到，这是真正带来转折的关键。

能与彼得和哈瑞这样有勇气的领导者一起工作，我们深感荣幸。在与他们以及其他优秀领导者的合作中，我们受益良多。其中最触动我们的是：在这种引发深刻变革的工作中，最上面的那个领导者必须是坚定的领跑者、是冠军。领导者不能仅仅是支持一种理念，他必须是这个理念的积极倡导者、践行者。如果他仅仅是把外部顾问引入公司，付我们咨询费、授权我们进行工作，我们是不可能成功的。我们绝对需要领导者本人成为整个工作的重要伙伴，我们依仗着他。当工作遇到阻碍的时候——我们向你保证，阻碍是一定会出现的——正是领导者而不是外部咨询顾问才能帮助团队重新获得力量，继续走在自我发展以促成组织成功的旅程上。

彼得在很多场合展现过这一点，他明确地谈到过他的信念的源泉：

> 基本上，我会对人们说："看嘛，如果你对自己挖掘得足够深入、足够内在，如果这真的是你的'一件大事'，那么别的人早就已经知道。我知道，其他人也知道。也许你心里还有这样的幻觉：既然这是如此私密，应该没有人会知道。相信我，其实大家都心知肚明！大家都知道并且会议论。你说他们会在哪儿议论？关起门来议论、茶余饭后议论、下班之后议论。反正，人们肯定会议论纷纷。"

因此，我不得不做一些现实的检查。这个现实就是：人们已经知道这个房间里有一头大象。当你有 18 名或者 20 名高级经理的时候，这就像一大群大象挡在路上，对吗？他们会把路挡得死死的。于是我必须使大家相信：最好我们一起用某种我们都认可的方式来积极地谈论，这绝对大大好过我们在背后议论纷纷。我知道，随着时间的推移，人们会认同这一点的。

与之非常相似，在我们与哈瑞的社会服务局合作的时候，在一个关键的时刻，哈瑞必须向他的同事们阐述为什么这项变革工作虽然如此艰难、充满风险、耗时耗力，却是必须完成的。他回忆道：

我是这么对大家说的："我们是否都曾经有过这样的经验：与某个特别自我中心的人打交道时，我们不得不耗费大量的时间应对他的那个小我？"是的，我们都有过那样的经验：我们不得不耗费大量精力去"向上管理"，以迎合这个或者那个老板的个人偏好、性格特点或者个人风格。我还从没遇见过没有这种经验的人呢。

然后我说："那么，现在问题来了：从另一个让人不舒服的角度看来，我们的下级是不是正在从我们身上体会到一模一样的感受呢？！这里你可能特别不愿承认的是：老板真的让我感到抓狂吗？没错，可是也正在让下级感到抓狂！"如果能在某种程度上认识到这一点，我们才可以真的开始改变自己。

哈瑞的这一番话对与我们合作的其他领域中的很多人都深具影响，但你完全可以想象，当哈瑞这么对他自己领导的管理团队说的时候，当他说"那个让你们抓狂的老板"时，那个老板就是他自己。他当众公开承诺要致力于改变自己，尤其是那些让在座的人们感到抓狂的部分。他的话对团队产生了难以想象的强大影响。

是的，彼得和哈瑞面临的挑战是非常相似的，他们决定与我们合作的原因、愿望也是相似的。他们都有着卓越的个人能力，这使得他们在改变的过程中能够身先士卒。他们颇富勇气，敢于坦然呈现自己的脆弱一面，真正成为共同学习之旅的一部分。然而，他俩最为显著的相似点，是在某个方面有着比我们都更深的洞察和领悟：我们做的所有工作，不管以什么形式，都是为了发展组织的能力，以更好地实现组织的理想抱负。

在公司与社会服务局这两种环境中的训练都已经起步，持续的回顾与更新也在进行。一个基于周围社交关系而建立的真实的工作小组（不是个人的教练关系，也不是把人们集中起来上一堂培训课程，指望他们之后将之应用于实际工作）会设立一些新颖的、有价值的方式，以帮助人们在发展自我的艰难旅程上继续前行，即便他们持续不断的自省和个人试验看起来也许与日常工作不太协调一致。在你的改进目标（4 栏中的第 1 栏"可见的承诺"）中，引入其他人会让你立刻被"记录在案"，你的同事们会促使你采取行动，他们会：

- 给你确认，而这些确认会强化你的行动。
- 期待你能成功，你的成功将对团队有所助益。
- 见证你取得了哪些进步，而哪些没有做到。
- 认可你的变化（在你想要变化或者已经变化时给你强大的动力）。
- 被鞭策着继续实现他们自己的改进目标，被你的进展所激励（或者"感到有压力"，这也很有用）。

实实在在地说，上述几项都被实践证明是有效的。工作小组所起到的强大作用让我们倍感激励，它是促使人们保持自我学习的一个高效方法。我们肯定会认为，工作小组确实有助于解决工作中那些令人烦恼的实操问题。但事实上还不止于此，我们马上就将在本书中讨论，工作小组其实在生成一个更大、更复杂的画面，那就是：在这个新的世纪，应该怎样进行最佳的组织学习？

我们知道，与我们一起合作的这些首席执行官们给予我们极大的支持和信任，让我们能够以有力的、可行的、专业的合适方式将成人发展的话题提上议事日程。无论他们是否知道，在合作中，他们的贡献都是决定性的。最初的时候，我们是从支持成人个人发展的角度开始这项工作的。但是组织的领导者们更加具有远见卓识，他们还会从组织和系统的角度思考问题。

　　就像有一次我们在讨论是否需要将个人主义导向转变为领导力发展时彼得说的"假如你拥有一部更好的电话机，另一个人也拥有一部更好的电话机，但是你俩无法连接，这对你还是没有带来什么益处。你只能是坐在那儿跟自己说话。我以前做首席执行官期间，经常遇到这样的状况。但是我现在再也不想这样了。"与我们一起合作的这些首席执行官们本能地希望建立一种全新的人际联结。

　　如果你只用一只眼睛依然可以看到眼前的很多东西。但是，关键是这样的感知缺乏深度。只有凭借双眼视觉，我们才能正确感知深度。我们研究的互补性包含了两个方面（一个人看到的中心对象，恰恰被另一个人当成了背景），这赋予我们的工作与众不同的深度。作为发展心理学家，我们更感兴趣的是支持人们不断发展个人的心智复杂度，从而走向一个又一个成功。而作为组织的领导者，首席执行官们更关注的是如何更恰当而又高效地激发组织的情感，进而实现组织的目标。只有当我们都真正看到并关注另一方期待解决的问题时，我们才能最终达成双方的目的。

　　估计彼得和哈瑞已经把你的好奇心激发起来了，你也非常希望了解自己在这方面是什么情况。当个体和组织开始这一自我变革的学习之旅时，实际上到底发生了什么？这到底会带来什么不同？本书第二篇中的个体和组织将会从不同的侧面让你一探究竟。

第二篇　组织、个体、团队的变革突围

第4章
组织变革突围：从集体变革入手

　　当你思考变革免疫这一现象的时候，毫无疑问你会注意到，不是只有个体才会受制于那些隐藏的相互冲突的承诺和大假设。集体——工作团队、高管领导团队、部门、整个组织——也会在不知不觉中保护自己，无法达成那些他们真正想要的变革。

　　在本章，你会看到许多团队和工作组。我们会探索这些团体怎样集体行动，以保护他们自己免除某些危险，而这些从未说出口的危险就隐含在他们集体的隐藏的相互冲突的承诺和大假设中（4栏中的第3栏和第4栏）。我们的研究与探索工作是这样进行的：首先是团队成员们认清他们个人的变革免疫，同时开始看到及找出自己思维定势中的矛盾和限制性模式具有的很大的价值，并进一步看出这种价值不仅存在于团队中的几个个体身上，更存在于团队这样一个整体中。

　　在一探究竟之前，我们先介绍三个具体的事例，他们来自不同的组织。一个是一所研究型大学的人文系的高级教师团队；另一个是美国国家林业局的一个分支机构，他们从事着高危险的工作；最后是南加州一个麻烦缠身的校区。

人文系："十一年来，我们从来没有从初级教师中提拔过任何一个人"

　　一所大学的人文系的高级教师找到我们，希望我们帮助他们解决一个他们自己无论如何也解决不了的问题。这个人文系很庞大，但是系主任却告诉我们："十一年来，我们从来没有从初级教师中提拔过任何一个人，给予终身教职。真的，我这么说一点儿都没夸张。我们是在全美享有至高声誉的一所研究型大学，但是那些初级教师候选人拿到我们的聘用通知时却小心翼翼，不太愿意接受。而我们这里的初级教师一旦真的决定离开，他们确实在别处找到了更好的工作。哎，假使你是一个雄心勃勃的年轻人，如果你真的觉得在这儿拿到终身教职毫无希望，你拿到聘书时会犹豫不决、思前想后，这是完全可以理解的。"

刚开始的时候，我们还有点疑惑：这会不会仅仅是这位认真负责的系主任在担忧而已？但是在和系里很多资深教师沟通过之后，我们发现这真的已经是整个团队关注的一大问题。在州立大学里这很典型，人们对自己所在的院系有着强烈的忠诚。但是在私立的以研究为主的大学里，这种忠诚可很少见。这里对高级教师最看重的（有时候甚至是唯一的标准）是你自身的研究和写作，没有谁太关心整个系的福祉。但是，这所大学的人文系明显是一个例外，这里的现实状况已经向他们敲响了警钟。

"我们已经'一次又一次'地遇到这种情况了"，一位教师告诉我，"事情一直没有改变，这让我们非常沮丧。年轻的初级教师们把这儿看作一个绝望的陷阱，这让我们感觉很糟糕。是的，我是一个研究人员，但同时，我也是一个教师啊。促进下一代的职业成长时，我也会从中获得满足感。我们致力于培养我们的博士研究生，同样也应该致力于培养系里的年轻教师啊。没有任何初级教师得到提拔，对吧？我的意思是，在一所一流的研究型大学中，这也许是可以理解的。但是，我的天啊，总该有人能得到晋升的！"

另一位高级教师这样说："我们一个都没有提拔，是因为这样的情况：我们雇用他们的时候寄予了厚望，但是等到真的评估他们以决定是否提拔的时候，总是发现他们的研究工作还太单薄或者质量不高。因此，这些年来，我们一直在说我们一定要提升招聘质量，一定要招到那些有潜能被提升的年轻人。确实，我们这些年的招聘工作做得越来越好，但是进入院系工作的年轻教师依然没有人被晋升！我们选人的时候眼光不可能这么差啊！一定是他们进入院系工作之后出了什么问题，我们必须解决这些问题。"

还有一位高级教师这样描述："好吧，我们辅导他们，不断告诉他们发表论文是多么重要。我们给他们学术假期，好把时间用来写论文。你说，我们还能怎么帮助他们？"

"我们大家也许都和这件事情相关"，这个想法也许是共同开始思考任何集体的变革免疫的先决条件。我们要求团队商量如何建构他们都一致同意的改进目标，这样我们就得到了集体4栏练习中的第1栏："我们想为年轻教师做得更好。我们希望他们感到人文系是他们职业发展的坚定支持。具体来说，我们希望年轻教师被提拔成终身教职的人数显著增加。"

然后我们邀请他们集体写出他们的关于阻抗行为的"集体的勇敢无畏行为清单"，也就是说："你们整个集体（而不是其中的少数人）在做的什么事情，或者想做却没有做到的什么事情，是与你们的改进目标背道而驰的？"这下，他们可有很多可说的（见表4-1的第2栏）：

表4-1　人文系的集体变革免疫地图：为何初级教师这么难被晋升

1. 可见的承诺	2. 实际上做得太多/做得太少	3. 隐藏的相互冲突的承诺
• 我们想为年轻教师做得更好。 • 我们希望他们感到人文系是他们职业发展的坚定支持。 • 具体来说，我们希望年轻教师被提拔成终身教职的人数显著增加。	• 我们给了年轻教师很多建议和委员会指派的任务，搞得他们不堪重负，导致他们没有足够的时间进行研究和写作。 • 我们给他们负担很重的教学任务。 • 我们一方面跟他们说发表论文非常重要，但同时我们也告诉他们或者示范给他们，其他所有的事情也很重要——教学，做导师，参加某个指导委员会，等等。我们没有告诉他们如何排定优先顺序。	• 我们自己坚决不想增加在教学、做导师、委员会琐事等工作上的负担。 • 我们想保护资深教师的特权。

- 我们给了年轻教师很多建议和委员会指派的任务，搞得他们不堪重负，导致他们没有足够的时间进行研究和写作。
- 我们给他们负担很重的教学任务。
- 我们一方面跟他们说发表论文非常重要，但同时我们也告诉他们或者示范给他们，其他所有的事情也很重要——教学，做导师，参加某个指导委员会，等等。我们没有告诉他们如何排定优先顺序。

我们在第2章中就已经谈到，在绘制个人的变革免疫地图时，那个真正带来震撼的"啊哈"时刻就发生在第3栏——这些"掌控我们"的内在承诺（与第1栏中"我们掌控"的承诺恰恰相反）。第2章中彼得发现他的内隐相互冲突的承诺是一切尽在掌控，而罗恩的隐藏的相互冲突的承诺是人人都一直喜欢我。同样，如果集体能够成功绘制一幅强有力的免疫地图，一般来说，总是第3栏带给团队不同寻常的自省空间。这时候不需要提醒，团队自然就会上升，进入一个新的理解层次。他们开始看到森林——那是盘根错节的热带丛林，而不只专注于某一棵树——虽然有时候这棵树也能带来一些新的思考和讨论。当没有什么想法的时候，我们不再"一遍又一遍"原地转圈，而是引领团队专注于新涌现的东西。

我们应该怎样帮助人们（无论是个体还是团队）让自己的第3栏真正呈现出来？如果我们真的做出与第2栏中的行为完全相反的行为，会带来的最大恐惧是什么？我们要做的就是揭示这些恐惧。在这个人文系的案例中，资深教师们要回答的问题就是："如果我们真的提拔了很多年轻教师，我们这个集体会担心什么、害怕什么？"你完全可能猜到回答这个问题时大家的情形：有时发言的人笑了，有时听众笑了，有时大家全都笑作一团。

- 如果他们没有完全采纳我们的建议，我们就不得不干那些活儿。
- 如果他们不讲那么多课程，我们就得多讲。
- 如果他们不在管理委员会承担很多的职责，我们就不得不承担。

人们的这些担心开始揭示他们的隐藏的相互冲突的承诺。他们可以继续进入那从未被探索的领域，不仅思索自己的担心，更进一步思索自己是否已经被某种下意识的承诺所掌控，而这种承诺一直在阻挠我们担心的那些事情的发生。此刻，人文系的这些资深教师真正进入了第3栏，一个独特的、平衡的系统呈现出来了。它是这个团体的集体免疫系统，看上去包罗万象（见表4-1）。

集体免疫系统一呈现出来、成为焦点，就立即引发了一大堆前所未有的反应。完全是同一个人，刚刚还满怀热情和真诚地担忧着年轻教师毫无出路的困境，然而不到一小时之后，他会听到他自己话锋一转，带着同样的热情和真诚说："当年我们年轻的时候哪有谁照顾我们啊？我们一样也得到了终身教职啊！现在他们怎么就不能？"

然后，这些高级教师中的一位微微笑着。他看到这个集体一只脚在踩油门，同时另一只脚却在踩刹车：

> 我想说说我是怎么思考的。为了解决这个问题，我们的新年行动计划中有一项是积极主动地做辅导，大家还记得吧？从这个学期开始，为了做个好公民，我决定认真严肃地行动起来。我选定了劳拉，她是一个很有潜力的年轻学者，我真心认为如果她的研究进展顺利的话，不出几年她肯定有机会被提拔为终身教员。

> 因此我和劳拉好好谈了一次，讨论她目前工作中遇到的困难。毫不意外，她告诉我她最大的难点就是会被高级教师邀请加入那些极其耗时的委员会。劳拉说："你们就是将来会评估我是否能够得到晋升的人，我怎么可能对你们说不呢？"于是我跟她说："完全理解，劳拉。要不这样吧，你看看我这个建议如何？从现在开始，我们这些高级教师中的任何人邀请你加入那种特别耗时的委员会时，你仔细聆听，感谢他能想到你，然后跟他说：这事儿我需要好好想想，容我明天再回答你，可以吗？我认为没有人会认为你这样的要求不合理。"

> 我还说："现在我希望你这么办，一段时间之后，你给我打个电

话，看看你自己这么做是否可行。如果这种方法行不通，我们再来看看有什么办法能把你解放出来。你觉得怎么样？"她眼睛一亮："噢，这真是太好了！"

你们很可能都猜到了事情会朝哪个方向发展，对吧？两个星期之后，我又给劳拉打了电话，这回完全是以一个委员会主席的身份了。我对她说道："劳拉，你有没有可能实在不行也要抽出一些时间来参加这个委员会？你真的是这件事情的最佳人选。"

这个集体的核心矛盾情境——他们的变革免疫系统——使得他们在嘲笑自己。一个人在勇敢、真诚地分享自己的故事，同时其他所有人也都看到了自己的那个自我打败的过程。这并不是说他们对年轻教师关心得不够多（他们曾经偷偷地、不好明确表示地、有点羞愧地这样怀疑过自己），取而代之的是他们看到了自己对年轻教师的真诚关心。但是，担忧与这种关心同时存在着：如果真的重新分配教师的工作安排，他们设定好的那种工作生活状态就会被破坏。这种担忧强大、有力，但从未被明确说出。

国家林业局："我们的人面临致命危险，而我们却无能为力"

我们与国家林业局的一个分部合作了好几年，他们的任务是每年在全国范围内点火烧掉几千英亩的树林。对看着"防火护林熊"（"只有你能保护森林、避免森林大火"，国家林业局用于森林防火标志和广告的卡通形象）长大的你来说，这个工作可太奇怪了，因为我们相信所有的森林大火都是坏事情。但是实际上我们很快就知道，我们的很多生态系统是"缺乏火情"的，生态系统时不时需要一场大火来刺激其健康再生。

然而，这是一项危险的工作，点火人既要点火又要控制火势。有时火势会完全失控，一旦发生这种情况，就可能导致几百万美元的财产损失，甚至可能导致有人丧生。当火势蔓延时，丧生的很有可能就是国家林业局的那些人，即那些点火人。我们参加过他们的年度会议，第一个议程就是哀悼逝去的伙伴。茶歇的时候，在楼道里，你会听到这样的黑色幽默："我真怀疑明年还有谁会在这儿？他们又不是找不到别的事干了。"

第1栏的承诺是我们闻所未闻的："我们承诺减少意外死亡。"但是有一个很了解这些人的人提醒我们说，他们参与诊断学习的可能性微乎其微（顺便说一下，在我们有幸合作过的伙伴中，我们时常听到类似的提醒，尤其是在那些强大的守口如瓶的团体中——在任法官、首席执行官、中情局特工、外科医生、学校监事、以色列领导人等。但最终，我们还没有遇到一个不愿意深入参加变革免疫诊断学习的团队）。

团队里为什么会包括这种好像绝不适合集体自省的人呢？有人告知我们："你很快就会了解，他们只是一些工人，没时间关注自己的感受。你知道的，他们绝对是硬汉——我的意思是，身强力壮、四肢发达、崇尚身体力量、适合野外生存的硬汉!"他们还说我们可以把这帮家伙想象成一群退了休的橄榄球中后卫，然后半真半假地祝我们好运。

同样，这次我们首先让每一个人都画出了自己的变革免疫地图，然后才开始绘制集体的变革免疫地图。这些地图中的第1栏的目标与我们在其他职业中看到的很相似——期待提升自己的领导力或管理能力。在我们探索集体的变革免疫地图之前，有一个小组选择深入探讨其中一个目标"减少意外死亡"。他们画出的这幅地图（表 4-2）让整个小组的成员热泪盈眶、声音哽咽。

表 4-2　点火服务组的集体变革免疫地图：为何谈论降低意外死亡率如此困难

1. 可见的承诺	2. 实际上做得太多/做得太少	3. 隐藏的相互冲突的承诺	4. 大假设
• 我们承诺减少意外死亡。	• 在许多很重要的案例中，我们没有进行严格的事后总结。 • 我们没有公开向公众发布我们的错误，在内部也没有公示。 • 我们并没有对错误给予真正的关注。	• 我们真的不想切实面对这样的处境：我们的人身处险境，而我们根本无能为力！	• 我们假定，如果我们真的必须要切实面对这种无助感，我们就会被完全击垮，再也无法复原。

你可以想象，对这些点火人来说，他们彼此分享的完全是全新的思考和体验。他们被深深触动，我们也被他们所说的内容深深触动。现在，国家林业局已经建立了一个活跃的、至关重要的"从经验教训中学习"的实操，他们的意外死亡率也确实下降了很多。我们不敢百分之百确认这是我们工作的结果，但真的希望我们起码助了一臂之力。

校区管理层："我们对孩子们没有抱持足够高的期望"

我们与南加州的一个糟糕校区的管理层团队一起工作了一段时间，这个管理层包括校区的监事助理监事以及几位校长[1]。这个校区的学生中80％是拉丁裔，教职工中80％是白人。这里的学生绝大多数来自那些需要经济救济的家庭。在这些校区领导每个人都完成了自己的变革免疫地图之后，我们请他们一起完成集体的地图。

如表 4-3 所示，校区的管理层团队确定他们的第 1 栏内容——全体都感到非常重要的改进目标——并不困难："我们承诺要提升英语学习者的学习成绩。"他们在完成第 2 栏时——找到那些恰恰阻碍了目标达成的行为——感到有些不舒服，但也还不算太费劲，这样的行为是："我们对英语学习者没有抱持足够高的期望。"

表 4-3　校区管理层的变革免疫地图：初稿

1. 可见的承诺	2. 实际上做得太多/做得太少	3. 隐藏的相互冲突的承诺	4. 大假设
• 我们承诺要提升英语学习者的学习成绩。	• 我们对英语学习者没有抱持足够高的期望。	• 我们真的不想因此增加额外的工作量，不想改变已有的教学内容和方法。	

就像其他许多案例一样，完成第 3 栏（集体的隐藏的相互冲突的承诺）是最困难的部分，但也正是学习收获至深的部分。刚开始的时候，他们挖

出来的内在隐藏担忧是如果他们真的对英语学习者保持足够高的学习期待，他们就不得不以全新的方式工作，需要重新制定全新的教材、全新的教学方法，这必然会使他们已经繁忙不堪的工作雪上加霜。

这样从技术的层面来完成第 3 栏后，他们也得到了一张变革免疫地图（见表 4-3）。但是到此时为止，完全不像在大学人文系那个案例中的情况——这个训练好像并没有在校区的管理层团队中激发出什么能量，也没有引发任何新的思考。那天已经比较晚了，所以我们决定先休息，第二天上午再继续进行。

第二天清晨，一位焦虑不安的助理监事在早餐时来找我们："我一直在想着我们昨天结束时做的练习，一晚上都睡不好，连在梦里都是这件事。我们昨天在讨论第 3 栏的内容时，绝对没有开诚布公！"于是，我们问他那究竟是怎么回事。

"在我们这个以白人为主的团体里，最难启齿的一件事就是种族。"这位拉丁裔的助理监事说，"我们彼此相处很融洽，我们都是很善良的人，也真诚地期望帮助孩子们。但这也许恰恰就是我们在回答第 3 栏的问题时无法坦诚相告的原因。"

然后，我们问他认为第 3 栏里应该有些什么内容。

"如果我们足够诚实，或许会这样回答，'我们发自内心地想在这儿维持一种小可怜文化'，但我不确定我敢于这样对整个团队说出来。"然后，他解释了什么是"小可怜文化"（"小可怜"或者说"可怜的小家伙"是一种很亲密的昵称），这是一种充满着同情、保护的文化，"这就相当于说，'孩子们已经面临很多的障碍、背负很多的负担了，我们怎么还能忍心对他们抱持很高的学业期望，增加他们的痛苦？'"

我们继续讨论了一会儿，最后他决定自己应该跟整个团队建议重新改写第 3 栏。"如果我都不能做这件事，还有谁能呢？"即使明知此事困难，他依然作出了决定，"整个管理层其他任何一个人都不可能会这么说，他们绝对不想被看成是种族主义者。他们不想冒犯我们拉丁裔同胞，也不想破坏这个团队善意、融洽的氛围。"

那天上午，当他在团队中把这个观点说出来时，他自己形容那"真的犹如在干草堆上放了一把火"。正如他之前预料的那样，大家争论不休。虽然不是每个人都同意他的观点，但是大家都同意：他们在集体联合领导力方面向前迈出了切实的一大步。其中一个人如此描述："人们说出期待较低的时候，不是站在歧视或看不起的角度，而是以爱和关心为出发点，这真的开启了全新的视野！"

之前组织讳莫如深的话题，现在就放在大家清楚可见的视野中。由此，他们可以深入地、准确地探索自己对学生们的真实承诺到底是什么。管理层团队有史以来第一次可以开始真的思考：如果我们确实推动学生追求高的学习成绩，就肯定会给学生带来失败和痛苦吗？他们以前完全没有意识到自己内心有这样的假定。最后，他们绘制了新的地图（表4-4），这样的免疫地图才有可能允许他们修改之前的假设，克服自己对变革的拖延性免疫。

表4-4　更好的一稿：我们为什么对英语学习者没有抱持足够高的期望

1. 可见的承诺	2. 实际上做得太多/做得太少	3. 隐藏的相互冲突的承诺	4. 大假设
• 我们承诺要提升英语学习者的学习成绩。	• 我们对英语学习者没有抱持足够高的期望。	• 我们想维持一种小可怜文化——保护我们的学生不受伤害。	• 我们假定，如果我们敦促学生追求学业，而他们又成功不了，他们就会崩溃；我们自己也会为他们伤心，感觉自己也被打败了。

变革免疫练习始于个人发展、专注于个人发展，并且超越了个人发展。从这三个具体的事例中，你都可以看到：在练习工作的后期，变革免疫练习创造了这样一种新的空间——人们可以在其中获得新的集体自省和互动，"松开"（unstick）那些早已习惯的行为与谈话模式，这些模式以前一直让人们被困于"这件事我们不可能有什么进展"或者"我们只不过是在原地打转而已"。在这种情形下（我们又有谁没有过这样的亲身经历呢），我们自己可能也会认为"我们也许正在顾左右而言他，没有说出真正重要的

事"。然而，很多时候，我们很难搞清楚那个真正重要的事情到底是什么；又或者，我们知道那是什么，但是很担心一旦明确指出，就会带来集体的防御和内部冲突。

在后面的第 11 章，我们会讨论怎样帮助团队绘制集体变革免疫的 X 光图。但是，你在考虑做一张自己的集体免疫地图之前可能会想：是啊，更深层的、更开放的沟通当然不错，但是怎样让这样的沟通继续向前，切实得到一个大家真正期待的集体结果？那所大学的人文系的资深教师真的给年轻教师创建了一种鼓励晋升的空间吗？那个校区的管理层是否确实提升了对学生们的期待，让他们勇于面对新挑战？还有国家林业局的那些点火人，对他们还有没有可能做得更多，而不仅仅是希望自己助了一臂之力？

是的，我们确实得到了集体的成果。为了看看团队怎样将变革免疫学习应用于实践、产生切实的工作结果，我们邀请你思考下面三个完整的案例：一个是某专业服务机构的合伙人团队，另一个是某门诊部门的医护团队，还有一个是某医学院的教师团队。

专业服务事务所："我们管理层的集体领导力简直是一盘散沙"

一家专业服务事务所的管理团队希望将自身提升到一个新的层次，他们的自我评价与他们的年轻合伙人的反馈很接近：他们有很多优势，在他们的领导下，公司现在发展顺利；但他们之间缺乏真诚的凝聚和相互的信赖，在组织的各个层级中，彼此的内部支持都耗时耗力。年轻合伙人经常感觉自己进退维谷，不知道加入这样的管理团队是不是一个好的未来方向。管理者们觉得自己独自工作的时候很高效，甚至非常有创造力，但是他们也深深受困于团队中的小帮派主义、争权夺利与被公开诟病的互动沟通质量。管理董事们觉得都快被撕裂了：一方面，基于团队的愿望，他们想要建立更加扁平化、少层级、注重分享的领导方式；另一方面，现在的管理团队很明显根本没有能力通力合作，难以真正运作这样的管理模式。

一开始的时候，20 名合伙人分析诊断了他们自己的变革免疫（下一章我们详细讨论这个方面），他们选择的个人改进目标与组织的挑战——成为一个有凝聚力的团队有关（如"少批评""思路更加开放""给予更多的信任""不要总是公事公办""更多同理心"等）。然后我们邀请他们分析集体的变革免疫，他们决定这样描述自己的集体改进目标：在合伙人团队中"建立相互信赖和坚定支持的文化"。

然后我们把 20 人分成 4 个小组，进一步互动和沟通。邀请每一个小组都找出那些阻碍这一目标达成的集体免疫行为。当 4 个小组都完成之后、回到整个团队讨论的时候，大家将各小组的发现整合在一起，得到了一幅让每个人都深受吸引的画面（表 4-5）。

表 4-5　某专业服务事务所的集体核心矛盾

1. 可见的承诺	2. 实际上做得太多/做得太少	3. 隐藏的相互冲突的承诺
• 建立相互信赖和坚定支持的文化。	• 我们很少倾听，我们都说个不停。 • 我们在背后议论别人。 • 我们觉得如果没有就某事专门咨询我，那这个决定就不能算数。 • 我们觉得自己的个人目标超越于集体目标之上。 • 遇到模糊情形的时候，我们通常不往好处想，常常设定别人的动机是不好的。 • 我们彼此之间尽量避免艰难的谈话。 • 我们没花工夫去了解别人的情形。 • 我们不分享信息。 • 我们创造并保持了一个薪酬体系，这个体系奖励个人绩效，而不是集体绩效。 • 我们对彼此动辄评判、吹毛求疵。 • 我们拉帮结派，然后只在自己的小帮派中协作。 • 我们每天在外面跑客户、忙忙碌碌，以应对经济低迷的时期。 • 我们抢夺那些优秀的年轻合伙人，让他们加入特定的项目。	• 我们不想跟随另外任何一个人的指引；我们想要"自由"；想保持我们的企业家热忱；想维持我们那自私的个人独立性。 • 我们要赢，即使是牺牲掉整个团队的利益也要赢。 • 我们不想信赖他人，我们一定要让自己不必依赖他人。 • 我们决心把自己的时间表预定得满满的，这样我们在经济低迷的时候就不会落后（要在丰饶之年做好储备）。 • 我们要确保那些我们需要的人手已经做好准备，随时可以为我所用。 • 我们决心尽量避免冲突，以免损耗自己。 • 我们要保持评价别人、批评别人带来的那种优越感和快乐。

他们的以下行为(第2栏)正在阻碍他们达成改进目标:

- 我们很少倾听,我们都说个不停。
- 我们在背后议论别人。
- 我们觉得如果没有就某事专门咨询我,那这个决定就不能算数。
- 我们觉得自己的个人目标超越于集体目标之上。
- 遇到模糊情形的时候,我们通常不往好处想,常常设定别人的动机是不好的。
- 我们彼此之间尽量避免艰难的谈话。
- 我们没花工夫去了解别人的情形。
- 我们不分享信息。
- 我们创造并保持了一个薪酬体系,这个体系奖励个人绩效,而不是集体绩效。
- 我们对彼此动辄评判、吹毛求疵。
- 我们拉帮结派,然后只在自己的小帮派中协作。
- 我们每天在外面跑客户、忙忙碌碌,以应对经济低迷的时期。
- 我们抢夺那些优秀的年轻合伙人,让他们加入特定的项目。

而使得上述行为泛滥的,正是他们隐藏的相互冲突的集体承诺(第3栏):

- 我们不想跟随另外任何一个人的指引;我们想要"自由";想保持我们的企业家热忱;想维持我们那自私的个人独立性。
- 我们要赢,即使是牺牲掉整个团队的利益也要赢。
- 我们不想信赖他人,我们一定要让自己不必依赖他人。
- 我们决心把自己的时间表预定得满满的,这样我们在经济低迷的时候就不会落后(要在丰饶之年做好储备)。

- 我们要确保那些我们需要的人手已经做好准备，随时可以为我所用。
- 我们决心尽量避免冲突，以免损耗自己。
- 我们要保持评价别人、批评别人带来的那种优越感和快乐。

团队成员们仔仔细细研究了他们自己写的核心矛盾，然后开始构想他们心中有着怎样的大假设。"如果我们如此坚定地持有这样一些观念，我们就永远都不可能成为我们追求的那种高绩效团队"，带着这样一种想法，他们列出了下面的内容。他们认为"我们好像是在内心假设了"：

- 企业家精神与集体协作之间是完全对立的，非此即彼。
- 我们如今生活在一个"人人为己"的世界；如果厄运临头，组织是不会帮助我们的；我们如果伸手想要获得帮助，没有人会帮助我们；如果我们不好好照顾自己，才没有别人会照顾我们呢。
- 在信息有限的情况下，我们宁愿相信自己的个人判断，而不是集体判断。
- 所谓把团队提升一个层次，那是一种选项；对此我们有一些想法，我们并不是必须要提升一个层次。
- 当前的繁荣和成功不会永续下去，当经济低迷的时刻再度来临时，将会发生大范围的损失。
- 工作的宽度(修篱笆、超额订单)比工作的深度(关注核心大客户)更能带来安全感。
- 所谓的"企业家主义"就是获得新客户(狩猎)，而不是与已有的客户深入合作(耕耘)。
- 如果一个重大决策没有我们的参与，那就不可能是一个好的决策。
- 厉害的人、优秀的人是不需要支持的。

当这个团队进行讨论的时候，4栏练习作为一种工具完美地消失了，就像催化剂在一个化学反应的沉淀物中自然消失了一样。这些合伙人不再是单纯做一个练习，他们突然有了突破性的一瞥，猛然瞥见了那个掌控着他们的集体心智模式。虽然他们心中都有着强烈的质疑精神，却提出并几乎接受了上述每一条假设。团队也承认，组织此刻的运营就像这些假设都存在一样，"我们讨论的时候，就好像我们可以躺在过去的成功上面休息似的，就好像变革只是一个选项似的。但当我自己好好思索的时候，我认为我们都知道这件事其实别无选择。我们要么采取下一步行动，要么坐以待毙。"

当某个合伙人就某个假设争辩不休时（"伙计们，看啊，我们也不是没有互相帮助啊……"），就会有别的合伙人（而不是引导师）来提醒他大家正在做的事情究竟是什么（"本，你等一下，我们现在不是在谈论怎样解决问题。我们并不是在争辩我们没有这些假设。我们要做的是找到那些真正困住我们的假设，然后我们才能解决它们。"）他们明白，他们正在想方设法弄清楚为什么自己的变革防御系统如此坚固。

然后他们确立了四个最关键的假设（他们在其他场合还将讨论剩余的假设）。整个大组又分成了小组，这次的任务是想出一个办法系统探索每一个大假设，也可以说是想办法在每一个大假设之间创造出某些空间。这是如其所是地接受假设的第一步，就是把假设当成假设来接受，不多也不少。假设只是假设，而不是已经被不加批判地接受的事实。

例如，有一个小组探索的大假设是企业家精神与精诚协作是否非此即彼、互不相容，他们发现了几个有意思的方法来检验这个假设。作为初学者，对于这个思想实验，他们计划将企业家精神的各个分类彻底搞清楚，然后研究企业家精神对于公司里的不同个体而言的多种含义。他们还计划检验企业家精神的每一个元素是否都会被精诚协作阻碍、以什么方式被阻碍。究竟精诚协作的伦理能不能支持企业家精神的某些方面呢？

至于检验的行动，他们计划找出10个企业家精神的项目（他们要服务的新客户，或者正在服务的客户的新项目），在这些项目中他们可以"集体狩猎"，以检验他们是否可以结成新的联盟、成功获得新的业务，同时打破原有的小帮派，照顾到每个团队成员的个人目标。

小组的讨论结束时，大家的结束语是这样的：

"我真的太高兴了，这次我们没有像往常那样站着庄严发誓，就像把手按在胸口上那样，承诺自己要做个好孩子！我们都知道那样的宣誓当时可能挺感人的，但实际上事后什么事情也不会真的发生。"

"我们总是经常告诫我们的客户，不要太快就进入解决问题的部分，慢下来花时间好好理解问题本身。这下我们可算给自己好好上了一课。"

"确实，当下我们还没有解决任何问题，但是我比练习开始的时候乐观多了。这不是仅仅关于我们彼此之间如何沟通的，这是一个非常简洁的消除敌意的方法，就像把一个工具交到你的手上，你可以借此在一个巨大的纸袋中杀出一条路来。我看到了出路，既然现在我们已经找出了问题症结所在，我们就必须对此予以注意、继续探究下去。"

门诊诊所："面对病人的药物需求，我们太软弱了"

彼得·汉姆（Peter Ham）和同事们在一家学术医疗中心[2]的门诊部工作，那儿的医生和护士们决定要解决他们很不满意的一件事：在如何处理麻醉药上，整个门诊部一直存在着矛盾和不一致。

在会议之前，就这个问题很长时间以来已经进行过多次讨论。不同方面的利益相关者已经抱怨了好几个月，他们的担忧主要包括：

• 诊所的一些家庭医生相信，他们的病人已经把这儿当成很容易搞到麻醉药的场所了。

• 有些医生认为应该让所有医生知道，他们收到的麻醉药需求的数量高得惊人。

• 护士们抱怨医生"耳根太软"，而病人正在操纵诊所。她们抱怨医生放宽了麻醉药的严格标准，随意开处方（最近发生了一件事情：

护士要求病人必须等到麻醉药物协议规定的日期才能再次拿药,但是病人却有办法直接找医生,把日期提前)。

- 刚毕业的实习医生抱怨在他们当班的时候,那些"药物需求"的数量太高了。

诊所其实有着明确的规章制度,规定了怎样处理麻醉药需求。但是你不难猜出,在实际行动的层面,实情并非如此。之前也有过几次尝试,想要清理这种麻醉药滥用的情况,但都以失败告终。这使得许多努力想解决此事的人感到了更大的挫败。诊所的主管对此事非常关注,他愿意用新方法来解决这个老问题,并提升医疗实践。他们中的一个新职员最近正好接触到变革免疫模型,他就自告奋勇来主持会议。

会议室里,医生和护士都到了。他们一起简单地阐述了目前存在的麻醉药问题,然后两个人一组进行讨论。会议主持人介绍了4栏练习的模式,解释了这次会议对个别参加者来说有一些风险,同时再次向大家保证,他们被邀请来参加会议的目的是要检验这个方法是否真正管用[3]。

每一对讨论者都先写出自己的4栏地图。此间唯一的工作基本原则是两个人之间分享的所有内容都是保密的,而他们自己的改进目标(第1栏)必须与麻醉药问题有关。用这种方法,我们请每个人都注意自己在这个集体问题中所起到的作用。然后,有两位医生和一位护士愿意分享他们的4栏练习结果。

我们先来看两位医生写的内容,如表4-6所示。当被问到他们的第1栏目标与诊所的麻醉药规章制度之间的关系时,两位医生都回答说那是完全一致的。也就是说,医生们很想遵守规章制度。但是你明明就可以看出,他们的实际行动与承诺是不一致的(当然,他们大多数时候遵守了规章制度。但是他们也诚实地承认,有很多次他们并未遵守)。你可以从他们的免疫地图中看出,这种不遵守规章制度的行为其实是为了达成其他一些很重要的目的,包括避免遵守规章制度带来的消极后果(至少看起来是消极的)。在这里,你看到了一个免疫系统:一只脚在踩油门,另一只脚却在踩刹车。

表 4-6　麻醉药处方：医生的免疫地图

1. 可见的承诺	2. 实际上做得太多/做得太少	3. 隐藏的相互冲突的承诺	4. 大假设
• 恰当地开麻醉药处方。 • 恰当地治疗疼痛。	• 没花时间建立麻醉药物管理协议。 • 开处方的时候没有全面了解病人的历史（例如在等候室被病人截住的时候、在楼道的时候、在电话里或者通过邮件）。 • 当病人在看病的最后时刻突然提出药物需求的时候，没有花时间全面了解病史。 • 不想"惹毛"那些曾因麻醉药问题对护士或职员很粗鲁的病人。 • 对那些不遵守麻醉药物管理协议规定的日期的病人也不予追究。	• 需要做到准时。 • 需要信任病人。 • 需要病人喜欢我。 • 不愿意与病人产生冲突，带来压力。	• 如果我迟到了，我就不是一个高效的医生。 • 如果我不信任病人，我就不是他们的同盟军，不能帮助他们。 • 如果我对每个用药请求都仔细查个遍，我这工作就没法干了。 • 如果病人不喜欢我，我的声誉会大受影响。 • 如果我不能确保病人的每一种疼痛都得到治疗，我就会很难受。 • 如果我在工作中感受到了压力，那就说明我不够专业。

　　现在，我们看看一位护士围绕同一主题的变革地图，让我们花点时间仔细阅读一下表 4-7。

表 4-7　麻醉药处方：护士的免疫地图

表 4-7　麻醉药处方：护士的免疫地图

1. 可见的承诺	2. 实际上做得太多/做得太少	3. 隐藏的相互冲突的承诺	4. 大假设
• 在麻醉药处方的处理过程中坚守医疗原则。	• 没有告诉医生感觉他们暗地里破坏规则。	• 想要避免批评医生带来的不适感。	• 如果我批评医生，他们反过来会恼怒，远离我、批评我。 • 如果我觉得不舒服，我就不会再享受我的工作。

特别让我们惊讶的是，这位护士的免疫地图与医生们如此相似：他们都想遵守医疗规章制度，但是实际行为却都与之相悖，而背后的原因都是担心人际冲突带来的不适感。当然，他们也有差别，就是担心人际冲突的对象不同：医生担心和病人有冲突，而护士担心和医生有冲突（这里，我们看到了系统运作的本质：这些护士——我们假定这位护士的观点不仅仅代表她自己——并没有清楚地告诉医生们，她们对医生们暗地里破坏规则十分恼火，这也就使得医生们对护士们的反应根本不在乎）。

在会议快要结束时，主持人要求大家不要试图改变自己在第 2 栏中的行为，同时在未来的几个月中与练习伙伴一起深度思考他们的大假设（第 4 栏）。两个人一组的练习伙伴需要互相检查进度，完成大假设以及第 3 栏中的隐藏的相互冲突的承诺。

自然，这次会议的目的不是为了揭示医生和护士都与麻醉药滥用问题有关。组织者希望通过这次会议能够让人们改变行为和态度，因此，他们也设计了一些指标来检查有没有发生什么改变。在会议前的一个月，如果一个病人要求开麻醉药处方，护士就会把这个病人的信息加入一个数据系统中，看看其是否有正当的麻醉药管理协议。病人的信息会被评估，如果其没有正当的麻醉药管理协议，五个月之后会作出决定：给病人新建麻醉药管理协议、即使没有协议也给开麻醉药处方或者打擦边球、拒绝开处方。

然后，在接下来的五个月中，诊所会监控与麻醉药不当使用行为有关的病人的数量，并取消他们的用药资格。这些行为包括伪造处方、与麻醉药需求相关的粗鲁或威胁的行为、违反用药协议规定等。

诊所对接下来的整个过程进行了评估，评估标准之严格令人印象深刻，而结果更是不同寻常：

- 这五个月快结束时，共有 14 名病人因违反麻醉药管理协议的行为而被取消了麻醉药用药资格。在此之前的两年里，还从来没有过一例这种处理。
- 补充用药的申请中，用药协议被批准的比率从第一个月的 30%上升到最后一个月的 65%。
- 所有用电话形式处理处方的护士都报告她们在严守用药规定的时候得到了支持（之前几乎感觉不到任何支持）。[4]

我们、组织者和他的同事们都深知这些结果来之不易、令人赞叹。组织者和他的同事们总结，仅仅是在会议时间上的这点微小投入就带来了丰硕的可衡量的成果。虽然这个时间段中诊所在其他方面的改变也对这个成果有所帮助，但是亲历者们相信，那个让他们真正明确麻醉药管理的障碍与承诺的会议才是整件事情的转折点。他们说，在那个会议之后，他们把私底下的抱怨转变为公开的改变承诺，开始检验那些阻碍变革的潜在假设，并真实地改变自己的行为。

医学院："我们明明知道培养未来的医生时我们应该教什么、怎么教，但实际上我们什么都没做"

康斯坦斯·鲍威（Constance Bowe）和同事们将变革免疫方法用在了组织转型中，那是一所美国医学院野心勃勃的教学改革[4]。高层教育机构对这所医学院的教学改革的回忆充满苦涩，全是失败的尝试和破碎的梦想。一个又一个理想主义者被现实残酷打击，他们不得不哀叹一个事实：在这么一个超大的、高度同质化的组织里，一个小小的力量就能阻挠整个改革进程。

但这次，鲍威所报告的那种一步一步稳扎稳打的过程仿佛预示着一个非常不同的结果。变革者们对变革免疫方法不断调节和适应，并以此控制着整个团队的节奏。在每个步骤中都对大家共有的矛盾进行了包容性的探索，力图避免出现那种"我们对你们"的分裂。很多时候，就是这样的分裂极大地破坏了那些本来意图良善的改革努力。

海菲兹曾经写道，马丁·路德·金的领导力的杰出之处就在于他有能力重构民权运动，将白人与黑人的斗争（当时这一斗争分裂了整个美国）重构成为美国宪法表述的美国国家理想与当时的美国现状之间的斗争——这样的斗争至少有可能把所有人团结在一起，是人人都能参与的。[5] 这样的重构移位不会引发冲突，不是要求人们站队——不同意这边就得站到那边去，它将人们的注意力导向了理想与现实之间的差距，这是人人都有责任去做贡献的。我们并不是在每个重大改革中都有幸拥有如此有领袖魅力的天才，但有良知的平凡人一样可以学习如何在团队中带来类似的集体态度改变。鲍威和她的同事们用事实证明，变革免疫方法能够帮助做到这一点。

开始的时候，改革小组邀请全部教职员工思考：那些在 21 世纪医学研究和实践中能够取得巨大成功的、理想的医学院毕业生，应该具有什么核心能力。然后，思考这种理想的能力与现在毕业的学生的真实能力之间的最大差距。下一步，他们就能够确定自己在第 1 栏中的改进目标了（表 4-10 中的括号内的内容是对这些改进目标的简略描述）：

- 我们承诺要促进毕业生的专业能力、专业态度、专业技能的综合发展（专业能力）。
- 我们承诺要支持学生自我导向的、积极的学习方式，以使他们能够成为终身学习者（积极学习）。

- 我们承诺要促进基础医学与临床医学的概念整合，以有利于医疗实践(整合)。

- 我们承诺要帮助学生熟悉那些已经发现的医疗服务匮乏议题(医务疗服匮乏议题)。

找到办法请教职员工写出第1栏承诺(而不是某个从上面强加给他们的目标)之后，改革小组走出了更困难的一步：让大家共同列出集体的"勇敢无畏行为清单"，这些行为(第2栏)阻碍着目标的实现。

改革者们再一次帮助团体体验到一种差距，以帮助他们完成这个任务。这种差距不是想要培养的学生能力与学生实际能力之间的差距，而是他们作为教师认为的应该的教学方式与实际教学方式之间的差距。事情是怎么搞成这样的？

改革小组对所有指导课程和见习医生的教师进行了调研，征求他们关于教学优化和教学目标评估的意见。表4-8和表4-9呈现了调研结果的细节。

课程与实习医生指导教师调研，其中的原文如下："指导语：为了达成不同的教学目标，不同的教学方法各有优势。请从你的观点和经验出发，针对每一个教学目标(表格纵向栏)给每一个教学方法(表格横向栏)的有效性打分(5＝优秀，1＝非常小)。"

表4-8 调研结果：如何优化教学方法以达成多种教学目的——教师们的观点
(参加人数：44，问卷回收率：98％)

教学目标	教学方法						
	讲座	大组讨论(事先准备的)	小组讨论(事先没有准备的)	小组讨论(事先准备的)	独立项目(有督导的)	实验学习	教师指导
确立关键信息和概念	4.2	3.3	3.0	4.1	3.4	3.5	3.9
高效呈现信息	4.6	3.2	2.4	3.4	3.1	2.7	3.3
鼓励自我导向的学习	1.6	2.4	2.4	4.3	4.6	4.1	3.4

教学目标	教学方法						
	讲座	大组讨论（事先准备的）	小组讨论（事先没有准备的）	小组讨论（事先准备的）	独立项目（有督导的）	实验学习	教师指导
问题解决技能	1.4	2.3	2.8	4.2	4.0	3.6	3.4
批判性思考技能	1.7	2.7	3.0	4.2	4.2	3.7	3.7
沟通技能	1.4	2.5	3.2	4.5	3.2	3.3	3.3
信息整合	2.6	3.3	3.0	4.4	3.8	3.8	3.4
信息管理	2.6	2.8	2.7	3.9	4.0	3.4	3.5
熟悉那些可靠的信息源	2.7	2.7	2.3	3.8	4.6	3.1	3.1
团队工作能力	1.1	2.3	3.0	4.3	2.5	3.6	2.0
运用概念	2.3	2.9	3.0	4.3	4.1	4.0	3.5
整合式学习	2.4	3.0	3.0	3.9	4.2	3.7	3.8
信息留存	2.6	2.8	3.0	4.2	4.3	4.1	4.0
综合评分	2.4	2.8	2.8	4.1	3.8	3.6	3.4

来源：C. M. Bowe, L. Lahey, R. Kegan, and E. Armstrong, "Questioning the 'Big Assumptions': Recognizing Organizational Contradictions That Impede Institutional Change," *Medical Education* 37 (2003).

"指导语：为了达成不同的教学目标，不同的评估方法各有优势。请从你的观点和经验出发，针对每一个教学目标（表格纵向栏）给每一个评估方法（表格横向栏）的有效性打分（5＝优秀，1＝非常小）。"

表 4-9　调研结果：如何评估不同教学目标的效果——教师们的观点
（参加人数：44，问卷回收率：98％）

教学目标	评估方法					
	多选题测验	论文	口试	开卷考试或家中完成考试	学习绩效	期中综合考试
事实性知识	4.3	4.0	3.8	2.7	3.4	4.0

教学目标	评估方法					
	多选题测验	论文	口试	开卷考试或家中完成考试	学习绩效	期中综合考试
概念性知识	2.8	4.3	4.2	3.3	3.3	3.0
自我导向的学习	2.4	3.5	3.6	3.5	3.3	2.9
问题解决技能	2.7	4.1	4.1	3.7	3.6	2.8
批判性思维	2.4	4.0	4.1	3.4	3.2	2.8
沟通技能：听、说、写	1.4	3.8	4.3	2.6	3.2	2.1
信息整合	2.5	4.0	4.0	3.2	3.5	2.8
信息管理	2.2	3.3	3.4	3.4	3.3	2.8
关于信息源的知识	2.7	2.9	3.2	3.1	2.3	2.6
团队工作技能	1.3	1.3	2.1	2.8	2.3	1.6
知识留存与可得性	3.3	3.4	3.8	2.6	2.7	3.4
组织技能	2.0	4.0	4.0	3.2	3.2	2.0
基础临床检查技能	2.0	2.4	3.1	2.1	3.8	2.1
自我评价的技能	2.2	2.7	2.8	2.3	3.2	2.5
技术性技能	1.7	2.1	2.2	1.7	3.9	1.9
综合评分	2.4	3.3	3.5	2.9	3.2	2.6

来源：C. M. Bowe, L. Lahey, R. Kegan, and E. Armstrong, "Questioning the 'Big Assumptions': Recognizing Organizational Contradictions That Impede Institutional Change," *Medical Education* 37 (2003).

调研结果显示，有很多教师认为，对于列出来的全部13条教学目标而言，一些教学方法（例如实验学习和教师指导）远远好过讲座。对于像"确立关键信息和概念"和"高效呈现信息"这样的教学目标，非讲座的教学方法尤其重要。举个例子，针对几乎所有的教学目标，教师们对"小组讨论（事先准备的）"这个教学方法的评分都要远远高于对讲座的评分。但是实际上，在临床前和临床教学项目中，小组讨论分别只占12％和11％，而正式讲座占比却分别高达65％和20％。

同样，在教学评估的调研中，教师们也看到了多选题测验与论文、口试、学习绩效等方法相比有很大的局限性。但是实践中，客观测验依然是最常用的考核方式。[6]

改革小组还从调研的结果中发现了几个教师的行为与其改进目标之间相矛盾的地方，这些矛盾在4栏练习的第2栏中体现得淋漓尽致。第2栏的内容不是改革小组写的，而是教师代表们自己写的——一个大胆的"对自己的提醒"，这就是我们要找的勇敢无畏行为清单。

接下来，改革小组帮助教师团体确认导致这些行为的隐藏的相互冲突的承诺(第3栏)和大假设(第4栏)。整个团体被分成几个小组，每个小组针对一个改进目标工作(每个小组都邀请了学生参加，学生不像教师，他们在这个改革中没有什么风险，而且会诚实寻求那些有利于保护学生的资源)。这一步让教师们清楚地看到了，之前他们为什么就是没法做出那些第1栏目标所要求的行为(表4-10呈现了完整的免疫地图)。

鲍威和同事们是这么看的："有一些隐藏的相互冲突的承诺值得赞赏。例如，保证学生们为医生执业资格考试做好充分准备、保证教师的科研时间和学术成就、承认我们学院的教学资源是有限的，谁都会认为这些是合情合理的、负责任的、合乎逻辑的。但是，其他的一些内隐承诺就倾向于自我保护了，例如确保良好的教学评估结果、保持对教学资源与教学目的的掌控、排除其他的教学内容以保护现有的时间分配。很多讨论小组的成员都不愿意公开承认这些明显负面、消极的模式，他们说这不是自己的意思，他们只是代表所属的教师群体发言罢了"[7]。

表 4-10 医学院教师的集体变革免疫地图:

我们为什么没法用最佳的教学方法去达成重要的教学目标

1. 可见的承诺	2. 实际上做得太多/做得太少	3. 隐藏的相互冲突的承诺	4. 大假设
	• 现在我们实际上正在做什么(或没有做什么),从而阻碍了可见的承诺的实现?	• (如果我们不这么做,就会……? 我们在害怕什么?) • "其实我们想要……"	• "其实我们假定……"
专业能力	• 过分强调事实性知识,忽略了专业发展的其他重要方面。 • 在四年的培养中,没有有效地监管学生的专业态度、专业行为、专业技能;没有给予建设性的反馈;没有树立优秀行为的榜样;没有将临床的实际情境与临床问题解决的讨论有机整合起来。	• 不想让学生准备不充分(不关注事实性知识就会导致学生准备不充分)。 • 不想让住院医生和学生感受到威胁(如果考核全部专业能力,教师、住院医生和学生都会感受到威胁)。 • 保持系里对教材的控制权(将专业能力整合进以系为单位的教材体系,这样会破坏特定专业的教材内容)。	• 只有在现有的这种时间安排中,学生才能学到必要的事实性知识。 • 对专业能力尤其是态度的评估,根本不可信,不能作为一个客观的评估标准。 • 各个院系自己的教学目标应该优先于整个医学院的培养目标。
积极学习	• 设定武断的教学限制;使用过分注重细节的评价;主要评估的都是事实性的学习内容。 • 在教学/评估模式与教学目标之间没有达成协调一致。 • 没有提供足够的机会来检验学生是否可以将学到的概念应用于临床案例; • 教师们学习新教学内容、新评估手段的机会很有限。	• 作妥当的教学评估(如果不能清楚描绘教学目标,学生会感到挫败;如果教学评估不妥当,会把大家都搞糊涂的)。 • 保持医学院的好名声和鉴定资格(学习那些通过医生执业资格考试需要的事实性知识是生存所必需;医学院的鉴定资格会大有问题)。 • 限制/保护教师的教学努力,以免引发教师的抗议(如果我们拓宽教师的教学内容以及教学评估方式,教师们会抗议的)。	• 学生们需要在一个结构被清楚界定的教学情境中学习。 • 学生对教学的评估应该基于教师都教了什么,而不是学生都学了什么。 • 执业资格考试的压力要求必须学习事实性知识,而不是那些概念。 • 教师们最优先的事情并不是搞好教学,他们的研究和临床责任要远远优先于教师这个角色。

1. 可见的承诺	2. 实际上做得太多/做得太少	3. 隐藏的相互冲突的承诺	4. 大假设
整合	• 在做教学计划的过程中，教师之间沟通不善、缺乏协作。 • 允许教师们分散地呈现各自的教学内容，只关注他们自己计划教的概念，而不从整体的角度为学生着想。	• 没有系统性地要求教师对教学倾注努力（如果确认并整合一些原则来对教师提出要求，势必会增加这些可怜的教师的工作量）。 • 不想把学生搞糊涂（整合式教学中如果没有协调一致的优良组织，学生会被搞糊涂，而牺牲掉学习）。 • 确保所教知识的准确性，保持"专家"的形象（如果允许"非专家"讲授其他学科的内容，错误的信息和理解就会滋生）。	• 教师的教学责任仅限于教授本学科的内容。 • 对本系专业学科的知识进行单独教学，这种情况下，学生能学到最多的东西。
医疗服务匮乏议题	• 没有提供更多的跨学科教学内容，没有检验学生运用生物医学通用概念的能力。 • 没有与时俱进地更新教材。 • 没有将这些学习资料加进相关的课程中。 • 没有为拓展这些话题创造新的机会。	• 让教材体系只为核心内容服务（如果增加这些话题，就要显著地删减现在教学的核心内容所占的时间）。 • 保持现状：专家只讲授专门的内容（讲授这些话题远远超出了现在教师们的专业范畴）。	• 教师不应该讲授他们专业之外的内容，他们的讲授肯定达不到合适的水平；他们没有时间也没有兴趣更新自己对其他学科的认识和理解。 • 现有的核心教材不能被删减，没法给新的原则和模型腾出空间。 • 现有的教师在这些话题上的能力还不能被证明足以达到医学院学生要求的那种高水平。

一如既往，无论在个人的还是集体的免疫地图的绘制过程中，第3栏的出现总是会自动激发一种认知性觉察，人们会在认知的层面看到有一个

变革-抵抗系统在运作。然而，更加重要的是那个令人不安的情绪性洞察：真正阻碍变革的原来是系统中的这些因素。鲍威和同事们这样描述第3栏中的担忧和隐藏的相互冲突的承诺："这些发自内心的担忧如果不能得到妥善处理，肯定会影响我们的改革提议，甚至会使现状永远都得不到改变。这个团队最根本的承诺是想要改进教学目标和课程数据，于是他们开始探查系统集体内隐承诺的根源"[8]。

团队必须确认那些可能导致变革免疫的大假设，这一步简明有效。就像所有其他案例一样，一旦这些信念从原来的"绝对真实"变成"仅仅有可能是真实的"，颠覆变革免疫的道路就开启了：

> 支撑着内隐竞争性承诺的，是其后面的那些大假设。有很多最初牢不可破的大假设，实际上仅仅是其他许多医学院的老生常谈而已。上世纪医疗培养得到很大发展，而且医学院一直以来表现良好、稳定，人们把这些归因于坚守了上面这些老准则。这样，我们就不难理解为什么新教学提议会让一些教师觉得这简直就是不顾真理，以及他们为什么会深切地感到担忧和抵触。参加会议的教师们认为，这些组织思维模式一直以来普遍存在，人人都接受。但他们也承认，从没有人想过质疑这些模式是否真的正确[9]。

值得赞扬的是，改革小组并未就此止步。虽然他们已经帮助团队作了有力的诊断，但是他们还不满意，不敢肯定诊断本身就会带来成功的"治愈"。他们将这些大假设分成了四个大的方面，想研究集体免疫怎样保护组织，以免组织毁于那些想象中的缺陷和不足。四个大的方面是：

- 假定的学生局限。
- 假定的教师局限。
- 假定的院系局限。
- 假定的学院局限。

改革小组开始设计方法，对上述每一类假定局限进行了一系列检验。在整个过程中，他们时刻提醒自己：要记得检验的目的不是"改善"，而是"获得信息"，尤其是那些与上述假定局限是否有效相关的信息（见表4-11）。

从表4-11可以看到，检验由一组小型项目构成。改革小组承认，从变革的角度看，这一组小型项目看起来过于缓慢。改革小组的人自己说："我们小心翼翼地摸索前进，与其他院校激进的改革形成鲜明对比。"但是他们相信，"正是这种摸索允许数据的获取，无论数据是支持还是颠覆大假设的合理性。这种摸索允许学院在其教育和行政体制中不断调整，从而持续地将教学改革推进下去"[10]。

所以，慢即是快。最终，这个方法的结果怎么样呢？请看：

• 让那些反对派大为惊讶的是，第一年里，17个院系中就有80多位跨学科教师（包括6位系主任和4位院长）志愿加入了教学与成绩评估讨论，并接受培训。他们互相评估教师的工作以及新学到的教学技巧，这些评估形成了书面文件，上交给院系的负责人，以确保在晋升的评估过程中得到恰当认可。接受这个改革项目的学生充满信心与激情。

• 小型试点项目的成功经验极大地挑战了一些组织的系统性大假设的有效性。教师和学生（自我评估与同伴评估）都开始能够在工作绩效评估中使用专业能力作为标准，并从团队讨论和积极主动学习中受益。他们非常感激有机会进行学习的整合，将在不同的课程和医疗实习中学到的概念整合起来并加以实际运用。参加项目的教师们强烈建议将小型试点项目继续拓展到更广的范围中，还倡导加速教师们在教学和教学评估上的发展。

• 在实施计划的变革之前，这些小型试点项目就有效地检验了组织的系统性大假设，减轻了潜藏的恐惧和不祥预感。在很多情况下，它们确实证明很多由来已久的恐惧和担心其实是没有道理的，这些恐惧和担心只会阻碍我们真正想要实行的变革。那些顽固坚持不同意见的人很可能发现自己孤立无援，因为他们被认为只会抱着陈旧的观点不放，不能看到演变发展的新趋势。[11]

表 4-11　检验集体大假设的有效性

坚固的系统性大假设	检验大假设的战略
假定的学生局限： • 学生还不能应对结构不清晰的、跨学科的学习环境，这要求学生懂得自我导向的学习并进行自我评估。 • 如果运用新的教学方法和评估体系以及教材，并在整个教学中强调专业能力，学生对那些核心的事实性知识的学习就会大打折扣。 • 学生会觉得成绩评估是一种威胁。	• 在小型试点项目中稍微减少了传统课程的时间（减少时间浪费，加强了核心课程与医疗实习的衔接），给讨论式学习和学生的独立研究留出了时间。 • 在小型试点项目中有着更宽广的教学目标和成绩期待，这不仅针对学生的学习，也针对教师的教学。 • 在试点改革开始之后，监察学生的核心课程学习成绩和医生执业考试结果。 • 教材改革之后，跟踪并解决学生提出的迷惑与问题。 • 在小型试点项目中，密切追踪教师的教学工作，评估它对课程和医疗实习的影响。
假定的教师局限： • 对于使用新的教学方法、运用可信的学习成绩评估工具、给学生提供支持性的反馈及学习其他学科的新东西等，教师们不感兴趣，也没有足够的能力。 • 教师们无法从现有的责任中腾出时间转向辅导跨学科讨论小组、参加教师发展项目，或者帮助制定教材。	• 发展适合当前情境的专业行为成绩评估方法，培训教师们使用这些方法并检验其信度和效度。 • 聘用、培训跨学科讨论课程的联合引导师（cofacilitators），注重联合引导师的经验与专业素养，使之能够扩展课程的广度。 • 吸收联合引导师培训中案例学习的概念精华，用于拓展教师的专业之外的领域。 • 总结小型试点项目中对学生和教师的观察与评估，发现学习与教学的"享受乐趣"是一个必须被考虑进来的变量。 • 公开认可教师和院系对课程改革项目的支持。
假定的院系局限： • 各个院系已经为本专业特定的教学目标忙得焦头烂额，他们不可能再完成额外的教学目标了。 • 各个院系的预算没办法支持教师们的跨学科项目，否则原来那些很合算的活动就会被牺牲掉。 • 各个院系的领导肯定会力图保护教育资源的集中化管理。	• 院长或教师委员会主席确保各个院系的领导支持教学改革项目。 • 帮助各个院系发展出他们自己的教学计划，一方面清晰地描绘出他们对整体教学目标的贡献，另一方面明确其特定专业要求的教学目的。 • 拓展各个院系的领导对跨学科机会的认知，认识到将各个专业学科的概念纳入整个教学的那些长程项目的价值。 • 确保医学院对跨学科的努力的支持。 公开认可那些对新项目给予支持的院系。

坚固的系统性大假设	检验大假设的战略
假定的学院局限： • 在整个医学院中，那些用以支持和奖励教师工作的系统资源和机制肯定不能用于支持跨学科项目，因为跨学科项目需要增加教师管理的计划与协调。 • 行政管理部门没有能力管理教育资源与能量的快速转移，而这是更宽广的教学目标所必需的。	• 设计教师活动的报告标准，认可教师管理的计划与协调工作，认可对跨学科项目的参与工作。 • 确保教师的这些努力（教师培训、团队讨论引导、花时间评估学生等）在晋升的过程中得到充分认可。 • 设计一个同僚互评的教学评估体系。 • 文件记录教师的教学活动和成绩，通知他们的院系领导和学术活动负责人。 • 要求医学院设立制度，支持教学领导们实施和运用教学试点项目。

当整个系统开始颠覆其变革免疫的时候，教师们从检验大假设的有效性转变成为努力作持续性变革：

　　在试点的第一年之后，整个教职员工团体投票减少了传统课程和医疗实习的时间，以倡导学生自己的独立学习。在其后的三年中，跨学科学习、长程课程的时间分配和需求都不断增加。而且从第二年开始，有辅导的医疗经验学习也增加了。当这些小型试点项目成为教学的正式内容之后，在第三年开始引入一些额外的项目。这些项目整合了临床前培训项目的内容、协调了临床教学的技能并发展出了跨学科的动态的临床经验。所有这些教学活动都得到了一位新的医疗教学执行副院长的大力支持，他信奉的教学哲学完全呼应了教师们为医学院未来发展设定的目标。[12]

鲍威和同事们这样总结变革免疫方法的运用：

　　变革免疫方法显著地改变了这所医学院的教学文化，人们开始接受其他教学方式。文化与方法的转变使最初的改革得以保持，并且促进了教师们在自己的学科内、在主动积极学习方面、在学习整合方面自发地进行革新，以完成他们的教育改进目标（第 1 栏）。也许，最最重要的就是核心教师集体团结一致的决心，这促成了行政领导层的成功改变。而我们知道，行政领导层通常是教学改革中最易带来风险的因素。[13]

许许多多这样的集体成功案例都受益于一个事实，那就是主要参加者中的每一个人都诊断了——并且努力去颠覆——他们自己的变革免疫。这个工作事实上是怎样完成的呢？在接下来的几章中，我们要仔细分析两个个体颠覆其变革免疫的过程。我们认为，这两个个体曾经经历过的痛苦挣扎一定会引发我们大多数人的共鸣。然后，我们将研究颠覆变革免疫最强有力的办法：看看在团队互动工作以取得高绩效的情境下的个体的变革挑战。在你看完这些内容之后，我们希望你能对这个问题有自己的确切答案——尽管我们的社会有一个坚固的大假设，那就是"江山易改，本性难移"。是不是有一些证据正在要求我们重新思考这个大假设？那些 30 多岁或 40 多岁的人是否真的已经不可能改变了？

第 5 章

大卫就是不授权

——颠覆个体自身的变革免疫

任何一个有经验的经理都会告诉我们，要合理有效地利用每个人的时间、技能和知识，领导者就必须懂得高效授权。善于运用授权，能给团队的每一个人都创造成长契机，所有人的智慧与才能都会对工作质量有所贡献。没有高效授权，今天的人才得不到充分利用，未来的人才得不到发展，而经理们——那些不能有效授权的家伙们——可能会被过度消耗，最终突然崩溃。粗略浏览一下管理类的研究文献，给我们的感觉就是：一个经理要发展团队分担工作的能力，所需的就是一张好的路线图和一张待完成事项清单。

许多实操类的书籍，例如罗伯特·黑乐（Robert Heller）的《怎样授权》（*How to Delegate*）和杰拉德·布莱尔（Gerard Blair）的《新任管理者的必需技能》（*Starting to Manage：The Essential Skills*）都给出了杰出的指导。如果学习授权对你来说仅仅是一个技术性挑战，这些指导堪称杰出。但是我们非常怀疑这对许多人来说是一个在第 2 章中描述过的调适性挑战，或称发展性挑战。[1]

大卫在一家大型跨国工程公司工作，他在公司里是一颗冉冉升起的新星，授权对他来说就是一个调适性挑战。最近他晋升为高层管理者，但是，无论怎么努力尝试，他都无法成功授权。我们来仔细看看大卫在新职位上的状况，尤其是他的授权状况。

大卫对授权免疫

我们认识大卫的时候，他大概 35 岁，6 个月前刚刚被提拔为总经理，直接向公司的首席执行官汇报。总之，事情进展非常顺利：他对工作很有激情，在公司里大家都很尊敬他，觉得他获得晋升是众望所归的事情。然而，大卫在职业生涯中第一次在工作中开始感到疲惫不堪。在 4 栏练习中，他不难确定一个符合练习要求的改进目标，找到一个对他来说"非常重要"的目标去努力达成。

一开始，他的目标是"更好地关注那些关键的事情"，这是他过去几个月中利用时间管理思路明确做着的事情。他从中看到了一些进步，但是仿佛还有一个声音在他的脑海里说：更好的授权才是你的解决之道。他对自己应该怎么授权有很具体的想法，包括向人们明确说清自己想要的结果、接受人们以不同的方式工作、挑战人们的工作思路和逻辑、为了学习包容和支持小错误。很明显，这已经不是大卫第一次思考如何授权了。

这里，我们用大卫的情况作为案例，很大程度上是因为他的目标是我们最常见的目标之一。不管将目标描述成什么样，经理们是"想激发员工的责任感""在背后提供支持""给员工赋能""从'这里我是英雄'转变成为'你身边的教练'"，还是"让更多的人参与进来"，这些目标后面的愿望都与授权密切相关。

但是，在表 5-1 的第 2 栏中你可以看到，授权并非易事。大卫很容易就能识别出那些与他的目标——更好地关注那些关键的事情——背道而驰的实际行为，他写出了下面三种行为：

- 我给自己的日程不断加码，让新的机会干扰了我。
- 我不断接受新的任务，只好牺牲掉那些与工作无关的方面（睡眠、家庭、个人爱好）。
- 我没有一贯按照重要性和紧急性的优先性排序来平衡地做好时

间管理。

大卫直率地说，与他的授权意愿完全相悖的行为是"我就是不请求别人帮助"。

大卫很顺利地完成了第 2 栏，确认了自己有哪些行为与第 1 栏中的目标是相悖的。然后他准备开始思考所有这些行为背后的意图是什么，他很容易就能看到这些行为对他的内在隐藏承诺(第 3 栏)是非常有效的，不断增加新机会、接受新的任务、不请求他人帮助等行为可以确保他是"独立的""无所不能的""大公无私的"。同时，他认为自己深知这一切的另一面：如果不做这些事，他就得付出代价，比如变得依赖他人，让人们觉得他很自私。

你能看到大卫的大假设，他认为事情的另一面是需要付出代价的——失去人们的尊重，自己会变得又肤浅又平凡(这恰恰是他最讨厌的那种人的特征)、变得没有价值。

表 5-1 是大卫第一次绘制的地图，就像很多人一样，几天后重新再看自己的地图时，大卫突然有一个新的想法：他意识到他的三个内隐承诺其实都是在描述同一个问题，那就是他认为一个"真正的"工作者应该是什么样的——这样的人不能混时间，也不能"高高在上"。这时候，他在地图上加上了一条："(我担心自己会丢掉我所认为的好的工作者应该具有的价值)我想要忠诚于自己的蓝领根基。"后来的探索表明，这一洞察至关重要，因为即使是在大卫的第一版地图中，也能看出他的话语中有一个没有明确表达的底层观点——"授权"的意思就是"让别人干我本来该干的事情"。如果带着这样的底层观点，你怎么可能认为授权不是懒惰或自私？揭示大卫的授权定义的这个根源，为他最终的学习进步提供了一把钥匙。

表 5-1 的第 4 栏中，大卫的大假设使他猛然意识到自己对蓝领根基的忠诚。他已经把这种信念变成了一种实干的强有力的理论(很明显来自于他从前在社区或者家庭中很尊敬的那些人)，来定义什么是一个好的领导。非常重要的是，他之前认为蓝领与白领有着核心差别：概括地说，就是蓝

领工作时弄脏了双手(可以是字面意思,也可以是比喻),而白领则是满脑子空洞想法、飘在半空中(很不公平地)假装在行动的那种可有可无的主管。大卫带着这样的看法,因此他自己有着一个明显的信条,那就是实干苦干比思考更重要、更有价值。这时,他在第4栏中加了一条:"如果我亲自做的工作没有给核心业务增加价值,那我就不是一个好的贡献者,我就是高高在上地飘着的。"

表5-1　大卫的免疫地图

1. 可见的承诺	2. 实际上做得太多/做得太少	3. 隐藏的相互冲突的承诺	4. 大假设
• 更好地关注几件重要的事情: • 授权。 • 明确想要的工作结果。 • 接受不同的工作方法。 • 包容、支持学习中的小错误。 • 挑战思考的过程和逻辑。	• 我给自己的日程不断加码,让新的机会干扰了我。 • 我不断接受新的任务,只好牺牲掉那些与工作无关的方面(睡眠、家庭、个人爱好)。 • 我没有一贯按照重要性和紧急性的优先性排序来平衡地做好时间管理。 • 我就是不请求别人帮助。	• (我害怕错失了好的机会,从而变得落后)我想要独立、无所不能。 • (如果我感觉自己自私、内疚,就会把我的团队搞砸的)我要大公无私。 • (我受不了不把事情做完——既然如此,就把活儿都干了吧)我想要用尽一切办法把事情完成。	• 如果我依赖他人,不能把很多事情做好,我自己都会不尊重自己。 • 如果我不冲在一线,我就会变成那种自己最讨厌的人——肤浅而且平凡。 • 如果我不能千方百计把事情搞定,我就会变得没有价值。

大卫对自己的大假设是这样总结的:"我坚信没有实干的领导力就是'高高在上的'和没有价值的。如果我没有亲手去做事,就背离了我的蓝领根基。我就会变得懒惰、被宠坏,自己都不尊重自己了。"这样,我们就不难理解为什么有着这样的信念体系的大卫会有这些行为表现,也不难想象他在想做好授权时心中经历的挣扎、矛盾。免疫系统的行为成功地保护着他,使他不会觉得自己自私、懒惰、被宠坏;也保护着他不会叛变到"另一边"去,变成他和他这一类人最讨厌的那种家伙。这些行为还确保他觉

得自己是一个高自尊、努力工作的人，他可是靠自己的真本事吃饭的，敢于坦坦荡荡地面对任何蓝领，即使在现在这样的高管职位上也是如此。

大卫面临的是一个调适性挑战，因为这一挑战很明显关乎他的自我角色认知。对他而言（对其他一些人也一样），成为一个好的授权性领导不是要学习一套分配任务的新技术或新技能。因此，你完全能够想象，仅仅从授权专家那里采纳建议，是不可能帮助大卫取得进展的。实操建议不能帮助大卫解决他的根本问题：这样一个睿智有力、充满激情的新领导为什么就是不授权？

随着进一步观察自己，大卫（和我们）逐渐认识到授权在他的自我形象和自尊体系中占据了多么关键的一个位置，他感觉自己"从亲自做事中得到满足感和价值感。通过亲自做事，我与人们产生了联结。我在做着了不起的工作，当明星的感觉真好"。他意识到自己从这些感受中收获颇丰，也看到其他人因为他是一个"实干者"而非常尊敬他，"别人都认为我很聪明，总是能够解决问题。我因此得到他们的尊敬。"

这些是大卫对第3栏中内隐承诺的补充，所有这一切保护着大卫想要树立的那个自我形象——不可或缺、有价值、明星般闪亮，尤其在那些他最为认同的一线实干者看来，确实如此。

现在我们对大卫的问题（这样的问题通常也是成长的机会）有了一个全面的了解：大卫被困住了，他看到了授权是必需的，但是无法做到，因为这会导致他不得不放弃自我角色认同的一些方面，而这些方面正是他非常喜欢自己的地方。他对自我的认知框架——价值观、信念、喜欢什么、不喜欢什么——与授权型领导很不一致，这样的认知框架导致了一个不可能完成的强迫选择：他能做的是要么放弃自己的授权意愿，要么就放弃自己对蓝领根基的忠诚。

事实上，还可以有第三个解决方案——一个调适性的解决方案，那就是创造一个具有更大空间的框架。在这个框架中，他包含了授权，这个他是怎样的呢？也就是说，作一个发展性的转换，将授权纳入大卫的自我定义中。这个更具包容性的框架会问这样的问题："大卫能不能继续保持自我满意，既忠于自己的根基，同时又是一个好的授权领导?"虽然大卫最开始的地图显示这是绝对不可能的，但是不到一年之后，他用自己在工作中的实际领导方式响亮地回答了一个字："能!"

大卫如何颠覆自己的免疫

在仔细讨论大卫怎样成为一个优秀的授权领导之前，我们先看看他发生了哪些变化。用大卫自己的话说，他"从一个'生意人'变成了一个'架构师'和'开发者'"。这个转变创造了大卫与团队一起工作的一种崭新模式，在其中，做好授权仅仅是众多因素中的一个。大卫说，作为一个"架构师"，他现在把绝大多数时间都用来构想业务，重新思考和定义在战略、人员、资源等方面什么是该做的事。

大卫的互动方式的改变对于大卫与团队的相互作用有着深远的意义，它确保在团队中建立起了诚实开放的交流，而且在各个合适的层级都有了共享的责任感。大卫现在花相当多的时间与团队沟通业务方向，让每个人都"明白自己在做什么以及为什么这么做，这样每个人就都能够作出正确决策并确保业务方向正确"。大卫如此描述开放沟通的意义："这样人们就可以很诚实地告诉我事情的真实情况，我不用事必躬亲，也能知道得清清楚楚。"他把授权完全融入日常工作。他经常会问自己："这件事情谁来完成最好？他们在我这里需要什么？"他成功地找到了办法，既能接受不同的工作方式，又能确保自己的高标准严要求得到实现。

前后不同的两种工作方式，带来的结果的不同是显著的："挑战人们的思考过程、开放地允许别人推动我自己，这给每个人都赋了能，大家都产出了高质量的工作结果。"大卫团队中的许多经理自己也变成了更好的授权型管理者。他接着补充道："个体完全能够作出决策，与我们的业务方向保持一致，并且不断开拓创新。最棒的是，人们开始主动来找我，跟我沟通他们认为业务应该如何得到发展。这让我特别有成就感，比我事事都自己完成可强太多了。"

做一个"生意人"的时候，大卫关注的仅仅是自己的业绩。而作为一个"架构师"，需要他转向关注他人的发展、他人的能力以共同完成使命。对他而言，这殊为不易。当大卫能更好地发展团队的能力时，他说道："我很想让整个团队业绩出色。当你给机会让别人发光闪耀时，他们确实会做得更好。这对我是一个小小的打击：我过去以为只有我才能干得这么漂亮，现在看来事实上并非如此。"这句话说出了大卫转变的真正核心：他不再像过去那样以自己明星般出色的工作为荣耀，而是找到了新的发光闪耀之道，那就是做一个让别人发光闪耀的人。这已经成为大卫自我角色认知和自我满足感的新元素。

现在大卫在做着自己认为"正确的事"，一样可以光彩熠熠。在他的转变中，一个关键是重新定义他自己该做的事情到底是什么。如果他继续认为授权是把"他的"分内工作推给别人做——一个伦理上站不住脚（甚至可耻）的行为，授权势必会让他怀疑自己自私、懒惰，简直就是"徒有其表"，破坏了他与一线兄弟们的亲密友谊。如果从这个角度看，那授权真的就是一种对本来所属阶级的背叛行为，是与想要达成的优秀产出背道而驰的异端邪说。

然而今天，当大卫反思自己的免疫系统如何发生了颠覆性的变化，而这种变化又对他产生了什么影响时，他不再认为将工作交给别人做是往外推活儿了。那些交出去的工作就是他们的，而不是大卫自己的。大卫自己的工作是要帮助团队在工作过程中得到发展，以实现新的目标、应对新的挑战，"我现在把很多时间花在想办法帮助团队成员更加高效上。我发现这很重要，也很有价值。我还发现，自己现在最看重的是团队绩效。"

自尊对大卫依然十分重要，但他对自尊有了新的定义和理解：他现在的自尊来自于他如何领导团队。大卫现在的高自尊来自于他能够指导工作方向，来自于他能够整合优化人、财、物方面的资源以达成目标。他这样描述："我现在有了一种更清晰、更令人满意的领导实践。运用这种实践，我不需要每件事都自己做以洞悉事态。为了更好地指导工作方向，我确实需要洞悉工作状态。但是现在我发现，对工作状态的洞悉并非来自亲自做事得到的细节信息，而是要我自己进行很多的思考和计划。我的头脑中必须对工作状态有一个全盘的认知，并以最好的方法整合各种资源去达成目标。"

大卫的最后一句话重新改写了他之前的大假设。以前他认为自己必须事必躬亲，否则就会丧失自尊、变得没有价值、失去与蓝领根基的联结。现在他发现，如果自己能洞察完成工作的不同方式，这就是有价值的。他把自己的大假设重新写成："我并不需要自己去做，我需要的是洞悉。我需要洞悉各个部分是如何契合在一起的，以确保全局高效运转。这无关具体的工作技术，我需要的是得到详细的信息。"

大卫获得了新的自尊和自我价值感，这些来自于一个更复杂的心智模式。他并没有抛弃之前的根基和要把事情搞定、无所不能、大公无私的价值观，但是他对这些核心价值观的框架进行了重新编程（reauthored），使之更加广大、包容。在这样的心智模式中，大卫能够高效授权，同时也是一个好的领导者。以前，大卫"受控于程序"，那就是他认为"领导者"等同于"白领""高高在上""没实际作用""不干实事""就会吹牛"，而"蓝领"就天然意味着各种好的品质，做一个"实干者"才是重要的、有价值的，这也是大卫的家庭来源和根基。尽管大卫是一个成熟、聪慧的人，但他在内心深处依然秉持着一种非黑即白、二元对立的观念体系。残酷一点儿说，这些观念"把他紧紧控制住了"。

但是在颠覆其免疫的学习过程中，大卫不仅仅在授权方面前进了一大步。他拿起铅笔，重新改写了那些以前掌控着他的人生脚本（self-narrative）。他创造了新的思维模式，在其中他不再受制于蓝领家庭的精神根基，而是主动去掌控这种精神（他并未丢掉这种精神，而是将它变成了可观察的一种"客体"。他可以与之建立起一种新的关系）。在大卫的心智框架中，"领导者"的世界和"实干者"的世界不再非此即彼、不再二元对立。

我们注意到，大卫的成功完全超过了他自己的预期。没错，大卫成功地学会了授权，而且从中感到了喜悦。但是他更大的收获是改变了他自己与所属劳动阶级之间的关系，而这种改变并未破坏他对他们的爱与忠诚，勤劳肯干的家庭成员和英雄们依然是日常卓越工作的典范。人们在颠覆性地推翻自己之前的免疫系统时，常常会发生这种情况：得到的结果最终远远超过期待，所取得的成就大大超过了当初的"改进目标"。这就像特洛伊木马，把人们从之前受困其中的习惯性思维丛林中解放出来了。

我们最近一次和大卫沟通时，他刚刚从老板那里得到了一个大项目的批准，这个颇具雄心的大项目是他提出来的，而且老板批准了他的全部预算。大卫兴致勃勃，"我们马上就会迎来大幅增长，而我的计划和思考将贡献巨大"。

大卫推翻免疫的工具以及转折点

大卫是怎么完成如此显著的改变的？我们与他合作的这几个月中，存在着几个重要的转折点。大卫具有发生内在转变的动力，首先是因为他晋升到一个新的领导岗位。与之前的其他岗位相比，这个岗位对他提出了更高的挑战和要求。大卫很快就发现，自己用以前习惯的"又当球员又当教练"的方法根本无法完成这么大的工作量。从这里开始，大卫自己认为最有影响的两步是：理解自己的变革免疫（"那是最大的一次跃迁"），并且基于这种理解告诉人们自己的改进目标。关于后面这一项，大卫说道："一旦我开始告诉同事们我想在哪个方向努力，实际上我就给予了他们一种允许，允许他们参与进来。在我没有合理授权的时候，他们就可以提醒我。我跟他们说，如果他们觉得某项工作比我干得更好，就告诉我。"

大卫运用了两种颠覆免疫的工具来增进别人对他的改进目标的理解（全部相关工具的总结见第 10 章），我们称之为连续统一进程。如表 5-2 所示，大卫是这样来完成自己的连续统一进程的。

表 5-2　大卫的连续统一进程

承诺	前进的步骤	显著的进展	成功
• 我希望能增加我授权给别人做的事情的数量，这样我就不用亲自完成那么多事情。	• 与团队开会，告诉他们我计划改变的行为，以及为什么改变、怎样改变。 • 运用几个实例演练一下，邀请相关同事参与其中，确定什么类型的工作任务适合授权给谁，他们是否喜欢这样。 • 按照难易程度、重要程度以及能力排定先后顺序，然后开始执行。 • 每月在例会上进行回顾，看看我做得怎样、他们做得怎样，及时调整计划。 • 六个月的时候，检查评估这个做法对我的业绩和领导者角色的长期影响，是否达成了当初的期望。	• 团队会注意到我自己完成的工作量的变化，以及他们的工作的变化。 • 他们很可能会更愿意给自己的下属团队赋能，这样他们会把自己原来做的一些工作授权给团队，以完成我授权给他们的任务。他们感到自己更重要、更被信任。 • 团队看到我对长期计划的关注大大增加了，这使得他们更加有信心，知道我们走在正确的道路上而且不会偏离方向。	• 我能很清楚地确认每件事情是否应该我自己完成，如果应该授权，应该授权给谁，应该如何授权。 • 团队成员非常高兴担起了更大的责任，很多重大的工作他们直接就接手了，不需要我一个个授权。 • 我会对市场动向、我们的工作突破点、我们的工作在市场中产生的影响等方面时刻保持密切关注。

　　整个练习起始于第 1 栏中的承诺，然后列出一个人想要采取的启动步骤，以完成自己的改进目标。之后确定一些指标，以衡量是否取得了显著的进展。最后，是完全的成功。你应该已经注意到，大卫的"前进的步骤"几乎完全着力于他与团队的关系（与团队沟通、计划行动以使团队喜欢自己的改变并能够帮助他、将团队成员的成功和自己的成功紧密联结）。

　　几周之后，大卫开始使用另一个工具：免疫颠覆调研。他把调研表发给了团队全体成员。和其他许多运用这个调研的人一样，开始调研之前，他选择了一个"证人"小组（一般 6～8 人）。这些人可以是工作中的同事，也可以是工作以外的人。他们能够观察到是否有改变真实发生，以及这些改变是否有利于你的改进目标。调研短小简洁，是不记名的。表 5-3 是大卫的调研表。

整个变革免疫学习工作中，参加者会做两次免疫颠覆调研。一次是在项目刚刚开始的时候，另一次是在项目工作结束几个月之后的跟踪性调研。参加者得到的调研结果报告不记名，是评分者给出的评分和评语的汇总。参与调研的评估者们就像提供了一个友善的外部坐标——这个坐标帮助参加者衡量自己是否真的在改进目标方面取得了进展。第一次调研同时也是一次现实检验，看看参加者确定的改进目标对他们是不是最恰当的、最有价值的。而第二次调研可以帮助参加者谨防自我欺骗。

而在一个下意识的层次，两次调研在内部和外部都创造了一种有人在"见证"进展的感觉。与他人分享你对改变的承诺、知道别人会对你的进展进行评分，这会使你更有可能坚持自己的发展计划。在组织的层面，调研在整个组织系统中传递了这样一个信息：高层领导者们在努力发展他们的能力。我们的经验表明，调研引发了很多评估者的兴趣，他们自己或者团队也很想参加类似的项目工作。让我们印象深刻的是，人们是多么希望得到丰富的、睿智的反馈啊！而且，这一点在任何类型的组织中都是一样的。

表 5-3　大卫的调研表

大卫的基准调研

大卫的改进工作将集中于成为一个好的授权型领导。是的，大卫的实干确实是他的一个强项。但是，大卫也希望减少事必躬亲可能带来的问题。

本调研是匿名的。大卫选择并邀请你作为调研的参加者，他希望你尽可能坦诚回答下面这些问题。很明显，在下面这些问题上，大卫给自己的评分是比较低的。

每个评估者的评分结果都是保密的。会有 6～8 人进行评估，大卫将会收到一份不记名的结果总结。我们代表大卫感谢你的思考，感谢你花大约 15 分钟完成这个调研。调研将进行两次，现在一次，下一次是在 6 个月后。

1. 大卫选择的改进目标是成为更好的授权型领导者。他现在对你的授权是怎样的？

    1 2 3 4 5 6 7 8 9 10

    1＝很差   10＝非常优秀

2. 从你的角度看，大卫对其他人的授权是怎样的？

    1 2 3 4 5 6 7 8 9 10

    1＝很差   10＝非常优秀

3. 给出你的看法：请花一点时间拓展一下你的上述回答，例如举一个例子或者有什么更具体的想法，解释你为什么这么看。这对大卫将很有帮助。

4. 考虑到大卫现在的职能，你认为他在这个方面取得显著进步有多重要的意义？

    1 2 3 4 5 6 7 8 9 10

    1＝完全没有意义   10＝非常重要/非常有价值

5. 为什么你这么认为？如此大的重要性或不重要性是以什么方式体现的？我们知道这个问题需要花费你一些时间，但是你的回答对大卫和他的教练来说非常重要。请你尽可能给出具体的回答。

衷心感谢你的思考、你的时间！

还没有等到第一次调研的结果出来，大卫就已经开始了颠覆变革免疫的工作，这种情形时有发生。结果他发现，自己最开始的一些努力——包括"前进步骤"中的一些行动——已经初见成效，这激励他继续采用这些新行动策略。由此，他得到了一个很好的洞察："在接纳不同的工作方式方面，我觉得已经有了一些进展。那么我现在与团队一起工作时，自己的行为有什么改变呢？有两个方面很明显——我现在只告诉他们从哪里开始、希望达成什么结果，同时我会沟通工作的情境。我认为，我过去做得不好的是没跟大家沟通工作的情境和前因后果。回顾自己的过去，我意识到，我并不需要通过给予完美的指导来展示我是个聪明人啊！以前，也许我太想被尊为那个最能解决问题的人啦！"

我们经常说变革免疫技术能够帮助我们克服盲点，看到之前那些完全没意识到的模式。在大卫的案例中，他看见了他可能一直以来都在故意（或者是无意识地）"暗中布局"，使得别人显得无能，这样就能显得自己像英雄一样，一出手就能解决问题。大卫真的给了我们一个再好不过的案例，这里，第3栏中的内隐承诺从主体变成了客体。当第3栏中的内隐承诺充满力量的时候，它就像一个内部的盗贼一样，肆无忌惮地破坏着第 1 栏中的改进目标；而当这个盗贼被揭示的时候，我们就可以紧紧地摁住它、阻止它恣意妄为。就像大卫做的那样，他不再使自己的团队陷入失败境地，而是帮助他们为成功做好准备。

大卫开始变革免疫项目工作 6 周之后，我们评估了他的进展，他说：

> 我原来的大假设围绕着几个思路，其中一个是：如果我没有直接给团队增加价值，那我对团队的贡献就不存在——其中的核心本质就是纯粹的"高高在上"。用一句话总结，就是我必须愿意也有能力完成团队中的任何一项工作。这与一种关于领导力的看法紧密相关，它认为好的领导者必须将双手放入核心业务中。它导致的结果就是很差的授权，或者在必须授权时缺乏沟通。我做了很多事情来改变自己的行为，在看到自己不断进步时感觉良好，知道自己确实做到了列出的那些行为，而且现在在很多方面已经走在通往"显著进展"的路上。我相信这些会体现在调研中的——实际的结果好于预期，因为人们真的看到了这些变化。我现在把授权工作做得很好——不是数量，而是质量。我要继续发现更多可以授权给其他人的日常工作。

现在，大卫已经上路了，他能够不断理解自己现有的心智模式的局限性，包括发现他之前并不尊重的那些方面。我们请大卫谈谈他在做授权时的感受，这次大卫给出了一个复杂的回答：

> 我的感受很不稳定。我之前总是自己完成工作，可能是因为这会使我感觉良好，觉得自己像明星一样光芒耀眼。而我现在的学习像是一种双重迷惑——迷惑一：要是这工作是我自己做的就好啦。迷惑二：我能干得最好。而实际上，这些家伙干得比我还漂亮！我做的是开创性的艰难工作，而这些家伙拿出的成果更加出色！我真是又爱又恨！我能从团队那里得到更好的绩效成果，但我又觉得受到了小小的

打击。当你给人们机会发光闪耀的时候，他们真的会干得很棒的。所以，我之前以为只有我才能干得这么漂亮的假设是错误的。

大卫也发现在自己的领导力哲学中存在着一些裂缝，这些他之前完全没注意到。他这样总结自己的发现：

> 在我的领导力哲学中，我说过自己应该能做到所有我要求团队成员做的事情。既然如此，如果我真的遵循了自己的领导力哲学的某些方面——例如，我应该聘用那些有潜力的人并且支持他们的发展——那么我就不应该把自己放在与他们竞争的同等位置上！如果我真的聘用了最棒的人才，就必须帮助他们超越我自己。我不应该完成他们能做的所有事情。

从成为一个更好的授权型领导者中学到的东西让大卫很激动，他的一个突破点是：发现之前在授权时依据的是他自己的强项，而不是对方的强项，这极大地限制了授权的有效性。于是，大卫要求团队中的全部36人做一个"基于优势"的调研，并请他们思考怎样才能基于自己的优势完成工作。他问他们："如果我现在分配一个工作任务给你，你最想要知道的五件事是什么？"当大卫这么做时，有趣的事情发生了：

> 人们对此反应热烈，每个人都说出了不同的需求。苏珊对客户了如指掌，她的优势是"前因后果"——如果能看到自己工作情境中的全部因素，她的绩效就非常出色。她需要知道事情是怎么来的，也就是"为什么"做这个。过去我要她"明天给客户打10通电话"，但是她完成不了，我那时怀疑她是不是有点懒惰。而现在，她不到下午3点就已经完成了10通电话！

那大卫自己从中学到了什么呢？

要攀登的第一座山峰是我自己的授权意愿，而现在我知道第二座山峰在哪里了，那就是"授权的效果真的有用吗"。授权的效用是不一致的，现在我明白了，那是因为我还是一个授权新手。我现在知道，我在沟通中需要用对听者来说合适的方式，有效沟通需要针对每个个体采用不同的方式。如果我想学习如何把授权做得更好，就需要找到对个体或团队而言合宜的沟通方式。

综合概括了自己各种更高效的授权实例后，关于什么是一个有价值的领导者，大卫有了不同的思考模式：

工作中的边界不清晰时，我的贡献最大。当授权时，你必须清楚自己的期望是什么。这就需要我清楚地知道整个"盒子"，包括其限制性条件。以前我与团队讨论来年的规划时，经常这么做——天马行空地想象一通，或者"给你列出一百件事，你决定吧"。这把人们弄得迷惑不解，团团打转。过去，当我给出清楚的方向时，他们是可以达成目标的。我也意识到，当我需要给多人授权时，这个"盒子"必须特别清晰，就像白纸黑字那样。除了授权之外，在指引方向中，我也体会到了价值感。

从授权到领导力：新行为、新心智模式

由于成功地赋予了团队工作责任感，大卫现在看到："人们有的时候会来找我询问'你想让我们做什么'，他们不是来寻求一个独断的答案，而是希望得到方向的判断。我把这个看作领导者角色的区别性属性。"我们问大卫领导力对他来说意味着什么，他非常明确地说，意味着三项"正确"的行为：

- 吸引和发展人才，然后我们才能获得更大的成功。假如哪天我被公交车撞了，有两个人可以立即顶上我的工作。如若不然，那就是我工作没做好。
- 指明方向。
- 争取资源。

除了授权，大卫也一直在不断进取，应对上述三个挑战。还记得大卫的第1栏(表5-2)中的改进目标吗？他想要更好地专注于几件重要的事情，现在他确实是在这么做的。我们需要注意，新的行为并不一定需要等到新的心智模式形成之后才出现。有个古老的问题是这样问的："是观念的转变带来行为的转变，还是行为的转变带来观念的转变?"在我们看来，这个问题建构得很糟糕——行为与心智模式之间的关系完全超越了二元对立。变革免疫方法创造了某些行为，而这些行为完美地挑战着既有的思维模式。大卫的行为导致了更加出色的绩效结果，同时也在展示着一种不断重新编写思维模式的渐进过程。这里，大卫必须对"成为一个好的工作者"重新编写，与他自己内在的模式和深层的忠诚展开殊死搏斗。这需要时间，而且困难重重。当被问到自己投身于现在认为合适的领导力行为的感受时，大卫很诚实地承认，这在他的内心引发了冲突，"在理智的意识层面，我知道这些都是我应该做的事情，但是那种感受还不足以让我满足。对我个人来说，这样还不够，有时我会觉得有一种疏离感。有时我会本能地想要自己上手，这是我内心根深蒂固的东西。"

接下来的几周，我们与大卫一起工作，尽力创造各种机会，想看看他从现在的这三项领导力行为上是否能够获得完全的满足感。他的下一个任务是在从事这三项领导力行为时关注自己的本能感受，我们也让他回顾自己的日程(现在的以及过去6个月的)，把那些不符合这三项"正确"的行为的部分挑出来。这样，大卫就可以清晰地回答这些问题："'正确'与'错误'行为的比率是怎样的？随着时间的推移呈现了怎样的发展趋势？这些

'错误'的行为有什么规律吗？它们想要达成的目的是什么？我怎样避免这些行为？"

对大卫而言，做日程分析是他的另一个转折点。作为初学者，他很肯定地认为他把 75％ 的时间用在了三项"正确"的行为上，对自己花这么多时间制定战略和发展人才感到非常满意。这是他的一些行动笔记：

- 业务战略规划——25％。但是其中有一半时间是在进行"观点的协商"——基本上不是在解决具体问题，而是在与不同的人一起工作以寻求达成共识。
- 人员方面——25％。我花了大量时间与团队中的每个人一起工作，实施他们的个人发展计划，同时也为团队的能力发展做工作——看看团队以及个人的优势，再看看依据业务发展提出的要求和人力资源的分布状况，我真的感到非常高兴。这确实是该做的正确的事。
- 各种任务——25％。这包括我个人的工作、分析以及那些临时接手的任务，例如在领导力大会或客户活动上发表演讲等——包括销售活动等。总体来说，这部分内容很繁杂，但是过去 6 个月已经算比较集中了，因为我已经将自己的部分任务授权分派给了别人。
- 浪费的时间——25％。我还是会做一些别人明明可以做得更好的事情，或者一些别人完全可以完成并给我节约出更充裕的时间的事情。当一个激动人心的原本不在我们的计划中的好主意出现时，我就会分心，浪费时间。这意味着当我很享受一些新主意的时候，我们没有真正好好利用这些新主意并从中获益。还有一些浪费是重复工作——搞定我或团队成员忘了的或者做错了的一些事情。我已经开始列出一个清单，准备找出这些问题的根本原因并解决，就像我们提高生产质量时做的那样。

同样重要的是，大卫能够深入探究自己的内在本能假设。他能退后一步，观察自己已经改变的行为和逐渐浮现的新思维模式，以更好地感知和理解自己的新价值观，包括要加强与人的联结这一价值观：

> 我逐渐看出，我所认为的业务计划或战略制定实际上都是通过与人的沟通完成的——获得人们的共识。有一点令我诧异——这件事简直太耗时间了。我们还没有一套体制来大范围地沟通变革方向，我只能与人们单独约谈以了解他们的目标，这是我与人们联结起来的方式。我和助理一起安排恰当的时间与伙计们联结——检查他们的工作进度，没错，这确实还是在谈业务，但其实这也是很个人化的。我现在努力在做的一件最重要的大事就是开放的沟通，这样人们就可以诚实地说出事情的真相。一方面，我真的信赖开放的沟通，需要人们信任我；另一方面，有了足够的信任，人们才会和我说真话。

就在这个时候，大卫重新定义了一个领导者的价值，他加强了自己的自主导向意识。基于这一意识，他开始支持团队成员的自主决策：

> 如果团队成员在工作中不思考，不知道在做什么，也不知道为什么这么做，那他们就不可能作出符合正确业务方向的决策。所以，必须一开始就要花时间思考。在这方面，与过去的事必躬亲相比，我现在的积极做法更具价值：倾听那些对事情发展了如指掌的人的意见，告诉他们需要自己去打电话、作决定，不要来找我要求批准；事情完成之后告诉我，然后我们一起来看结果。现在，我听到人们这样说："我知道你为什么想要达成那个状态，那很有道理。过去我们就听你的指挥，而现在你让我们自己作决策，这很好。"最棒的是，现在人们开始自己跑过来给我出主意，建议我们可以用不同的方式取得成功！这给我带来极大的满足感，比我自己完成工作强多了。

我们再次问大卫："当你集中精力做'正确'的事情时，感受如何？"这次他回答："我感觉就好像是一个大气球（假设）突然爆开了。就像你看一幅画，你使劲盯着它，想看明白。一旦你真的看出究竟，砰的一下，你就突然全明白了。我就是这种情况。"大卫已经从他自己的画中走出来了，现在他可以观看这幅画，而不是只能在其中被动地行动。

大卫的故事告诉我们，免疫系统可以被重构，以免我们陷入人生中的各种危险、伤害到自己爱的人。面对恰当授权带来的挑战，大卫向我们显示，必须去芜存菁。我们需要超越自己某些与生俱来的"组成成分"，只保留其中的精华元素。一个人的心智模式的构成，绝不仅仅包含认知的部分。一开始的时候，大卫就感觉到自己内心深处的忠诚和信仰都被置于危险之中了。

但是我们也注意到，大卫最终并不是将自己的根基斩断了，而是找到了一种与根基相连接的更加强有力的方式。过去大卫受制于蓝领根基，而现在他学习到如何珍惜这一根基并将它融入进化中的心智模式。过去大卫将领导力看作不得不像"敌人"那样"假装在工作"（把领导者看作高高在上的穿着皇帝的新装的家伙），现在他认为通过领导力有机会对自己的蓝领根基给予充分的尊重。一线工人最常见的抱怨就是"我们说的根本没有人愿意听"，对于那些与一线工人最接近的一般领导者而言，这是尚未发展的一个能力，他们让一线工人感到愤怒、悲伤、不被重视。但是，大卫可不是一般领导者，他真的在倾听。

第 6 章
凯茜再也受不了啦
——颠覆个体自身的变革免疫

凯茜（Cathy）热爱自己的工作，她天分很高、精力充沛，在一家世界领先的医药公司的市场部工作，干得非常成功。然而，当出现问题和障碍的时候，她很容易就变得不耐烦、"压力山大"——或者像她自己说的那样，变得十分敏感、情绪化。凯茜的同事们认为她对团队而言是不可多得的人才，但是他们同时也希望这个人才不要让大家付出太高的代价。凯茜的老板认为她完全可能成为明日之星，但前提是凯茜必须好好提升一下她的"自我管理"。

就像大卫一样，凯茜面临的变革挑战很常见，我们在成千上万的男男女女的变革免疫地图中已经多次见到过类似的挑战。那些目标通常是明确表达出来的，例如"更好地处理我的情绪""不要过于透明、坦率""看事情不要过于私人化""看看有没有更多的不同看法""更好地管理我的激情与勇气""在理智与情感之间达到平衡""不要反应过激""停止做情绪的奴隶"等。所有这些的核心要素都关乎自我管理和情绪的自我调节。

凯茜开始其个体改变的背景是一次集体干预，我们将在后面的章节中详细讨论这次集体干预。我们后面会谈到，在整个集体改变的大背景下，个体在面对自己的变革挑战时会得到更多的资源，从而激励和支持自己成功改变。回到凯茜的案例，我们从这里开始：凯茜在团队中制造了很多压力，同时她自己也被这些压力困住了。

凯茜对情绪管理的免疫

凯茜最开始在第 1 栏中写的改进目标是这样的："当某个项目或者某一个人出问题时，我要让我的心烦意乱仅限于这个特定的情境中。我要只在这个情境中感到压力很大，我将尝试直接去处理这个项目或者面对这个人，而不要让我的情绪波及其他人或其他项目。这将会帮助我更好地管理自己的情绪和状态，同时也对团队的平衡作出贡献。"

对凯茜来说，这确实是个大问题。她很清楚，即使有时候她的心烦意乱别人看不见，她自己依然被压得喘不过气来，大多数时候都感觉到"压力山大"。她知道，自己的情绪已经对身体产生了消极影响（她会觉得很疲乏、精力减退），对她的认知也极为不利（有时候她感到自己不能清晰地思考）。她很担心自己有一天会突然崩溃，代价惨痛。而且，她还担心万一自己崩溃，会极大地拖累团队绩效。因为他们当时正在制定一项高风险的市场战略，为一个耗资几百万美元的产品上市作准备。

因为凯茜的变革免疫项目是在团队发展的大背景下，所以她的第 1 栏改进目标中增加了一个新标准，就是要与团队的集体改进目标相关，即改进与团队成员的关系。凯茜想象自己的过激反应有时候给同事带来了麻烦，但是她也很想知道同事到底是怎么想的。而且，如果他们确实这么想，那么他们是否认为这确实就是凯茜应有的改进目标？

和大卫一样，凯茜在整个连续统一的变革免疫教练周期中使用了我们的调研工具（第 10 章将描述完整的教练周期过程）。因为凯茜要努力改变她与团队的关系，所以她邀请团队成员参加调研，整个团队也都同意了。用这种方式，凯茜就能够做一个现实检验，看看她确立的改进目标对整个团队来讲是否足够相关、有价值。同时，凯茜也能由此看到自己现在的基准点在哪里——人们现在对她的评估是怎样的。

调研结果与凯茜的自我评估很一致，同时也认可了凯茜的情绪能量的积极意义。她的同事们这样写道：

总体来说，凯茜对这些情形的想法是正确的。确实，她有好几次很明显被激怒了，在一段时间中，她好像完全陷入了消极的情绪状态。凯茜的情绪化、沮丧、心烦意乱经常是事出有因的，而她的反应是外显的、可见的，往往又是失控的。同事们确实认为凯茜有这样的性格特质。

团队成员感觉就业务话题与凯茜讨论或争辩是可以的，因为他们知道凯茜的反应不会情绪化，也不会把情绪带到其他工作中去。人们只要关注凯茜说什么、思考什么，而不要太关注她是怎么说、怎么想的。团队之外的同事们也都认可凯茜毫无疑问是市场部最有经验、能力最强的人，我也认为凯茜一定会在职业发展上得到拓展的。再强调一次，凯茜应该保持自己的积极情绪和反应，这是她独特人格的一部分，对我们的团队很有价值。

我认为这些改进目标非常重要。凯茜完成的工作量非常大，而且总是高质量完成。她经验丰富，总是能够以突出的能力完成项目，其他人很感激凯茜帮助他们干活。但是这样凯茜就打破了自己的平衡，也没能帮助其他人在她领导的项目中得到发展。所以我认为，凯茜在她领导的项目中应该清楚地与他人沟通她的工作要求和期待，在看到工作结果时公正、坦诚地面对自己的感受。这样，在短期确实会耗费时间，但长期来看一定会节约时间的。

凯茜对自己的工作和团队充满激情，在我看来这是非常积极的品质，我们一定要注意到这一点。这种品质给团队带来了快乐和激励，对团队内外的人都有着积极影响。所以我认为，凯茜要更好地管理情绪，很重要的就是关注她的情绪对自己和团队产生消极影响的情况。而对她的情绪中积极向上的部分一定要保持，因为这是她最强大的优势之一。

凯茜很感激并认同同事们的看法，她的改进目标同时也是她的一大优势。她也听到了(并认同)更多的一些实例，在那些情形中她没有自己希望的那么好相处。基于此，她总结自己的改进目标为"更好地管理自己的情绪状态和情绪表达"，表 6-1 是凯茜的免疫地图。

不知道你的感觉如何，反正我们读凯茜的免疫地图时，感觉真是累坏了。看起来，她仿佛在自己做的每件事情上都倾注了 150％的力气！

要理解为什么凯茜的挑战是调适性的而不是技术性的，我们需要看看她的地图。地图中的第 2 栏是凯茜实际上做得很多或者做得很少的行为，这些行为与第 1 栏的改进目标——更好地管理情绪状态——完全是背道而驰的。我们可以把凯茜的行为归结为几个模式：第一个模式是情绪化(她的感受又多又快，在明白自己的感受到底是什么之前就已经作出强烈的反应)；第二个模式是揽下的工作太多(她不寻求帮助、不拒绝别人的请求、自己做所有她认为应该做的事情)；第三个模式是关于她的工作标准的(她做每件事都要达成高质量，不管这件事是否关键)。她自己写的最后一条"我允许自己超速运转"，就很符合第二个和第三个行为模式。现在再看一下凯茜列出的行为，你有没有看出这些行为是怎样阻碍她更好地管理和表达情绪的？如果答案还不够清晰，看看第 3 栏中凯茜的内隐承诺，她在这里清楚地给出了答案。

一个好的第 3 栏其标志之一，就是它充满了自我保护。凯茜写道，她承诺从不让自己和团队被辜负，无论付出什么代价，即使是被压得喘不过气来也要如此。从不让别人失望意味着对她来说，要倾尽全力做每件事、成为顶梁柱、从不把事情分派出去(例如说"不")。也许你会疑惑：这些怎么会是自我保护呢？因为凯茜这样明明是在损害自己的健康和绩效表现，恰恰相反，这明明是自我保护不足够啊。

表 6-1　凯茜的免疫地图

1. 可见的承诺	2. 实际上做得太多/做得太少	3. 隐藏的相互冲突的承诺	4. 大假设
• 我承诺要更好地管理自己的情绪状态和情绪表达，包括：当某个项目或者某个人出问题时，我要让我的心烦意乱仅限于这个特定的情境中。我要只在这个情境中感到压力很大。我将尝试直接去处理这个项目或者面对这个人，而不要让我的情绪波及其他项目或其他人。这将会帮助我更好地管理自己的情绪和状态，同时也对团队的平衡作出贡献。	• 我允许自己去感受所有的情绪。 • 我作出了情绪化的反应（强烈而且快速）。 • 我没有检查自己内心的感受……此刻我的真实感受是什么？ • 我没法觉察我的情绪在何种情况下会到来，情绪会突如其来，而我让情绪奔流而出。 • 我不寻求帮助。 • 我从来不说"不"。 • 我做每一件我认为应该做的事情。 • 我逼迫自己做每件事情都要达成110%的质量。 • 我不区分事情的重要性和紧急性。 • 我允许自己超速运转（经常地、长时间地）。	• 我要不惜一切代价，把所有的事情都做到最好，任何稍有瑕疵的事情都是对团队、对我自己的辜负。 • 我要人们把我看成"有困难就找她"的那个人，是团队的顶梁柱，是总能高质量地完成所有事情的那个人——即使这不太现实，即使我因此要付出很多，即使这可能会导致我崩溃并最终毁了团队业绩。 • 在困难情形下，我不愿亮出底牌，也不愿跟对方商量；我不求助，也不愿说"这个我做不到"这样的话。 • 上面所有这些内在愿望加上想要达成最佳成果的强烈热情，把我自己逼进了一种高度紧张的状态中。这种状态没能得到控制，我感觉这已经损害了我的身体（我觉得疲乏、精力减退）和认知（我没法正常工作，我的绩效受到影响），而且有时我感受到了情绪上的崩溃。	• 如果我辜负了团队，我就损害了在他们心中我的一贯形象——一个绝对可靠、会提升整个团队业绩的团队成员。 • 如果我辜负了自己，就会感到我并没有倾尽全力。 • 我假设一个很好的团队成员——每个人都一样——就应该付出 110% 的努力。 • 我假设我们团队的每一个人都有着一样的假设。 • 我假设优秀的自己应该付出150%的努力。 • 我假设即使存在崩溃的风险，付出110%的努力也是值得的。 • 我假设我们团队的业绩取决于我是不是那根"有困难就找她"的顶梁柱。 • 只要对团队成员说一次"不"，就是降低了我的标准。 • 我假设在任何情况下我都应该能够控制好情绪状态，即使是在我高度紧张的情况下也应如此。

毫无疑问，凯茜确实可以用更好的方法保护自己。但是我们这里讨论的、看到的自我保护并不是所谓的自我关怀，更多的是捍卫别人眼中的我。我期待别人看到这样的我，或者以这样的方式看待别人，即使这样要付出不菲的自我代价。在第3栏的最后一项中，凯茜清楚地写出了这样做的代价。她很清楚，将她的内在承诺集中在一起之后，发现它们导致了自己的情绪爆发。同时，她向我们展示了一个完美的免疫地图——她怎样承诺要更好地管理自己的情绪状态，同时又总是用完美主义的高标准把自己最终逼到高度紧张的情绪状态中。

一个很好的第3栏内容同时也显示，第2栏中的很多行为就是在实现自我保护（而且不自觉地与第1栏中的改进目标背道而驰）。凯茜的第3栏内隐承诺看起来很好地解释了她为什么喜欢承担很多工作并坚持高标准，但还不能清楚地解释她的第一个模式——情绪化（教练和凯茜探索过这个话题，很想知道凯茜是否有某种害怕的心理。是害怕如果不保持情绪化，就会无意间失去自己的"锋利"和成功又高产的天赋？还是害怕这会让她感到背叛了自我或身边某些亲近的人？但是起初，凯茜想不出来任何害怕或恐惧的地方，她认为，自己在面对挑战任务时对结构与行动决策的强烈个人偏好已经在第2栏得到了最好的解释）。总体来说，凯茜认为自己的第3栏非常强有力。

让我们来研究一下凯茜的第4栏中的大假设，这样就能看到整个免疫系统中运行的心智模式。你可能已经注意到，很多大假设都有这样一个"如果（第3栏中的承诺不能实现）……那么……"的框架，其他很多假设可能直接就是一个坦率的结果。凯茜后面的两个大假设帮助我们理解了，为什么她的改进目标是一个调适性挑战：一个是优秀的自己应该付出150%的努力（比她给别人设定的标准还要高出很多）；另一个是即使存在崩溃的风险，付出110%的努力也是值得的。你不用费劲就完全可以想象，一个有着这种水平的个人努力标准的人会把自己逼到何种情绪过分紧张的境地。当你的绩效期待如此之高时，所有事情都变得至关重要，任何一件小事都被看成生死关头。

只有理解了凯茜的改进目标——更好地管理情绪状态——是调试性的（而不是技术性的），才有可能帮助她成功。那些仅仅关注压力管理技术的练习如锻炼、呼吸法、瑜伽等，并不能改变凯茜。我们假设，她会在这些事情上也倾注150％的努力！要想真正改进，凯茜需要改变她的限制性信念和假设。当面对调适性挑战时，几乎不可能精确知道心智模式的哪个方面会发生改变、改变多少。但是，凯茜的4栏地图给了我们线索，我们看到她可以在她给自己设定的标准以及运用这些标准可能带来的风险这两个领域深入探索。

令人印象深刻的进展报告

凯茜后来的情况究竟如何？我们先跳过这中间的6个月，看看她达成了什么成就。在第二次调研中，凯茜的团队成员是这么说的：

> 凯茜已经发展进入了情绪管理的一个新层次，这对我和其他团队成员来说很引人注目，在很多情况下都是如此，其中一个最好的例子就是我们正在做的一个首展项目。这个项目工作环境非常艰苦，由于实操计划的原因，有很多因素完全不在凯茜的控制范围之内。出乎意料的是，凯茜很好地管理了情绪，她总是做好了准备可以接纳计划B、计划C，等等——不管环境提出了什么样的要求。这次我能够看到凯茜是在朝向自己的改进目标前进，这非常明显。她很努力，这真的令人钦佩。当她需要释放情绪的时候，她选择了正确的方式——与信得过的同事进行一对一沟通。另一个很棒的情绪管理的例子是，凯茜担任了这次首展的指挥，这是她的一个新角色。在这个角色上，她能看到有许多事情正在发生，而这些事搅动着她的情绪。这次，她管理得特别好。她能保持镇静，运用一种"提问题然后引领方案"的方法来管理那些困难的情形，而不是像以往那样直接把自己的观点倒出来。凯茜令整个团队感到耳目一新，这也带来了团队高效的业务结果，这对

我们大家真的非常重要。

凯茜在情绪管理方面进展明显。其他人的一些消极行为依然会惹恼凯茜，但现在她能够释放自己的情绪，保持自己的乐观情绪和高产出。她能够领导杰出的项目，即使其中一个项目成员未能出席很多的项目计划会议。事后她给那位同事的反馈很坦诚，虽然她承认那位同事有几次让她感到沮丧，她依然对他做得优秀的方面给予了积极反馈。这显示凯茜能够把情绪与事实"区隔开"。

在凯茜和我一起工作的情境中，压力很大。她对首展项目的愿景是很清楚的，但是她的愿景的组成部分是一些随着时间不断变动的目标——不仅她说出来的愿望在变动，我对其的解读也在变动。这种情况简直就是在酝酿冲突，尤其是我们当时还有时间期限的压力。然而，凯茜和我能够保持沉着、坦诚地沟通目前的情况、力求向共识的方向努力。这个项目达成了凯茜的愿景，也增进了我俩之间的相互尊重。

凯茜自己有什么看法呢？她发现自己的变化还不仅限于参加调研的同事们提出的上面这些具体目标。毫无疑问，她看到自己在情绪管理上进步显著，"我不再被情绪牵着走，即使是在那些最困难的时刻""我对那些能激怒我的情形有了更好的理解，一旦这种情形开始，我知道怎样打断它"。但是，超越这些变化的是她体验到一种对自身和这个世界的看法的转化，"我不再生活在恐惧之中""我心中的重担被卸下"。

凯茜推翻免疫的工具以及转折点

现在我们回头看看，探索一下凯茜是如何真正作出这些改变的。凯茜的同事们确认，她在改进目标上取得了进展。之后，凯茜开始发展自己的连续统一进程（见表6-2），她写出自己前进的步骤以及衡量成功的标准（实际上她没有一下就完成这个练习，被一个叫作"休斯敦事件"的事情打断了。下面你会看到这件事的细节）。

凯茜作出改变的第一步行动是告诉同事们她的改进目标，并明确地邀请他们在觉得她的反应过度情绪化的时候提醒她。凯茜完全没想到，才过了不到一周，她就给了同事们那么多的数据。这些数据足以让同事们向凯茜发出"信号"，让她知道她是多么紧张、焦虑。

表 6-2　凯茜的连续统一进程

承诺	前进的步骤	显著的进展	成功
• 我承诺要更好地管理自己的情绪状态和情绪表达，包括：当某个项目或者某个人出问题时，我要让我的心烦意乱仅限于这个特定的情境中。我要只在这个情境中感到压力很大。我将尝试直接去处理这个项目或者面对这个人，而不要让我的情绪波及其他项目或其他人。这将会帮助我更好地管理自己的情绪和状态，同时也对团队的平衡作出贡献。	• 我将与团队的其他人分享我的承诺和免疫地图，希望这会让他们更加了解我。 • 我将邀请他们给我一个信号，这个信号会提醒我。 • 去注意我是怎样变得高度紧张的，卸下那些在我身上发生的事情——这一路上都有哪些步骤？发生了什么？ • 当我理解了自己怎样变得高度紧张的过程后，我将与别人分享，请他们帮助我打破这个循环。 • 就我的情绪状态而言，我寻求人们给我明确的反馈。 • 发展一个指令性"咒语"以做检验之用。		• 我能注意到自己变得高度紧张的过程，而且我能打破这个循环。 • 我能用一些高效的手段打破这个循环，包括身体的（例如深呼吸、减压球）、情绪的（例如"咒语"）、认知方面的（例如我可以做什么事情来保持冷静）。 • 当感到情绪高度紧张时，内在方面我能运用深呼吸，外在方面我能在作出反应之前进行反思。 • 那些知道我的承诺和目标的人发现我进入高度紧张情绪状态时，会用一个代码或者信号提醒我，我能接收到这个信号并采取行动（回到我自己的高效方式中）。

"休斯敦事件"

我们建议人们做大假设的检验实验时，通常是在一种安全的、温和的情况下开始。但是凯茜的情况完全不是这样，取而代之的是，"休斯敦事件"对凯茜的大假设来说是一次戏剧性的完全成熟的检验。凯茜和团队成员们要在休斯敦向一群高层决策者陈述他们的市场建议。虽然觉得已经做好了充足的准备，这样的会议还是让团队非常紧张，因为同一群人曾经在6个月前否决了他们的上一次建议。就在这次会议一周之前，演讲陈述的材料还没有完全成型，而且还发生了几次小事故，这给最终的时间期限更添压力。就在会议即将开始之前，凯茜还没日没夜地加了两天班，为会议作准备。她只能在车里打个盹，偶尔休息一下，以继续完成工作。

所有的事情最后都赶到了一块儿。在那天上午，凯茜和团队要呈现他们的市场计划，就在他们要开始陈述的那一刹那，凯茜晕倒了。在人们试图让她醒过来的几分钟里，有人叫了救护车。在去医院的路上，凯茜一直抗议，认为没必要去医院，然后她就不省人事了。陪同她一起去医院的人后来回忆说，凯茜一直在说"我们得去开会，我们马上就要迟到了"。

回顾这件往事，凯茜把它当作一个证据，证明那个还在把她紧紧困住的大假设依然存在。她自己这么总结："我还一直在想我必须回到会议室作陈述。不能把我们准备的内容完美地呈现出来，我感到这完全是对队友们的辜负。真的难以想象一个人的价值感会是如此重要，以至于它解释了发生的一切，包括进医院，包括一切！那感觉就像是一切都在离我而去。如果我不能去参加那个会议，那么一切就都离我而去了。"

她补充道："即使人们后来给我写邮件安慰我，我还是觉得非常糟糕——他们竟然浪费时间写邮件。我不愿进急诊室，我不愿麻烦别人。尤其是特蕾莎，她不得不代替我作演讲陈述，不得不面对那些质疑的反应。"

一个跟凯茜很亲近的同事挑战了她："你知道，如果是别的人在这么说，你一定会认为那些完全是'疯话'。你也知道这么说对你完全没有意义。"真正使凯茜至少是暂时把思绪放在一边的，是这个同事问的一个问题："你到底在害怕什么?"停顿了一会儿，凯茜回答："我害怕失败，我害怕查特(凯茜的老板)会后悔让我进入市场团队，更别说让我做团队的领导了。"她又重复了一遍，然后接着说："是啊，仅仅从抽象思维的角度看，我知道这么说没有意义。但是再往下想一想，假如我不能干、假如我暴露无遗，那得是多么可怕。然而现在我的想法是：我知道自己很能干，我相信查特看到了我的价值、看重我的能力。"

此刻，我们可以这么说，凯茜正在报告一个自我保护的大假设。这个大假设一直存在，但之前没有被发现。她可以看见它、可以讨论它、可以说出是这个大假设掌控了她，即使在她的身体已经崩溃、向她提出警告的时候，依然如此。但是后来，在凯茜与教练回顾这些创伤性事件的时候，她的观察却变成了她对大假设的检验，这一切是怎么发生的?

虽然不是有意为之，但有一件事凯茜肯定是做到了的，那就是大假设告诉她的：任何事情不付出 110％的努力是绝对不可以的。在凯茜看来，那天没法作演讲陈述就是对团队的辜负，这又是在她的心智模式里绝不能容忍的事情。当然，发生的这些事情本身并不是检验，真正的检验是事情发生导致的结果以及这些结果怎样证明了大假设的有效性。

"休斯敦事件"的结果是：演讲陈述非常完美、市场部的建议被批准采纳。凯茜后来从团队同事们和一位高层执行官那里知道，这次的建议被采纳的重要因素之一就是凯茜创建的框架(凯茜的疲劳症状在医院得到了妥善治疗，两天后出院了)。几周之后，凯茜自己得出的结论是：她其实没有必要非得自己作演讲陈述。团队成员们日夜在一起工作，在她的框架下一起形成了整个建议书，他们完全可以像她一样完美地陈述建议的逻辑和优势。她知道自己并没有辜负团队，团队成员也给了她非常清晰的反馈：她依然是一个一流的团队贡献者，而她的老板也清晰地表达了自己的观点，很快他就让凯茜又负责了一个类似的核心项目。也许最重要的是，凯茜有了强有力的证据，证明她大包大揽地干活实际是对自己的伤害。而且她现在清楚地知道，冒崩溃的风险是完全不值得的。

很典型的情况是，仅仅一次检验还不足以颠覆一个人已有的免疫系统。但是凯茜所经历的事件带来了深刻的影响，它帮助凯茜看到了迷宫的其他很多部分以及自己怎样被困锁在这个免疫迷宫中。还记得吗？之前凯茜认为自己的大假设并没有带来什么隐藏的相互冲突的承诺。但现在，当被问到老板说什么能让她充分肯定地相信老板对她评价很高时，凯茜有了一个让自己热泪盈眶的洞见：她发现无论别人说什么都没有用。这使她自然地回忆起 10 年前被医学院拒绝的那段惨痛经历。

凯茜的隐藏的承诺

在那一刻，凯茜才意识到这个事件对自己产生了多么大的影响：

> 我小的时候并不是很努力的，我有一个兄弟正相反，他总是非常勤奋努力。即使到了高中，我还是没努力，只拿到 3 分的成绩。我没有什么特别的目标，我的父母也不怎么督促我。但是，我慢慢意识到我想进医学院，我开始发奋学习。我选择了一所学校，那儿有可以优先进入医学院的项目。然后我费尽心力加入了这个项目，拿到了奖学金，基本上我已经决定把 4～6 年的时间贡献给医学院了。我就像着了魔一样努力，人们对我说"我们真不明白你为什么杞人忧天"，我也觉得我是担心过度了。但是最后，我却被医学院拒绝了——出乎所有人的意料，也出乎我自己的意料。那真的是一个创伤性的经历——一切都在那时被摧毁，到今天都还没有复原。

几周之后，凯茜回想着这件被挖出来的陈年旧事，她把它叫作"医学院事件"：

> 我已经把这件事埋藏了 10 年，这就像有一个人去世了，但你一直不肯承认。有勇气把这件事大声说出来，给了我一个机会去面对它——多么痛苦、尴尬、可怕的毁灭性打击，对我产生了如此重大的

影响。因为当时我不觉得这是多大的事儿，我只是跟某人说起，我的一部分死掉了。我没有说其实是我的梦想被摧毁了，我如此投入一件事，却没有达成目标。真正尴尬的地方在于：我以为应该稳操胜券，但是结果却大相径庭。每个人都知道这件事——家人、朋友、学校里的伙伴们，他们统统都知道我非常努力……每个人都这么问："你到底出了什么问题?"就好像全都认为我应该反省似的。

从申请医学院被拒的经历到今天的生病住院，凯茜从中得到的是自我怀疑。她并没有意识到自己一直在带着这种恐惧前进、一直背负着它，这使得她陷入了一种模式：一直在持续努力向别人证明自己的价值。用凯茜自己的话说，"我害怕那些我所爱的被从我身边拿走"。凯茜的"啊哈"领悟，是她发现体现自己价值的方式就是对一切都说"行"，这样别人就会觉得她是不可或缺的。

在许多案例中，包括大卫的案例中，我们都看到，对免疫机制的探索会带领我们进入发展的核心。在这里，我们看到凯茜之前抓住的自主导向层级变得贫乏起来。除了将自己的能力用于她想要的个人目标和发展，很明显，凯茜也一直在运用自己的能力来努力避免变得脆弱，以抵御来自他人的毁灭性评判，也就是说避免陷入口舌是非之中。于是，凯茜必须表现完美，不能求助于他人。她绝不能"暴露自己"，这样的一个警觉意识显示着一个主导一切的努力即一个内隐的承诺，那就是：即使有这些深深的挫折，其他人依然把凯茜看作有价值的，凯茜也依然把自己看作有价值的。解开她的免疫系统，意味着重新建构这一基本自我评价。

"休斯敦事件"演变到最后的结果，是使凯茜能够看见她真实、独特的价值并不是她在做什么，而是她在想什么，包括她如何思考问题、如何探查问题和机会。她慢慢觉察到，这样的自己可以给团队带来非常多的东西。出院之后，在重返工作岗位之前，凯茜开始探索这个新的议题。她先在自己的内心中尝试这么做：让"休斯敦事件"中的自我与现在这个慢慢浮现的新自我达成和解。她在这个过程中开始看见，"医学院事件"实际上有其价值：

> 这件事（没能进医学院）的发生有其价值。我现在很高兴它曾经发生过，无论拿什么给我我也不愿交换——正是因为这件事，我成了今天的我；也正是因为这件事，我成了团队特别需要的人。我现在很感激，我有着很扎实的科学知识，这是很多人没有或者已经忘记了的。我以前从来没意识到，我照相机一样的记忆能力对我现在的工作是如此重要。

接下来的几周，凯茜在家工作，工作量相对比较小，她进一步剖析自己。那时候，她把部分时间投入一个项目中，这给了她机会更好地判断自己对团队的贡献。在这个项目里，凯茜不会像往常那样被日常的烦琐事务困住，她只需要参加反馈环节。她在会议前就会通读全部材料，"我有着清楚的愿景，知道我们该往哪里去"。然后，在电话会议中，凯茜会清楚表达自己的观点，当时大家的反应就是："哇，这太好了，你是对的。"等她重返工作岗位，老板请她开始负责那个项目。

凯茜这样描述她重返工作岗位的感受："我有一种清晰感。当我回来工作时，我很清楚我需要做什么、应该怎么做。我属于这里，我开始看到事情完全能够以不同的方式进行，而之前我绝对看不到这一点。"

这恰恰就是我们说过的：解锁免疫系统可以允许人们释放更大的潜能。人们不再在两种相矛盾的方向上徘徊，这释放出巨大的能量。这种能量体现在行为上（例如工作时间可以更长、工作能够更投入），也体现在情绪上（例如感觉更自由、更少负担、更少疲乏、更少觉得受限），还体现在心智上——在发展中，我们可以更好地运用智力，变得更聪慧了。就像严重的焦虑总是会带来记忆问题一样（例如有研究显示，同一群人高焦虑时的智商分数低于不焦虑时的智商分数），慢性的焦虑会持续地将我们的智能引向自我保护。当我们不需要把自己的天分都用在自我保护上时，我们就开始更自由地看到自身之外的世界。这种感觉有点儿像是云开雾散，而之前我们都完全不知道自己身处迷雾之中。就像凯茜说的："如果你的心智运作基础就是恐惧感——就像我之前一样，只不过我没有意识到——那这绝不是一个高产出的模式。情绪化极其耗费能量。现在我完全自由了，不再有那种感受。"

凯茜的清晰感也体现在应该做什么。例如，她可以与一位高层同事讨论她认为他们应该思考8个创新项目，"同时，我也跟他解释为什么他应该把我只纳入一个现在正在进行的项目中。"凯茜对自己能带来的贡献很有信心，她这样对比现在与过去："过去，我可能会分享所有这些创新的主意，但是带着些许不肯定的意味。现在，我很清楚地看到自己的知识、自己从数据中得到的观点，这些与其他的市场部人员是很不同的。是这种不同带来价值，而不是我在具体做什么带来价值。"凯茜说，她现在终于理解了她老板很早以前对她说过的评语，当时很令她疑惑："很早以前，查特跟我说：'你为什么就不能更加自信一点呢?'我当时觉得这个评价很奇怪，因为我得到的反馈一向都说我很大胆，从来不怕说出自己的想法。但是现在我明白他的意思了。"大胆和自信不是一回事，就像加班工作以保持很好的自我约束与安全地待在自主导向的发展层级上不是一回事一样。

至此，还有一个重要的数据需要采集——"休斯敦事件"是否导致人们对凯茜的评价变得消极了？结果很明确，完全没有消极影响，而且凯茜的老板还对她的价值给出了积极的评语："你的价值不在于你做了什么，而在于你的洞见。你的价值就是你本人，就是你在工作过程中呈现出来的你自己。"

我们在此暂停一下。在凯茜因疲劳过度住院，然后回到工作岗位两个月之后，我们作了第一次总结，看看她是否正处于解锁免疫的进展过程中。首先，这件事及其后果对凯茜消耗很大：她的心智模式被严重挑战，她典型的工作运作模式被打断，她那被埋葬的过去强力重现，她的生产力被搁置。她开始用自己新发现的能量和自信，去重新设定战略和计划的优先顺序。至于那些她要检验的大假设，她作出结论：那些都无效。当被问到自己的多种观察和检验有什么发现和结果时，凯茜说出了几条明显的发现。从这些内容中你能看到，她现在很少警觉地从别人的评判眼光的角度看自己，更多地从自我管控的角度看待事情。

> 我对"放下"的定义并没有什么不同。以前我是在拼命做事，而现在是要保持状态——大胆说出自己的想法，分享自己的洞见。如今，我需要保持有洞见，就好像如果我不再有洞见或不再相信自己的洞见有价值，就辜负了自己似的。
>
> 我的另一个大假设是"我假设一个很好的团队成员——每个人都一样——就应该付出110%的努力"。我现在依然这样认为，只不过这个百分比检查的对象发生了变化，完美并不意味着把事情做完了并确保一切都妥当。完美不是经历了所有事，它关乎概念、意图、思考框架。
>
> 我还有一个大假设是"我假设优秀的自己应该付出150%的努力"。我现在还是坚信这一点，只不过定义也发生了改变。即使这件事我只花了三分钟，也要把自己的能量和时间恰当投入其中。这里的优秀之处在于投入的时间与思考的质量。
>
> 我最大的大假设是"我假设即使存在崩溃的风险，付出110%的努力也是值得的"。这一条现在已经不复存在。

凯茜能够达成这样的高度的进展，与其他很多案例相比，她所经历的过程很戏剧化，也很紧张（是的，你肯定不需要通过进医院来颠覆变革免疫）。也许得益于"休斯敦事件"，她的心智模式变化很快。她自己这么看这件事，"我现在觉得生病住院未尝不是一件好事，否则我还是不需要真的倾听我自己"。但是我们假想一下，如果对大假设的检验没有来得这么剧烈，通过更具方法论的不那么剧烈的流程，在循序渐进的系列试验之后，她也会慢慢得到同样的领悟。我们从其他许许多多案例中都看到了这样的进展。

凯茜将新的洞见带入工作

也许是因为解锁免疫系统的进展太过迅猛，凯茜有点担心自己回到工作岗位之后能不能将新的洞见运用到实际工作中。她深知，虽然她已经改变了一些大假设，但在相当多的情况下依然很有可能情绪"失控"（举两个例子：有几个人就是极其容易惹怒她，她现在领导的项目依然时间紧、压力大）。她明白，必须把自己关于放下、增加价值、追求完美的新理解转变成具体行为。这意味着她需要发现新的方式，以与他人相处、安排自己的时间与日程。这些第1栏中的改进目标尚有很大的进步空间。

在回到办公室之前，凯茜制订了一个时间表。其中严格限制了她的工作时间，尤其是晚上的工作时间，并严格规定了锻炼的时间。关于第2栏中的那些大包大揽地做太多具体工作的行为，凯茜仔细思考了自己实际上能怎么改变，例如她应该找谁求助、哪些事情可以授权等。她在自己的办公桌和电脑上都贴上了纸条，上面写着问题："这件事有多重要？"以此来提醒自己，不要陷入那种认为所有事情都很紧急、都让她情绪紧张的下意识状态。凯茜也开始回到自己的连续统一进程，继续努力践行前进的步骤。

在总体上减少压力感要求凯茜继续对自己的工作质量保有自信，她在自己的连续统一进程中还加上了一条：问问自己，在运用新的心智模式时、在看到自己的不同行为带来的结果时，学到了什么？例如，凯茜需要检验自己是否能在坚持新时间表的同时依然认为自己在增加价值。这就像一个监控器，从中凯茜可以监控自己是否真的把时间用在正确的有所贡献的地方。几周之后，她的自我评估是这样的："我的时间表坚持得很好，我按计划离开办公室了。我能够适应这个过程，而且我依然感到自信，认为自己在作出贡献。"

凯茜逐渐发现，还有一些新的方法可以增加价值。例如，她的市场团队从不同的渠道得到了什么该说、什么不该说的信息，使得他们陷入了复杂的沟通中。作为首展项目的指挥，她需要去解决医疗部和法律部之间不断升级的敌意和对峙。发布市场信息不是一件容易的事情，既要是客户导向的，又要能够调和不同部门的不同观点，并得到市场部之外的人员的不可或缺的认可。除了不同部门的不同观点之外，有时候，个人性格特点也会阻碍达成及时的、优秀的决策。

让大家都安心的是，凯茜确实解决了这个问题。她意识到，如果自己不去促成沟通，工作进程就会被卡住。她这么描述："我觉得，这次我需要用上自己讨价还价的'洪荒之力'才能达成目的。我需要把相关的人都找来，创造一种流程，让大家坐在一起开诚布公地交流。其间，我需要有能力诊断到底是什么阻碍了人们达成共识。"

一方面，凯茜很感激自己在处理这个困难情境中的清晰角色；另一方面，她也看到这是一个过去马上就会让她发飙的典型情境。从一开始，每个人就情绪激昂，情形经常处于失控边缘。对凯茜的市场团队来说，情形更具压力，因为整整一年中市场部只能在很少几个事先设定好的时间点向销售发布市场信息，错过其中任何一个时间点都是不可想象的。要在过去，这就是凯茜的灾难，她会对某人狂怒，并且把这种怒火扩散到与其他所有人的沟通中，然后疯狂工作以确保事情能够完成。但这次，这些表现她一个也没有。值得注意的是，这次凯茜和团队实际上确实没能够准时完成工作，而在凯茜过去的心智模式中，这绝对是灭顶之灾。

我们问凯茜，是什么让她在如此不确定、压力巨大的情形下还能保持冷静。她说，她一直在问自己有什么是她能掌控的，并依此作出决策。凯茜的众多小决策中的两个决策，显示了她新的思考方式和运用可控因素行动的能力。第一个例子是关于凯茜的团队。当时他们终于从一个总经理那儿拿到了批准，必须按照特定的要求起草信息，"我要肯定自己不要失去正确的判断。当我听说最后的版本时，心想'这绝对行不通'。我把团队成员都召集在一起，对大家说我想要仔细阅读所有的数据，然后我要求每个人花一点儿时间快速地思考一下，这是一个激动人心的故事吗？每个人都思考了，大家认为'这绝对行不通'。于是我们集体写出了今天你看到的这个版本的故事。"

第二个例子是关于凯茜如何用新的方式管理时间和截止日期。这里，她回忆了自己是如何处理收到的一封邮件的：

> 我对自己说："这家伙的意思是我们需要把这一大堆东西变成一个演讲陈述，明天就要。而现在已经是晚上 9 点了！"于是我开始给他写一封措辞严厉的邮件。写着写着，我停了下来，问自己："这里我能掌控的是什么？"就在那一分钟，我想到"也许他并不知道事情的具体情况"。于是我开始跟他解释："目前我还没有拿到书面支持或批准的信息，而我最早也得周五才能拿到。你知道我必须有支持或批准才行，我能晚一些把演讲陈述准备好给你吗？"结果，他回答完全没问题。

凯茜的这种新的控制感完美地体现在她在最后一个颠覆免疫练习中的行为反应，她在这里完全展现了她所学到的新东西。这种情形本来极有可能把凯茜打回原有的免疫系统，即使是那样，她也有了很多方法能够挣脱出来：

> 总的来说，我有了更多的自我觉察和自我约束。我对那些引发我高度紧张的东西变得更加敏感，我能觉察到自己要开始高度紧张了。这时候我就这么做，赶在自己变得过度情绪化之前来打破这个循环。
>
> • 运用咒语"我要冷静"。
>
> • 运用减压球。
>
> • 当我感到情绪高度紧张时，进行深呼吸，在作出行动之前先反思一下。
>
> • 当有人说话激怒了我，我告诉自己：保持冷静和尊敬，这并非世界末日，你对情形是可以掌控的，可以以尊敬的态度聆听，然后礼貌地表达自己的不同意见。

- 当我觉得有什么不对劲时，我问我自己："是我出了问题，还是环境中的事情出了问题？"

- 当我觉察到自己开始变得紧张时，我问我自己："现在有哪些是我可以掌控的、哪些是我不能掌控的？"然后根据自己能掌控的部分作出我的决策。

- 我问我自己："什么事情有这么重要？非要搞到住院吗？"

- 关于自己的时间安排，什么能做、什么不能做，我有了更多的选项。

- 当我有一个很紧的时间期限时，我会告诉对方我没办法在那个时间期限之前完成，或者在那个时间期限之前我可以完成哪些、不能完成哪些；我也可能根据手头的工作量和其他工作安排，询问时间期限是否有一定的灵活度。

- 我会对自己说："这些是我能完成的，而那些是我不能做的，我需要确定事情的轻重缓急。"

- 在时间期限快到的时候，我问自己："有哪些事情我可以放弃，以确保我可以在时间期限内完成任务？"

- 我用一个方法检查我的日程安排：计划每天某个时间点一定要回家，而我大多数时候都做到了。当会议一个接一个的时候，我问自己："我真的有必要参加所有这些会议吗？"

- 当我打破自己的规定，无法在自己计划的时间回家时，我会给老板打电话，告诉他我第二天就不能去办公室了。他对此没有异议。

- 我问我自己："这件事真的已经重要到要危害自己健康的地步了吗？"

- 我很留意自己的价值增加和贡献（我不将自己的价值定位在产出上）。

- 我很留意自己在整个学习改变过程中体会到的自信感觉（释放自己的恐惧帮助我看到了自己的价值增长）。

当凯茜解释她是如何能够做到这些变化的时候，她揭示了另外一种掌控和选择自由。你能听得出来，这些变化不是自然而然地发生在凯茜身上的，是她主动作出了这些改变。

最重要的是，我意识到我的那些大假设来自于以恐惧为基础的操作系统。我很恐惧那些我爱的东西会被从我身边夺走，所以我不得不一次又一次向所有人证明我很优秀，这样人们就不会夺去我所爱的东西了。我的另一个领悟，是意识到被医学院拒绝一事如何让我担忧害怕了这么多年，这个对我也十分重要。我开始明白，我没有被医学院录取其实是对自己的一个映照，它在告诉我我有什么不对劲。虽然我从来没有说出来，但实际上我一直都在拼命"做事"，就是想确保这样的事情不再发生。把这个负担卸下，对我来说真是巨大的释放。过去我在情绪上负重前行，实在是太疲劳了。而现在我自由了，不再有那种感受了。

我能看到自己的价值不在于产出，这令我感到惊诧。我向自己证明，我的价值可以超出市场领域。我的整个经验使我看到：我能把工作做得特别好，不仅因为我在做什么，也因为我是谁，还因为我带到工作中的独特视角。我意识到，别人也在我身上看到了这些。

"休斯敦事件"对我的自我理解不啻一场灾难，那天特蕾莎很好地完成了演讲陈述，这件事检验了我是不是非得自己做这件事，确认了一个有着特别技能、知识、视野的我的独特价值。特蕾莎能够成功地陈述建议，是因为我起草了整个框架并制定了清晰的目的。我的独特价值在于计划过程。这个新建立起来的自信极大地促进了改变的发生。

我是一个相信科学的人，没有证据的事情我是不相信的。这个强制性实验——特蕾莎干得很成功——的结果证明：我的目标和愿景即使没有我也能够实现！

建构意义的新方法

我们以凯茜和大卫(第 5 章)为案例，并不是因为他俩是一些杰出的例外，而是因为我们看到在任何组织中都有很多人有潜能作出这样的同等量级的改变。我们希望你把他们看作某种"练习证据"，不怀疑你自己和你的同事们确实有可能达成如此深层次的改变。过去的这些年里，无论是在美国还是在美国以外的地方，无论是在什么样的部门，无论是处于职业发展初期、中期、后期的男人还是女人，在他们身上，我们已经亲眼见证了许许多多"凯茜"和"大卫"的故事。我们想特别强调的是，这样的变化不会自动发生，周围的学习环境需要与这些发展目标相匹配。如果我们期待运用传统的通常用来应对技术性挑战学习方法和技术来支持真正的调适性挑战，那我们肯定会大失所望、幻想破灭。

凯茜和大卫的故事都说明，任何这样巨大的投入支持都可能带来巨大的收益，你能看到他们最终达成的成果远远超出了最初的愿望。调适性变革的一个典型标志就是一个人得到的比想要的多得多，有句话是这么说的："好的问题把我们给解决了"。它们带来了不同的状态、增强了我们的能力、把我们抬升到一个新的层次、帮助我们形成了新的自我范式。就像哥伦布当年本来只想解决一个航海的问题，结果却发现了通向未知世界的道路。

凯茜最开始的愿望是更好地管理情绪，当然，她做到了这一点。而在此学习过程中，她也学到了如何做一个好的授权型领导，让其他同事完成更多的工作。但是，她所获得的新能力不是一张业务必需优秀能力的长长的清单。变革免疫技术使人们能够发展出一个更具复杂度的自我，就像我们在第 1 章中论述的，是有能力看到 (look at) 某事，而不是像过去一样只能通过某个模式看出去 (look through) 而已。当我们创造出某种距离和空间时，才能看见那些盲点，为之前让我们迷惑不已的那些东西建构新的意义。

我们帮助凯茜更进一步发展，进入了对新自我的编程。看起来，凯茜之前已经有一套运作良好的个人标准（虽然这套标准很严格），她已经建立了一套个人框架和过滤装置，来组织自身的经验。然而，在针对变革免疫的工作中，她发现过去的自我系统建立在了这样一个核心信念之上：我不完美，我有缺陷。虽然这一点没有出现在她的第4栏（大假设）中，但很明显，这才是她最大的假设，"我曾经经历了一些打击，我不得不用这种方式来做自我编程——保护自己以确保世界不会发现我的弱点，这样就不会夺走那些珍贵的东西。"

　　凯茜的变化是巨大的（"一块大石头从我身上卸下""不再活在恐惧中""能够看见［工作中］之前完全看不见的东西""既能看见森林也能看见树木"），而非常确切的原因是，她能够进行这种主体—客体之间的转换，这完全改变了她的认知方式。现在，她正在编写一个更具空间的、更少防御性的、更开放的自我，这样的自我基于一种稳固的自我价值感受，这使凯茜能够真正自由，成为自己的工作与生活的主人。如果你不需要做每件事来显示自己的价值，你就可以真的做到授权、寻求帮助，并且让别人发光闪耀。如果你不需要继续固守自己的瞭望塔以确保这个世界不会发现你的小秘密，那你就能够用具备更多可能性的角度审视这个世界，并为自己的生命带来前所未有的安宁与沉静。

第7章

来自 NASCENT 医药公司的案例：通过改变个人的变革免疫促成团队成功

在第 4 章中，我们曾经谈到过打破/穿越集体的变革免疫。在第 5 章和第 6 章中，我们主要论述了如何打破/穿越个人的变革免疫。第 6 章的一开头就提到，凯茜的个人改变挑战其实发生在整个市场团队启动变革的大背景之下，她的变化是整个团队变革的一部分。为了对团队的集体努力有个完整的了解，我们力图找到最高效的一个设计，这个设计能同时解决问题的两个方面——在整个团队的情境中促发个体的调适性改进，显著提升团队的集体绩效。

我们暂且把这家公司称作 NASCENT 医药公司，这是一家世界领先的医药公司，凯茜的老板查特被任命领导一个刚刚组建的高级别的市场部门。查特非常清楚，前任团队干得不怎么样，而他的当务之急就是要把新团队的所有成员快速地团结在一起，并且在不断变化的情境中取得成功。他们当时的工作任务是为一种新药制定一个清晰的、令人信服的市场计划，这种新药对 NASCENT 的战略增长至关重要。

查特一直都是一个精力旺盛、扎实肯干的经理人，因此他的老板让他来领导团队，完成这个充满挑战的任务。和凯茜一样，查特和团队的其他人都渴望成功。尽管团队里都是些聪明的、经验丰富的人，可整个团队看起来不像一个最佳团队的样子。

团队中，一半人是原来查特团队里的老部下，另一半人来自一个工作思路完全不同的团队，而且这种工作思路的差异在所有人看来都是显而易见的。查特的风格一向是深入参与和指令型的，而另一半人已经习惯于以前的上级的那种亲和的、低干预的领导风格。之前的这位上级曾经深得大家喜爱，她在并购的过程中离开了公司。两个小团队都为整个大团队带来了有价值的特质，但是这两种方式之间好像天差地别，他们应该怎么一起工作呢？

查特很快意识到了这一点，就像在许多并购案中一样，文化的整合是极其困难的。虽然这个新团队总共才 8 个人，但是时间紧迫，而且这个市场方案关乎 NASCENT 的战略重心。所以，查特同意团队寻求外部资源的帮助来促成整合。

查特让下面的一个小组规划一个团队建设的方案，这时候我们介入了。[1] 我们首先花时间和查特深入沟通，理解他的意图和愿望，然后与整个团队沟通，讨论我们从查特那里获得的信息，并计划提出一个我们如何与他们一起合作的方案。

我们向他们陈述了一个强有力的、以团队为基础的项目，以帮助他们打破/穿越自身的和集体的变革免疫，而这两个方面是彼此观照的。在整整 6 个月时间的项目过程中，我们和整个团队有一个两天的研讨会，然后是两个一整天的研讨会，中间穿插着一对一的个人教练谈话。在整个项目进行的过程中，我们会做一些调整，以适应我们随时可能遇到的新挑战和新情况。我们建议，在项目前后都要进行定性和定量的画像，以清楚描述团队现在的互动状况，并评测 6 个月之后团队到底有什么进展。项目结束3 个月之后，跟团队中的每个成员再次访谈，确定他们那个时候的持续性经验以及项目带来的整体影响。这个项目设计要求许多时间和精力的投入，他们管这个叫投资。他们必须决定真的值得这么做，只有这么做才能帮助他们学会如何一起工作，在个人和团队的层面上都能高效产出。最后，我们和他们同意一起踏上这段旅程。

团队最初的自画像

一开始，我们跟每个人都进行了一对一的访谈和问卷调查，结果表明这个团队严重缺乏信任。[2] 原因是什么呢？访谈和问卷调查的参加者的描述支持了查特的预感：整个团队分裂成了两个小派别，各自还抱守着以前的团队氛围。在小派别内部互相支持、信任良好，但是在小派别之间却经常是暗箭伤人，破坏彼此的信任。

几乎每个团队成员都同意，查特沟通的愿景和目标是清晰的、具有重大战略意义的、能实操的、充满能量的、很驱动人的，能够帮助产品取得成功。查特同时也意识到，那些来自之前的另一个领导者的团队的成员此刻的日子比较难过。一个很具挑战性的描述来自团队的一位新成员，他认为查特的风格是微观管理。他们认为查特"过分指导""经常过分追求高标准的细节"，觉得查特没有花足够的时间关注团队凝聚力，也没有足够认可大家、认可团队合作中一些人性的因素。大家基本有一种共识，就连来自之前的查特的团队的成员也一样：查特给大家设定的工作节奏太过密集了，他需要重新调整自己的工作－生活的平衡（原文是"起码达到某种平衡"）。

另外，在积极的层面，来自两个小派别的成员都同意：团队有着很高的工作道德标准和对产品的热忱，也拥有非常棒的人才、专业经验，成员能力的多元化极有价值。但是，如果想在这群如此能干的人身上建立某种真正的信任，还有两个方面需要进一步发展："不同的工作风格"与"沟通"。关于工作风格，有一个成员的话完美地代表了所有人的感觉："工作中，我们不理解更不欣赏彼此的差异。"

团队所有人都认识到，一个高绩效团队的核心就是能够高效沟通。他们明明知道这一点，但是整个团队犹如一盘散沙，每个人都在追求自己的目标。毫不奇怪，当团队沟通不畅的时候，经常是团队的领导者最痛苦。沟通高效顺畅的团队的成员之间如果出现问题和隔阂，他们自己就能妥善解决。但在其他一些情况下，例如新的团队、正在磨合的团队——就像查特的团队一样，外部的协助就变得十分必要。查特的团队的成员也意识到了这一点，认为团队的沟通还需要向前迈进大大的一段才行。他们自己是这样说的：

"我感觉仿佛我在对着耳聋的人说话一样。"

"很多时候我根本不知道应该跟谁在什么层面上沟通多少信息。"

"有时候我读着同事发来的邮件，完全不明白他们的腔调到底是什么意思。他们是不是疯了？以为我是他们的服务生吗？"

很多成员描述，团队的沟通是不直接的。大家不会彼此直接表达想法、思路、情绪情感，而是跑去跟查特说，或者通过查特来传达。即使真的有直接沟通，多数时候也是在表达充满着归因和假设的意见，而不是具体的数据。

那么，这个团队在沟通上的三大优势是什么呢？这方面大家没有什么共识，每个人倒是都写出了至少一条优势，其中包括：

"团队在努力提升沟通。"

"运用各种可能的手段沟通，例如邮件、语音留言、会议等。"

"公开的演讲技巧。"

"分享信息。"

团队还是有两个方面的特质对沟通大有裨益："对产品的热爱"和"愿意努力工作以解决问题"。那么，什么是提升沟通的最大障碍？毫无疑问，是"缺乏足够的信任"。

我们在这里暂停一下。当我们试图构建这个团队的画像时，也邀请了这个集体中的成员描述一个特定的人——他们的领导查特。我们这么做并不是想暗示这个团队的问题都是查特导致的，其工作假设是：团队是个体的集合体，每个人都以自己的方式导致了团队今天面临的挑战（不是以一种额外添加的方式，而是以一种互相作用的系统化的方式）。

例如，所有团队成员（包括那些之前就在查特的团队里的人，甚至包括查特自己）都描述查特很爱指导、经常过分追求高标准的细节。但是，人们对此的诠释却很不一样，随之而来的感受和反应也就大相径庭。那些"老部下"们即使不喜欢查特的这种领导风格，也觉得没什么问题。他们认为查特的指导是在帮助他们成长，促成一种不断改进的文化；查特追求细节是因为他非常关注产品的成功，并力图参与到其中。但是，"新人"们可不是这么看的，他们很难适应查特的领导风格，所以他们认为这是查特需要改进的地方。我们猜想，"新人"们有这种困难的核心原因是觉得查特这么做是因为对他们有看法。

不难想象，对查特的领导风格的这种诠释必然会导致不信任。想象一下这样的描述："他又来了，告诉我应该怎么做！他肯定是认为我完全不知道自己该做什么，不相信我有能力做好自己的工作。他还不断地追问细节，再次证明他对我的工作能力不信任。否则，他怎么那么需要微观管理呢？"

出现这些不同的反应是可以理解的，这也揭示了每个个体的意义建构（meaning-making）的力量，而个体的感知创造了个体的现实，因此查特并不是真正的问题所在。

那查特是不是问题的一部分呢？是的。作为团队领导，他是那个设定团队基调和文化的人。之所以这么说，是因为我们假定每个个体都是这个方程式中的一部分。为了体现这个观点，我们在访谈的最后提出了这个开放式的问题："关于团队目前遇到的沟通困难和挑战，你认为自己在其中起到了什么样的作用？"以这个问题为前导，后面将会启动每个人的 4 栏改进练习。

令我们印象深刻的是，这个团队的成员们都有能力和意愿坦承，在团队沟通不畅与缺乏信任的问题上，他们自己也担负着责任：

"我其实可以做得更好，而不是轻易就得出结论。我没有花时间好好去理解团队中的其他成员。"

"我们的团队有着防卫的文化，我自己在这里的问题是与一些同事的沟通很不直接。我认为人们的防卫意味着傲慢、不信任。"

"我应该好好去思考，搞清楚我的决定对其他人的影响。例如，我该问问自己'这个决定对他们到底有什么影响'。"

"我需要提高的是怎样用对方能够理解的特定方式传递信息。我有时太过于直接，只是把我的话直接说出去，对方接受起来很难。"

"我没有花时间去给予和接纳反馈。我的强硬会让人不快。"

"有时我收到让人恼火的邮件，会马上以牙还牙。其实我不需要有这样情绪化的反应。"

除了每个人至少写出一条自己对所存在问题的"贡献"以外，人们列出了很多会阻碍良好沟通的行为与态度。这些自我觉察准确与否是另一回事（我们将在后面论述这个问题），但是他们的回答显示了他们认为自己需要改变的愿望，这与变革免疫工作的要求不谋而合。

定量化的问卷调查的结果与访谈非常一致。总的来说，整个团队显示其在"业务"方面（愿景与目标，战略聚焦等）是最有优势的，而在"软性"的方面是最需要提高的。他们最重要的三个学习目标是：建立信任、更好的沟通（包括尊重彼此不同的工作风格）、提升团队学习。最后，团队还在提升目标中加入了一些非常有价值的内容，包括每个个体对自己在团队挑战中的责任的自我觉察、强大的工作道德伦理、既关注产品也关注人才和专业经验、看重人们的知识能力多元化带来的价值。

带着这个清晰的"项目前"画像，我们开始了整个团队的初次研讨会。

第一次研讨会：踏上旅程

因为最初的两天会议设定了整个项目的基调，并为整个项目打下了坚实的基础，我们会对其作一些详细的描述，这其中包括个人的变革免疫工作以及为什么我们作了某些抉择。我们还将在恰当的时候简略描述后面的两个开了一整天的研讨会，这两个研讨会是在第一次研讨会以及后面的个人工作之后进行的。

第一次研讨会上，我们想达成三个明确的目标：基于访谈和问卷调查的结果发展出团队共同认可的一个发展目标、制订出与上述团队目标紧密一致的个人发展目标、制订个人教练以后两个会议的日程。我们也想展现什么是好的沟通，尤其是什么是好的聆听。我们还想创造一种安全的氛围，让团队成员感到他们可以稍微冒一点险，以更深入地了解其他人。我们甚至希望团队成员能够真正发自内心地一起开怀大笑，哪怕只有一两次也好。

我们首先把所有的数据都单独向查特作了呈现，包括那些针对他个人领导风格的负面观点。得到他的同意后，我们把访谈和问卷调查的总结呈现给了整个团队，大家讨论得到的第一个共识是必须提升团队沟通。他们都同意，为了提升团队沟通，一方面，每个人都要和其他人进行清晰的、直接的沟通（大家同意他们彼此之间应该进行直接的对话，而不是通过查特传递信息）；另一方面，要创造一个互相支持和信任的环境。整个团队同意，他们需要做出以下行为来创建更好的信任：

- 认识到对方的意图是良善的。
- 接纳不同的工作风格。
- 相信彼此。
- 少一点"如坐针毡"的感受。
- 把别人的提问当作积极的，而不是在挑战你。
- 他们明确界定了信息的发出者和接收者的特定责任。
- 信息的发出者：开放、直接、真诚、及时、鼓舞人心、不带假设。
- 信息的接收者：假定对方意图良善、积极聆听、询问澄清式问题、对学习保持开放。
- 信息的发出者和接收者都需要有自我觉察：知道自己的优势与不足、意识到自己给对方留下了怎样的印象、询问自己是否正在阻碍良好的沟通。

接下来，对于他们所说的高效沟通具体是什么样子以及其目的是什么，大家认为很有必要讨论并达成共识。这时，团队得到了第二个产出：团队学习和工作效率是高效沟通的核心目的所在，如图7-1所示。

整个团队画出上面的示意图之后，我们进行了一次"共识检查"，这是一个很迅速的过程，会让所有人都看到团队达成共识的程度。在这个案例

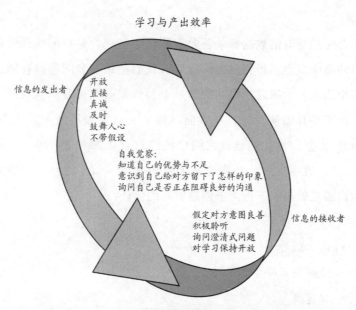

学习与产出效率

信息的发出者

开放
直接
真诚
及时
鼓舞人心
不带假设

自我觉察:
知道自己的优势与不足
意识到自己给对方留下了怎样的印象
询问自己是否正在阻碍良好的沟通

假定对方意图良善
积极聆听
询问澄清式问题
对学习保持开放

信息的接收者

图 7-1　NASCENT 医药公司市场团队的高效沟通示意图

中，我们检查了两个方面：一是他们是否认为上述沟通示意图的内容真的能为其目的服务（你在多大程度上认为如果团队的沟通提升了，团队的学习和工作效率就会提升）；二是作为团队中的个体，他们自己是否签字同意以此为蓝图，以这样的方式与他人沟通，同时也期待他人以这样的方式与自己沟通。第一个方面是是/否的选择题，第二个方面是评估自己的个人承诺（低、中、高），结果显示每个人都有着很高的承诺。

这两个共识奠定了我们即将在团队展开的集体与个人工作的坚实基础。他们这个关于沟通的描绘后面并没有加上什么新的东西——说真的，这个总结已经包括了高效沟通的常见举措。但是团队如此高效地描述沟通，而且很快每个人都同意，这件事本身就让大家感觉振奋起来。这样做，本身就是团队在清晰直接地沟通、以双赢的方式达成双方的期待的道路上迈出了第一步，给大家设立了一个共同的基准点和榜样：这就是我们所追求的团队学习和工作效率。

当然，从我们的角度来看，上述共识虽然非常重要，但依然更像第 1 栏中的改进目标，而不是实操原则。也就是说，我们估计团队中的很多成员在实际工作中坚守他们的共识时很有可能会遇到困难。如果他们的内心没有任何与上述共识相互冲突的承诺，他们也就没必要费神来讨论沟通中的挑战，并且当众允诺要改变。如果团队希望这些允诺不是像新年愿望那样终究会变成空中楼阁，必须了解成员的变革免疫系统。在我们看来，一个新的榜样和标准并不是坚不可摧的，其中有一些部分会被打破、改变，而我们需要识别并讨论这些部分。当一些共识被打破时——这是铁定会发生的——打破共识的行为将成为第 2 栏中的内容，就是那些与我们的改进目标完全背道而驰的行为。

对这些行为的讨论（以探索而不是责难的方式）将会帮助我们揭开这些重要现象下面的那些隐藏着的相互冲突的承诺，这是第 3 栏中呈现的内容。举个例子，我也许会发现我允诺要"相信对方的意图是良善的"，但同时我也允诺要"与之前那个已经被解散的团队里的好哥们儿保持团结一致"，这就导致我有时会过度保护我的哥们儿同事，而对那些我不怎么亲近的同事起疑心。

团队达成共识意义重大。而在我们看来，每个人都会在实践承诺的时候遇到自己才会面对的某种特殊的挑战，这同样意义重大。同一种技能，第一个人可能已经掌握，第二个人可能很快学会，但却是第三个人的调适性挑战！因此，我们需要邀请团队中的所有人去辨别他们在实现团队改进目标即高效沟通的方面最艰难的个人改变会是什么。

这个时候，我们邀请每个人思考，关于团队的理想沟通画面，他自己需要或者想要提升哪些方面以成为一个更好的沟通者。你现在肯定已经看出来了，这就是第 1 栏中的个人改进目标。这里唯一不同的是，我们要求每个人在思考自己的个人改进目标时必须基于整个团队的改进愿望——更加高效的沟通。我们给了大家充分的时间来回答关于自身的这个问题，然后请他们记录在自己的 4 栏表格中。

我们接下来做的与平常项目中进行的变革免疫练习很相似，但是还是有几个重要的不同之处。和往常一样，我们首先打好练习的基础，就是强调保密原则，之后要求每个人选择一个没有上下级关系的人作为伙伴，向伙伴解释沟通中聆听者和说话者的角色。然后，我们要求他们开始与自己的伙伴分享他们的第1栏中的内容[3]。我们在一旁观察他们的配对分享，能听到大家的分享是十分自由的。当我们觉得大家已经准备好了的时候，就会要求个人向整个团队分享他的第1栏中的改进目标。用这种方式，团队成员得以有机会倾听彼此，了解大家对团队沟通所担负的个人责任。

我们又一次加大了筹码（当然，是在考虑到投入—产出比的情况下），要求大家在对别人的改进目标提出想法的时候使用"敲敲门"原则。在这个原则下，一个人向同事反馈的时候要先"敲一下门"：反馈只是一个提议，是探询式的，并不是板上钉钉的。而接收反馈的同事要有完全的自由可以说"不，谢谢了，现在你还不能进门来"。于是，整个团队的每个人都在琢磨着怎样才能跟同事进行更好的沟通，同时也在看谁对别人的改进目标给出了最佳输入。每个人都需要遵循的一个指导性问题是："如果你的这位同事能在他/她的这个改进目标上取得进展，你认为这将如何促进团队的沟通并提升团队的学习和工作效率？"

结果，这个研讨会非常活跃、产出丰富。大家经常是在嬉笑调侃，但也对彼此给出了非常真诚的建议。查特是做志愿者的，他这样做向大家展示了如何对直接的反馈保持开放，同时也展现了透明带来的价值。不是所有人都对每个同事给出了输入或者问了问题，但所有人都从别人那里得到了输入，而且都听到了这些建议并看到了建议接收者的反应。当一个同事对查特的某个特定的改进选项表示赞赏的时候，还有其他类似的时刻，整个团队互相坦陈的程度达到了前所未有的层次。

让我们看看研讨会中得到的第1栏的改进承诺，这些承诺各不相同。大家轮流在一张大纸上写下自己的目标，并且可以因为得到的输入随时更新。为了让你体会一下当时那种个人自我坦陈的层次以及团队投入的热烈程度，我们呈现了下面的例子，这是两个人的目标不断更新的过程。

一个人是安东，他一开始写的目标是：

理解我的互动方式为什么会导致同事们认为我傲慢、不接受反馈，并且改变这种互动方式。

有人想更好地理解一下安东为什么选择这个改进目标，就问他如果改进了互动方式，他希望带来什么不同。回应了这个问题以及其他的一些意见之后，安东将目标修改成：

　　成为一个更高效的团队协作者。这包括：（1）对感知偏差（例如别人如何看我，我如何看别人）负起责任来，并积极努力地调整；（2）发现别人给我的反馈的价值，找到办法将其运用到我的工作中（包括我如何应对自己对负面反馈的过分敏感）。

另一个人是尼尔，他一开始写的目标是：

　　我承诺要聆听，充分利用同事的洞见和经验，尤其是在市场方面。我承诺要摒弃那些过去从自己的销售经验中得来的思维模式。

得到同事们的反馈和建议之后，尼尔将目标修改成：

　　我承诺要清晰准确地沟通，仔细聆听，根据听者的风格恰当调整我的沟通信息量。我承诺要充分利用同事的洞见和经验，尤其是在市场方面。

还有两个团队成员的目标，一个你们已经非常熟悉，那是第 6 章中凯茜的目标。下面这一个是查特的目标：

　　当某个项目或者某个人出现状况时，我承诺将只把我的情绪用在那个特定的情境中。我将直接面对问题，而不是把我的情绪渲染到其他的项目和人上面。这将帮助我更好地管理我的情绪状态，而且将对团队平衡起到积极的作用。

　　我承诺不即刻作出反应，而是去探索人们在想什么，同时积极地聆听，然后再给予有技巧的反馈。有技巧的反馈是指积极聆听并带着同理心回应。同时，在合适的时候，我将寻找进行教练辅导的机会，例如帮助个人探索是什么阻碍了他们的高效行动。

　　团队成员们完成了与团队要改进沟通这个目标相关的个人改进目标之后，我们就像往常一样继续进行 4 栏练习，就每一栏给出指导和样例，给人们充分的时间进行个人思考和随后的配对分享。当大家完成了自己的变革免疫地图时，有成员建议大家同整个团队分享自己的地图。考虑到这个团队的信任度比较低，我们之前并没有计划这样做。

　　我们为什么没有计划做团队的分享？通过之前的那些案例，你应该已经看出来，每一栏的思考和填写都是在"越来越接近本质"。之前团队分享了第 1 栏中的个人改进目标，这已经把团队的人际交流程度提升了一个层次。但那时，我们还不清楚如何才能判断人们对进一步的亲密已经做好了准备。而且那天已近傍晚，我们可没有足够的时间来应付万一出现的负面结果。我们就这些想法坦诚地和团队作了沟通，然后团队作出了一个集体决策：每个人可以自己决定是否参与并分享自己的地图。这里没有集体的任何压力，而查特也清楚地表明当天大家的行为与工作中的正式评估不会有任何关联。

　　然后，具有戏剧性的是，几乎没有任何犹豫，所有人都选择了分享他们的地图。也许有的时候确实有这种情况：因为有一些人已经展现出了更高的透明度，其他人迫于压力也只好参加。这种情况在这里也可能是真的。但是，在之后的分享过程中，团队成员们——即使是最后发言的几个人——都说道，他们毫不怀疑团队一定会取得成功的。大家在谈到自己的挣扎时流露出来的真诚，让人们深受感动。同时，看到大家都如此认真对待这个工作，人们又都深感欣慰。

　　那天我们最后的日程是要回顾已经走过的路，并展望未来的时间表，包括个人教练约谈和之后的两次团队会议。我们定好了一个为时 4 个月的历程，其中有 10 次面对面或电话约谈，主要是要在个人第 1 栏中的改进目标上取得进展。当个人和团队的进展出现并呈现出新的学习需要的时候，我们再安排团队会议。

总之，我们的第一次研讨会进行得怎么样呢？团队集体设定了他们最重要的目标，他们成功创立了一个团队榜样。每个人都确认了在这种团队目标之下的个人改进目标，并且很清楚在之后的个人教练中要做什么。但是，还不止如此，真正有意思的是他们在整个研讨会中袒露了自我：他们自己分享了免疫地图中越来越深入的四步以及其他的想法，而这些是在之前我们与他们的个人访谈中他们要我们一定要保密的，甚至一起哈哈大笑。他们彼此坦诚地交谈、倾听，在整个研讨过程中感受到越来越多的彼此尊重，而这正是建立信任的一个基本元素。

是什么使得第一次研讨会如此高效？我们感到是下面这些因素导向了成功：

• 团队在是否跟我们合作方面是有选择的（他们在选择与我们合作之前也面试过其他的顾问）。

• 团队接受了我们一开始的建议，用一种双向的方式——既看团队的进展也看个人的进展——来开始工作（团队没有被要求顺服一个从上至下的安排，而是可以有所选择，这是建立信任的一个契机）。

• 需求评估（或者说"项目前"画像）采用的方法是询问团队的优势和弱点，问的是每个人对团队状况的贡献，这种数据采集的方法也呼应了我们的整体框架（这是在强调每个人对团队都是有责任的）。

• 查特确实是团队进步的有力推动者，当我们跟他陈述团队调研的结果包括对他本人的领导风格的评论时，他依然能做到不设防并持续学习。

• 团队的改进目标与业务高度契合（这个改进目标的确定来自于团队之前做的一个优势差距的分析）。

·最后，我们从之前的个人访谈中就能知道，团队中每个人都特别渴望团队的成功，没有任何团队成员愿意把团队结果的标准降低一点。他们深知，如果组织想要达成销售目标，团队中的每个人都必须参与进来。他们相信，成功团队的重要基石是：任何一个人的失败都是团队整体的失败。

中期工作

我们接下来的意图是：抓住团队刚刚形成的势能和精神，在个人的发展目标上开始着手工作。此后的四五个月的时间里，我们主要教练团队成员如何颠覆自己的变革免疫。我们之前描述的凯茜的案例（见第 6 章）就是这种个体教练工作的典型代表，它包括一个"见证性"基线调研（请被教练者邀请同事对他的第 1 栏中的改进目标给出意见，第 5 章中大卫的那个调研表就是一个例子）、一个连续统一进程、对大假设的陈述、设计和实施测试来检验大假设、一个后续调研，以及最后的联结和发表（第 10 章中会详细描述整个教练之链）。

因为我们在研讨会上已经邀请了每个人对别人的沟通目标提出问题并给出建议，你很可能会疑惑我们为何还需要做个人的基线调研。我们考虑的几个因素如下：

因为对每个人的干预工作时间是很充裕的，我们希望个人的目标非常强有力、与业务高度相关，而人们可以在基线调研中表达一些他们在团队讨论中还没有自由表达的内容。[4]

基线调研是个体的起点，是别人对个体的关注焦点的公开记录，能揭示一些自己平时完全没有意识到的行为，别人认为个体如何改进这些行为将对团队成功至关重要。

因为评估在这家公司非常常见，这个调研让人们感觉到公司对个人发展非常重视。结合项目的后续调研，这就显示着对人们一定会进步的信念。

我们相信，这些准备会对人们持续地在自己的变革免疫上下功夫起到更多的激励作用。从参与者非常高的反应率和丰富的案例与陈述上，完全可以感到团队成员是非常看重这件事的（虽然在这个案例中，每个人都是一个同事的改进工作的伙伴）。得到基线调研的输入之后，有少数几个成员稍微改变了他们的目标，但是总体来说，要达成更高水平的沟通，这一目标主线是完全不变的。

我们从基线调研结果中得到的最大收获是：人们对工作的看法是如此不同，而对彼此的需要又是如此明确。换句话说，从最初的数据收集中，我们看到了一个共同点："在这里我们不欣赏彼此对工作的不同看法"。举个例子，你应该还记得人们是从完全不同的角度解读查特的领导风格的。再举个例子，一些成员清楚地要求得到正向反馈，并且他们从来没有被表扬过；但另一些成员完全没有这个要求，也不觉得从来没有被表扬过是一件负面的事情。

第二次研讨会：用新工具面对新出现的挑战

研讨会之前，我们形成了一个假设：如果团队成员能够更好地理解他们不同的工作模式，他们之间的信任就会大幅提升。理解行为偏好——每个人自己的行为偏好、团队中他人的个人行为偏好以及团队的行为偏好——成为我们这个开了一整天的研讨会的焦点。下面，简单描述研讨会之前的准备工作、研讨会本身如何进行以及研讨会之后的思考。

我们选择用 MBTI 来帮助团队成员理解彼此的不同。[5] MBTI 这个测评工具基于心理学家卡尔·荣格（Carl Jung）的理论，它描述了人们的认知偏好，而认知偏好影响着人们展现出不同的沟通风格。很重要的是，我们需要了解 MBTI 不是一个评判性的工具，它只是陈述各种偏好的不同，而每种偏好都有自己的优势与局限性，没有哪种偏好比其他偏好更优越。这个非评判性的框架让我们更容易不带防御地看待自己的偏好，并且不会以偏好来评判他人。

当我们理解了人与人的自然差异时，就对误解的存在有了更宽容的解读。就是说，误解不是我们的也不是任何人的"错误"，只是我们内在的不同需要和价值观的外在体现。也就是说，当我们清楚了自己的"文化"偏见，也就应该有责任不再盲目运用自己的本来偏好。取而代之的是，我们开始尊重他人的文化，并且开始通过理解他人的偏好跨越意义建构的鸿沟。概括地说，MBTI 可以帮助我们提升自我理解、提升在沟通中发送和接收信息的能力，同时也能提醒我们怎样调整自己的风格以对团队的沟通风格包括信息加工的偏好足够敏感。

为了达成上述目标，我们要求每个团队成员在第二次研讨会之前先完成 MBTI。[6] 同时我们也引入了推论阶梯这个工具（见图 7-2），以帮助大家理解为什么人与人之间会产生误解[7]。一方面用 MBTI 来理解个人自己的偏好，另一方面推论阶梯又是一个很好的工具，它帮助我们跳出自己的个人偏好并尝试用另一种思路来看待事情。推论阶梯显示了我们是多么容易就自动进入了评价模式、产生了不正确的信念、对他人轻易就得出了未经检验的结论，然后又轻易强化了偏颇的意义建构，并倾向于用这些偏颇的意义建构选择未来的数据。

清晰了解自己的推论阶梯，可以帮助人们放慢自己的推论过程，避免太快得出结论。集体运用推论阶梯，对沟通提升的影响力更大。这个工具除了能够展示人是多么容易作出不正确的意义解读（每个人多多少少都是如此），还能给出常模和建议，帮助人们检验自己的理解并更正错误解读。

运用这些工具的另一个目的是让团队成员将自己的风格偏好与自己的变革免疫联系起来。开了一整天的第二次研讨会中，焦点就是帮助人们理解他们自己的风格、理解这种风格怎样影响了沟通、练习那些与自己的风格偏好能够兼容并包的思考与谈话方式。团队成员们继续着自己的免疫工作，包括他们的连续统一进程（研讨会当天，不同风格的人之间的沟通也是一种进展）。整整一天的议程很紧张，但是大家都充满了浓厚的兴趣和极高的能量。人们兴致勃勃地去了解同事和自己的 MBTI 风格，而且对其他同事在第 1 栏的改进目标方面已经取得的进展表示欣赏。

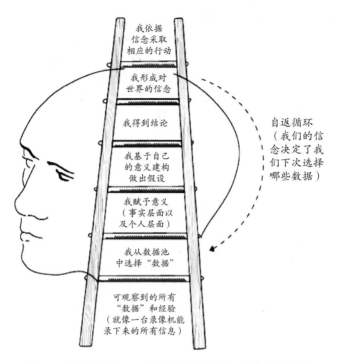

图 7-2　推论阶梯揭示了人们非常容易基于选择性的信息、
错误的假设和偏颇的结论形成不正确的信念

来源：R. Ross，"The Ladder of Inference,"in P. Senge，A. Kleiner，et al.，*The Fifth Discipline Fieldbook*（New York：Doubleday，1994），p. 243.

　　为了更好地说明，我们回到第 6 章凯茜的例子。你应该还记得，她的第 1 栏中的改进目标是"我承诺要更好地管理自己的情绪状态和情绪表达，包括：当某个项目或者某个人出问题时，我要让我的心烦意乱仅限于这个特定的情境中。我要只在这个情境中感到压力很大。我将尝试直接去处理这个项目或者面对这个人，而不要让我的情绪波及其他项目或其他人"。一旦凯茜理解了自己的 MBTI 风格，尤其是其中的"评判—感知"维度，她很快就能理解自己对人与人之间的差异为什么会反应过度。"评判—感知"这一偏好维度是一个连续体的两个极端，它描述了个体是如何应对外部世界的：一端偏好结构化的、可预期的风格（评判），而另一端偏好灵活的、调适性的风格（感知）。

　　读了第 6 章，你肯定能猜出凯茜有着非常明确、强烈的"评判"偏好，这使得她在计划好的、结构清晰的情况下非常舒服、工作非常高效。当她通过学习了解到公司里那些催她越来越急、越来越频繁的人（被她看作"不可靠的""永远也完成不了工作的"家伙）实际上有着"感知"偏好的时候，她很快就能够对这样的人说："怪不得有时我会觉得你真把我惹毛了，原来是因为咱俩在这一点上完全相反！"你当然可以想象，她的同事多么欢迎这样的谈话！

在这次研讨会之后，凯茜还将继续把这样的信息带入日常工作，尤其是当她觉得马上就要紧张不安、就要发作的时候。如果你读过凯茜的案例，你就会知道对她来说，问问自己能掌控什么、不能掌控什么是一个关键工具，会帮助她创造一个焦虑更少的环境，并在她体会到压力时知道如何去解读压力。凯茜理解了自己与他人的 MBTI 行为偏好，也知道了自己为何容易太快就对他人作出负面归因（运用推论阶梯工具），使她手中有了更多可掌控的处理手段。

第三次研讨会

我们的最后一次团队会议是评估团队的状况，讨论他们在集体层面是否真的已经成为一个团队，而在个人层面的初始目标又完成得怎么样；庆祝已经取得的进步，同时确认和计划工作中下一步需要发展的方面。以这种方式进行的这个部分并非项目的结束，而是将学习过程的主动权转化到团队身上，促使团队成员开始走向下一个成功。

在这次研讨会之前，我们将每个人的第二次个人变革免疫调研的结果发给了他们，也对他们作了简单的说明（虽然他们需要完成团队中其他每个人的问卷调查，但是再一次，每个人给出的回答都非常详尽、充满洞察。就像我们在第 6 章凯茜的第二次问卷调查中看到的，反馈总体上非常积极正向。与之前的"项目前"问卷调查相比，"项目后"问卷调查的结果反映出团队成员对其他成员的判断变化了，而且很多这样的变化是十分显著的）。除此之外，在研讨会开始前一周，每个人都完成了 18 道题目的"项目后"团队评估调研。这个定量评估工具与"项目前"的调研工具是完全一样的，我们将项目前后的数据综合起来，呈现他们取得的进展，同时也激励团队将其作为继续前行的一个起始点。

距离我们第一次和这个团队工作已经过去了几个月的时间，这个团队此时的自画像与"项目前"的画像看起来非常不同。图7-3呈现了团队在所有18个问题上项目前后的得分对比。在每一题中，团队用5分评估法来评估团队绩效的各个侧面。我们将每个人的评分综合起来，得到了项目前后的团队的自我测评结果。

项目前结果是，18个问题中有超过一半得分低于平均水平（3分）。高效沟通的得分是最低的（1.93分），其次是整体的信任、团队建设（2.21分）和组织的学习（2.22分）。个人的信任（2.71分）也低于平均分，但还是比整体的信任高一些，这意味着团队成员自己对团队的信任超过了他们所感知到的别人对团队的信任（只有一个人例外，他的整体的信任的得分超过个人的信任）。得分最高的是战略聚焦（3.86分），其次是清晰定义的目标（3.71分）和令人振奋的愿景和方向（3.57分）。

以上这些分数确实印证了我们之前的定性观察结论：这个团队在"业务能力"上很强，但是在"软性能力"和团队学习方面需要提升。

项目后结果显示：首先，除了之前分数最高的战略聚焦这一个方面以外，所有方面的得分都提高了；其次，分数提升最多的正是团队最需要提升的那些方面——高效沟通、整体的信任、团队建设等；最后，所有18个方面的分数都超过了平均分（14个方面的分数超过了3分，4个方面的分数超过了4分）。

如果要了解团队成员是如何看待自己的团队的，数据确实很有帮助。问卷调查结果能让我们明确知道团队确实在朝着希望的方向前进，但还不能精确告诉我们团队到底发展到了学习曲线的哪个位置。而在最后一次研讨会上，很多人的发言确实让我们清楚，作为一个集体，团队已经取得了大踏步的进展：

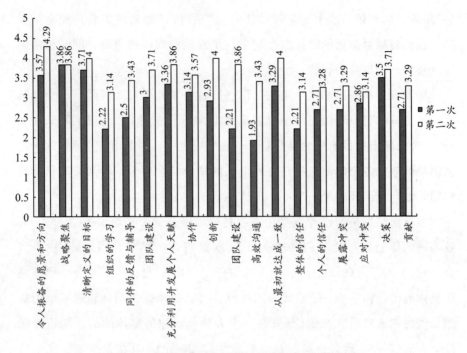

图例：
- 第一次（黑色）
- 第二次（白色）

各数据标签（第一次 / 第二次）：
- 令人振奋的愿景和方向：3.57 / 4.29
- 战略聚焦：3.86 / 3.86
- 清晰定义的目标：3.71 / 4
- 组织的学习：2.22 / 3.14
- 同伴的反馈与辅导：2.5 / 3.43
- 团队建设：3 / 3.71
- 充分利用并发展个人天赋：3.36 / 3.86
- 协作：3.14 / 3.57
- 创新：2.93 / 4
- 团队建设：2.21 / 3.86
- 高效沟通：1.93 / 3.43
- 从最初就达成一致：3.29 / 4
- 整体的信任：2.21 / 3.14
- 个人的信任：2.71 / 3.28
- 展露冲突：2.71 / 3.29
- 应对冲突：2.86 / 3.14
- 决策：3.5 / 3.71
- 贡献：2.71 / 3.29

图 7-3　项目前后的团队的自我测评结果(5 分量表)

在我们需要提升的领域，我们跳了好几级！这些成绩让我欣喜！

总的说来，我们的愿景和战略聚焦已经是不错的。团队建设的提升让我们能够提升创新和沟通。我们已经走在正确的道路上。

我们在整体的信任上取得了很大的进展。目前我们还处于中等水平，个体在这个项目上的打分有高有低，这意味着还有一些同事认为我们还没有完全达成想要的团队信任状态。只有每个人都感受到了信任，我们才能继续迈上下一个台阶。

我们有很强的愿景……但是我们还需要更多的时间来反思和学习，无论是在个人层面(例如从工作中学习)还是在团队层面(例如怎样才能在不要工作得更苦的前提下如"庖丁解牛"一般把事情组织好)。

在那个研讨会的上午仔细对比了项目前后的集体自画像之后，团队当前的工作以及短期未来工作带来的新的发展需求开始浮现出来。距离第一次设定改进目标已经过去了 6 个月，其间业务情境已经发生了变化。一旦团队形成了业务情境的一些重要方面与过去已经有显著不同的共识，大家就马上开始探讨他们应该怎样顺应业务之势作出改变。由此，团队确认了在下一个工作阶段应有的新的发展需求。

我们采用下面这种更新了的方式来帮助形成个人的下一轮改进目标：所有团队成员说出他们在已经取得的进展中最欣赏的部分；分享一个最显著的学习体验；作出对自己未来个人学习目标的公开承诺，而这些目标是与集体目标高度相关的；呼唤其他团队成员支持自己的个人发展。

我们从团队领导查特开始：

> 我承诺要创造一个激励人心的环境，以支持我们设定的发展目标。对我来说，这意味着在赋能个体与按时高质量完成工作之间达成平衡，这是一个不小的挑战。我希望大家理解我每天都不得不面对些什么——哦，我说错什么了吗？不说这个，我要说的是一个微妙的平衡。在创造一个赋能的环境方面，我要继续践行我的承诺，做一个好的聆听者、问出好问题而不是给出建议。我也希望有时候能后退一步，就像今天这样进行思考。我要作出及时的表扬，就算是用邮件或短信的方式也行。我需要你们帮助我的是开放地接收我的直接反馈，我知道有时候这非常考验你们的耐心，但我真心希望大家仔细听我的反馈，知道那绝对是来自我的善意。如果你有很好的主意、知道我怎样给予反馈才对你有帮助，请一定告诉我，我有很大的诚意听取你的意见。

现在听听其他人是怎么说的：

> 我承诺要继续我之前的改进目标（以对同事的风格合适的方式沟通）。在每一个与同事沟通的时刻（一对一或者团队会议中），我都要注意自己的语气和说话方式。之前，我在团队会议中曾经有过非常艰

难的时刻。我想那是因为我觉得我们一直在绕圈子，而我想要提出一个新的框架结构，但是那样就导致别人觉得我在假装权威似的。我的本意是想要提供帮助，但是给别人的感受却是我想按照自己的方式来。以后我要多问问题，例如："这是大家想要的吗？"然后让团队来集体作出决定，而不是由我经常跳出来，我没有必要运作一切。每当我进入了"权威模式"的时候，我们能暂停一下吗？大家能不能提醒一下我已经进入了那种模式？我需要某种提醒以停住那个从山顶上滚下来的雪球，同时这个提醒又不会让别人感觉不适。我不是说想让别人来为我负责，我的个人请求是：任何人只要觉得我进入了那种模式，就请提醒我一下，因为我自己经常没有意识到。

我经常过度沟通。我给别人太多的细节，邮件也经常抄送给太多人。我需要好好思考：在我不知道该怎么办的时候，到底给谁发送什么信息才是恰当的。如果大家收到我的信息，而那又不是你们需要的，请告诉我。我知道我在沟通中应该更加精确，得留一些东西在井里，下回才能打出水来！如果我沟通不清晰，麻烦告诉我，给我反馈，例如："你能不能用十个词说清楚这件事？"

在这个环节的最后部分，每个人都作了一个发言，告诉团队他/她个人需要团队给予什么帮助。人们理解，这样达成协定是朝着直接的、及时的、切题与中肯的反馈又迈出了一步。有几个人已经和团队中的成员有过这样的沟通，所以这对他们来说不是什么新鲜事。但这次我们是要将团队中的所有人都带入成长的下一个阶段：我们已经完成了一整轮的对个人目标设定与输入的收集，现在是大家都主动承担起责任的时候了，既全面负责自我的个人发展，也支持其他人的学习。

我们要求每个人都找到一个团队成员作为一起前进的伙伴。基于会上讨论的结果，会议之后我们给每个人发了一份个人目标的"学习协定"，而且就他们在伙伴之间可以怎样使用这份协定提出建议。每个人都至少预定了一次个人教练，在教练中，他们需要学习怎样将与我们一起工作时所学的东西转化到与伙伴和团队一起进行的工作和学习中。最后，我们邀请大家反思当天的学习以及整个项目。

那是我们最后一次和团队一起工作。3个月之后，我们与成员们进行的项目影响访谈显示，团队保持住了他们的进展，并且还在不断深化。

项目后访谈

我们事先就计划好了在团队的最后一次研讨会之后进行个人的教练约谈和项目影响力访谈，访谈聚焦于项目过程是如何影响个人和团队的改变的。这个访谈是在项目结束3个月以后进行的，所以我们可以看到哪里会存在"卡点"。访谈是由第三方来进行的，以确保成员们可以畅所欲言。第三方和团队成员会一起来揭示团队和个人两个层面的改进目标究竟进行得怎么样。

一些非常具体的描述让团队现在改进了的新的自画像跃然纸上，这是其中的一些例子：

> 项目工作极大地提高了团队的凝聚力。我们过去就是繁忙的一盘散沙，如果没有这个项目，我们是走不到今天的。每个人都有着改变的渴望——那时我们确实是那样的，而这个项目瞬间就把我们拧在了一起。人们一旦参与到项目中，就明白了自己应该做什么。

> 我们的小组会议越来越高效。看到人们的反应发生着变化，人与人之间有了新的联结，感觉实在是很好！在项目的最后，我看到了人与人之间开放、坦诚、真诚的讨论，大家把自己的困惑直接说出来。就像一个团队成员，有一次会议他未能出席，他会公开说出来他意识到自己的缺席给大家带来了消极的影响。

> 我的团队现在很有自信，我们有了更多的反思、更通畅的对话，而且从外部赢得了更多的信赖。

每个人也看到了自己的重要变化：

　　我在很多方面有了明显变化。我对沟通过程更加仔细小心，注意自己的行为对别人产生的影响。我能更好地管理自己，与他人更好地互动。我思考了自己的行为风格，分析在不同情境中哪些部分合适、哪些部分可能有问题。我现在在沟通中很有觉察了，即使没有达成预期的沟通目标，我也能很快注意到。比较困难的部分是不断用反思的眼光去看待自己。我经常作自我批评，这个过程强迫我去反观自身：到底哪些地方我对自己是诚实的、哪些地方我确实取得了进展、哪些地方我没有进步。

　　我在进入危险地带的时候会有觉察，自我觉察是我最大的、最有帮助的收获，我的改进目标是对人们的建议更加开放。举个例子，有一些人过去工作不够尽力，我们那时候有例行周会，在会上我就对他们很不耐烦、很恼火，根本听不进他们在说什么。现在，在类似的情境中，我有了更大的空间，允许别人发表他们自己的看法。其中一个人对我来说尤其有挑战性，我以前连和他在同一个会议室开会都觉得不舒服，而现在我发现自己居然开始有点喜欢他了！项目进行的这几个月中，我发现自己开始看到这个人不同的侧面。有时候他拿来的工作成果还是不够好，但是我会提醒自己不要对他猛烈开火。

　　这不仅仅是自我觉察，对我来讲，最重要的是洞察到人们是如何做到良性互动的。现在我说话和行动之前会思考一下，对不同受众的风格更加敏感。这虽然只是一个细小的变化，但是非常重要。我的进步并不是从 0 分到 10 分，而是从 8 分到 10 分，但是这进步的 2 分是很显著的。

也有一些成员对怎样才能保持持续性的成长不无担心：

　　我变得更有自我觉察了，包括能意识到我是在透过自己的视角看待这个世界，知道了为什么过去一些对别人来讲如此明显的事情我却完全没看到。不过，我要做到完全的自我觉察还是很困难，一旦事情多起来、我忙碌起来，就回到了过去的老模式中。

我对与他人的互动更有自觉意识了。我会思考我的人际技能，运用所学知识去注意自己的弱点在实际工作中会怎样出现。我虽然在努力改变，但是感觉压力很大——总是在意识层面保持觉知非常困难。

很多人在自己个人的与团队的改进目标之间看到了清晰的联结：

我对自己的与团队的工作成绩很满意，我们的互动也很不错……我个人的收获很多，我看到团队也收获颇丰。团队与个人的结合是强有力的，现在我看到自己的责任是支持、帮助团队，而不仅仅是关注我自己的工作，我对这一点的认识更加深入了。这个团队开始的时候经历过一个艰难的阶段，我一直很认可这一点，现在我更聚焦于帮助团队——同时也帮助我自己。

人们还是像过去一样来找我沟通，但是现在我们的沟通效率大大提升，而他们也对自己的工作更加自信。他们在成长，同时也很快乐。前几天有一个团队成员来找我询问建议，这次我用了不同的方式给她赋能——更多的协同、更少的指导。这会使他们思考自己的解决方案。我不再像以前那样直接给出答案，而他们也更加开放、敢于敞开心扉。

我们是如此专注于手头的任务，都没有意识到战役要想胜利，一半的努力应该来自与人的互动。之前我居然从没注意观察过我的团队的工作风格，这真的很有意思，因为自我的觉察和意识很明显是非常必要的。这个项目迫使我们暂停，花时间来做自我觉察。我是一个很能沟通的经理人，这帮助我容易破冰，可以花时间跟团队成员说"这是我目前要关注的事情"。

现在，你应该已经从头到尾完整地了解了我们和这个团队一起进行的工作，对他们的承诺也很清楚了。从上一章凯茜的故事中，你也已经知道，这个团队成功地做出了一个前任团队没能完成的高风险的产品计划。在这 6 个月中，团队的变革免疫项目创造了显著的改善，我们相信这些改善对组织层面最终的优秀绩效至关重要。那么，变革免疫项目是如何取得成功的呢？

我们从项目工作中学到了什么

在这个项目中，我们起始于信任这个话题，这是团队的核心问题。也可以说，由于没有足够的信任，导致团队成员之间无法高效沟通，也不能理解彼此不同的工作风格。这可以帮助我们理解是什么促成了信任（或者至少形成了一个工作理论）。我们的工作模型鉴别出，组织信任至少包括四个要素[8]：

- 尊重其他人在产生高质量的成果上具有重要的角色作用。
- 相信其他人有完成自己的角色职责所需要的能力（胜任力）和意愿。
- 既从专业的角度，又从个人的层面关心其他人。
- 人们在所说与所做之间存在一致性。

所有这些要素对 NASCENT 医药公司的团队都是非常重要的，我们从查特开始的原因是：作为团队领导，他是建立团队信任的重要力量。

领导的作用至关重要

在团队刚刚成立的最初两周，查特听到了大家对团队建设的需要，然后引入了必需的资源，让团队来决定希望跟谁合作。这个倾听的动作显示了尊重，团队中那些不是很开心的成员也看到了查特的领导能力的转变以及他愿意采取行动的反应，他并不是任由自己的团队痛苦挣扎。团队被要求选择一个顾问来合作以提升团队信任，这就不是查特一个人的事情了，成为顾问选择的决策者也让团队成员立即就意识到他们需要对项目成果负责。

在第一次团队研讨会上，查特又以极具远见的决策推进了信任的建立，那就是公开并讨论他自己的访谈结果，这些结果呈现了他的领导力缺陷。而且在这个讨论过程中，查特一直抱持不设防的聆听。他表达了对团队成员给他的反馈的理解：要求太高、微观管理、没有征求意见就作决策、没有足够的认可等，让自己脆弱的一面显示在团队面前。同时，他也分享了自己的个人改进目标，那就是不要太快作出反应，而是提问题并倾听以理解他人的思路，然后再给予指导和反馈。

这些行动为什么能建立信任呢？从本质上说，查特仔细聆听团队的反馈，这是对大家的一种尊重；而对团队的反馈采取行动，显示了查特非常看重他们的意见。在研讨会中，他本身就在"说到做到"地聆听、理解，然后再作出反应。在更加实际的层面上，查特对大家的具体反馈作出改进行动，也意味着他愿意承认信任缺失的一个关键要素——不同的工作风格。

长远来看，为了激励每个人都能理解和尊重他人不同的工作方式，包括他自己的独特工作方式，作为领导者的查特需要尊重他人的需要。他公开了自己的改进目标，这是一个大家理解了就能收到的信号：作为团队领导的查特把自己也看作需要改进的一员，他也需要更好地欣赏别人的工作风格，而且能够理解团队的成功并不意味着人人都得适应他的风格。另外，人们看到了希望：查特会发展自己的领导力，并且会在需要的时候展现出来。

第一次团队研讨会之后，查特继续实践自己的承诺：聆听、理解，然后再作出反应。这样的行动极大地促进着团队信任的建立：一方面，更多地采用探询的模式使得查特能够了解团队成员的真实想法，进一步加强了他对他们的能力和思考质量的信任；另一方面，由于查特的提问，人们不得不说了很多，使他发现自己对大家更加打开心扉、更加把他们当作完整的人来关注，而人们也感受到了他的这种关注。

我们工作的这几个月中，查特也一直践行着自己的另一个承诺：绝不用任何形式的（正式的或者非正式的）评估方式来对待人们跟他分享的个人学习挑战，不管是在第一次团队研讨会上还是在之后的工作中。查特的这种言行一致，就是对自己的承诺的最好展现（想象完全相反的一幅画面：如果查特不能在工作中信守自己的承诺，那么团队信任将会如何溃不成军）。

我们并没有感到查特信守自己的承诺非常困难。回头去看，对查特而言，这与他的一个信念好像是完全契合的，那就是：人们如果有机会，是能够也愿意努力取得个人目标的成功的。对下属的发展变化盯得紧紧的、条条记录在案，并不会增加价值，反而是一种干扰。在任何情况下，查特都不记录或评价下属的学习发展挑战，这样做再次确认了团队公认的价值观：为个人的发展创造安全的环境。

虽然团队领导在建立信任的过程中至关重要，但仅凭他自己并不能成功建立起团队的信任，这需要每个人的投入和参与。我们确认了团队发展的另外 6 个因素：

- 团队层面的目标是撬动团队发展的杠杆。
- 个人必须在与团队目标契合的个人目标上持续努力。
- 人们将关联性很高的"个人事务"带入团队的事务中。
- 有一种强烈的想要改善的集体动力和愿望。
- 团队的构造鼓励和支持个人学习。
- 学习结构适合于学习需要。

团队层面的目标是撬动团队发展的杠杆

团队决定要在沟通上下功夫，这很符合团队当时刚刚组建的状况，尤其是这还会让团队有机会去探索信任的课题。团队对于什么是高效沟通形成了一个清晰的共识，这让其早期有了一种互相联结的体验。虽然团队里有些成员之前有一些被伤害、不被欣赏的过往，但每个人还是很喜欢他们创造出来的高效沟通画面。作为团队第一个达成共识的产品，这个画面提供了一个安全的、高效的方法，让团队成员有机会说出他们之前产生那些不佳感受的原因。

和让团队成员自己定义沟通质量一样重要的是给他们责任感，让他们自己决定要往何处去以及怎样抵达。他们对于沟通中该做什么、不该做什么的清晰描述，与发展人际信任是高度一致的，而且他们也期待每个人都会遵循这些指导原则。例如，他们对说话者的指导原则是"开放、直接、真诚、及时、鼓舞人心、不带假设"，而对听者的指导原则是"假定对方意图良善、积极聆听、询问澄清式问题、对学习保持开放"。这幅画面提醒人们意识到自己对沟通难题其实都负有责任，结果表明，人们愿意而且能够负起责任来。

个人必须在与团队目标契合的个人目标上持续努力

在项目影响力访谈中，当我们询问人们是否感到自己的个人目标与团队的总体关键需要相契合的时候，每个人都回答二者的关联是非常清晰的，而且很多人都说这对他们相当重要。

"我们每个人的改进目标从根本上讲都是为了使团队变得更强大、互相更加关心、对工作更加关注。我自己的个人目标受到整个团队的互动状况的影响，所以这二者之间必须契合一致。"

"识别出团队总体的需要、优势与劣势，这真的很好。这只会促进个人的目标达成，并且帮助团队的互动。看向自己的内心很有用处，作为个人，我们有时候在为团队添砖加瓦、有时候则可能是在制造麻烦，但我们必须得知道自己在干什么。"

"我是这么看的：团队的需求其实来自团队中的个体。如果团队真的存在某种劣势，一定会对团队成员产生影响。我们的沟通需要提升，每个个体都要为此努力。当我们开始项目的工作的时候，我并没有觉得我硬把自己的目标和团队结合在一起——它们本来就彼此契合。我认为这是我们必须采纳的唯一正确方法。如果有一个个人完全不想投入的团队目标，我真不知道那样的目标怎么能实现。"

由于每个人都在高效沟通上努力，我们就可以在团队研讨会中介绍给大家一些工具和方法，以契合个人的学习目标。在第二次团队研讨会上介绍的MBTI，让大家以一种新的、更宽容的视角看懂了别人（尤其是那些经常惹恼同事的人）。MBTI加上推论阶梯，帮助大家理解了每个人是怎样在沟通中误读对方、造成误会的。这样，每个人都少了一些自我正确感，也能以更大的视野来看待人际互动。"我从来没想到我会是一个对人很严厉的人，当他们没有做好我想让他们做的事情时，我不由自主就严厉起来了"，类似这样的感想在团队中很有代表性，这表明人们开始意识到自己在不信任他人的方面是有责任的。这样的个人学习与成长，也就促成了团队目标的实现。

人们将关联性很高的"个人事务"带入团队的事务中

人们的"个人事务"与"业务"紧密结合，正是因为如此，"个人事务"在团队中得以分享，而且人们就什么是恰当的沟通形成了一个清楚的框架。从第一次团队研讨会开始，我们就很关注自我这个部分，而且这种关注一直持续存在于所有的团队研讨会。在第一次团队研讨会中，每个人都分享了自己的个人改进目标，这就把每个人的脆弱之处都呈现在了团队中。这使得人们可以看懂他人，同时被他人看懂，懂得他人和自己一样，每个人都是有缺陷的。这样，人们就能继续分享自己的整个变革免疫地图，包括那些彼此冲突的承诺以及大假设，而这些内容会揭示人们非常个人的自我保护需求。

这对团队信任是巨大而迅速的促进，因为这帮助人们看到他们自己以及团队同事为什么没有达成理想的沟通，而这些原因是他们之前完全没想到的。这使得人们不仅不再置身事外，而且变得更加柔和、更加关注他人。分享非常个人的信息也在以后的时间里加深了团队的信任，因为团队成员看到自己的同伴在非常恰当地使用这些私密的个人信息：他们听到同事们注意到并且欣赏自己的努力，而且最重要的是，没有人滥用这些个人信息。

我们同时认为，将关联性很高的"个人事务"带入团队的事务中、检验大假设、颠覆变革免疫系统这三个动作促进团队中的每个人在改进个人沟通的目标上取得成功。如果没有触及那些阻碍改进个人沟通的目标达成的内在核心问题，个人和团队都不可能取得如此显著的进展。能够恰当地将关联性很高的"个人事务"带入业务工作领域，这里的一个关键组成部分是自我反思。每个人都能勇敢地反观自身，并且对所见所得抱持诚实的态度。在第 6 章中，你能看得到凯茜为了颠覆自己的变革免疫所作的那种巨大的努力，也能理解她的内隐冲突性承诺如何使得她暴躁易怒。让整个团队有机会揭示每个人的变革免疫、进行大假设的检验、让大家看到彼此作出改变的意愿、认可和欣赏作出的改变，这一切形成了一个强有力的聚合空间，使得个人的学习紧紧地契合着业务的需要。

有一种强烈的想要改善的集体动力和愿望

这一点在一开始的时候就体现得很清楚，"我们中的任何一个人失败了，我们就都失败了"。所有人都在一条船上，需要齐心协力提升以达成团队的学习目标。首先，他们都知道自己需要提升沟通，并且意识到了这个需求的紧迫性。其次，团队自己定义了改进目标，也就要对这个目标负责。不是什么规定要求他们这么做的，也不是什么变革机构或者团队领导查特要求他们这么做的。取而代之的是，他们认为自己就是变革机构，查特一个人是无法创造这样的团队凝聚力的。

团队的构造鼓励和支持个人学习

团队的集体意愿和动力为个人创造了关键的环境，使得个人可以坚持自己改变的努力。在变革工作中，最常见的一个模式就是虎头蛇尾，尤其是当变革过程中不断出现现实挑战的时候，"没有足够的时间"是最标准的借口。在这个项目中恰恰相反，即使面临很大的工作压力与时间压力，团队中的每个人也都还在持续地为个人目标和团队目标作出努力。[9]当我们回顾是什么让大家如此努力时，查特认为：

> 最重要的事情是我们确保了团队中的每个人都感到了某种需求，而且最终会得到某种成长。我们刚开始建立团队时，确实有一些痛苦的征兆，我们必须解决这些问题。我们想要得到一些外部的支持力量，但我们也意识到这是在本来就已经很紧张的工作时间表上又加上了一些额外的工作。每个人都很忙碌，所以至关重要的是团队要真正认识到我们需要这么做、明白能从中得到什么并将能量保持下去。

如果没有周围的工作团队的结构化支持，个人是不可能颠覆自己的变革免疫体系的。但如果我们知道努力的目标、我们彼此都有要改进的目标并且都在这个过程中、我们经常互动并且互相给予直接、及时的反馈（有时是我们被自己的大假设控制住了，有时是我们已经在采用新的更高效的模式进行沟通），这样的一个团队就使得每个个体都能够在自我提升的路上走得很远并坚持下去。我们希望别人把我们看作负责任的、能高效产出的人，我们都希望自己是这样的状态，"我们承诺了要改变的东西，而我们正在改变中"。

整个团队的集体动力也让个人彼此之间有了责任感。每个人的目标不是那种可有可无的事情，因为在整个团队中，其他人都有赖于所有个人的目标。不仅如此，每个人都明白，团队所有其他成员都清楚地知道他的个人目标。这种彼此清晰的个人目标使得团队成员之间可以随时自发给出相关的反馈，这种来自他人的压力和激励也是个人能够继续为目标努力的一个巨大动力。

其中一个团队成员最后的反思明确指出了这一点，"坦白说，我觉得我们的学习不可能是孤立的，你需要在团队内完成这个动作。我觉得单独的一对一教练过程对自我改进来说其实有点孤立，没有带来那种是否真的发生改变的压力。在团队中学习更加高效，因为你的行为直接影响着其他人，而其他人会给你反馈的"。

学习结构适合于学习需要

不同的学习需求会花费不同的时间，需要给予一定的空间、运用不同的学习材料和资源。对时间、地点、学习材料的概念规划和细节取舍也很重要。

最开始的时候，查特和团队就知道他们面临的问题（不管是什么问题）不是他们自己就能解决的，因此他们引入了外部资源（就是我们）。他们也知道这个问题不是一天两天就能解决的，因此即使是在日常工作任务已经非常紧张的情况下，他们也准备好了要花些时间来作出努力。

他们提前约好了时间，而且让团队成员都明白这些团队工作时间是神圣不可侵犯的（你完全可以想象，要让所有人都全情投入到一整天的团队研讨会中，这是非常有挑战性的事情）。除了给了大家这些时间不可动摇的感受以外，事先约定好每次会议的时间也给了大家一种清晰的对时间进程的期待。如果你参加过音乐课程，你就会知道那种准备好进入下一级课程的期待感。清楚地知道在 6 个月中我们何时会一起工作，让团队成员能够保持专注，并且为参加下一次会议做好准备。

我们应该让每次会议——不管是团队的还是个人一对一的——都足够安全，同时也有足够的风险。这个项目让我们认识到，既支持又挑战是对发展最有助益的。我们把会议之外人们在日常工作中用得上的优秀行为树立为榜样，以使团队成员之间互相理解和欣赏，这样做是为了支持团队的整体目标。同时，我们也搜集和分享了一些数据，以帮助人们发展自身的某种能力，这种能力使大家能够看到自己和团队还可以在哪些方面继续改进。

NASCENT 团队反思认为，一个提升能力的设计并不会立即就产生最佳效果。实际上，在充满压力的真实工作中，是那种非人工设计的时时刻刻存在的工作使得人们想要努力产出、改进自己。同时，当大家都这么做的时候，整个团队的绩效也随之大幅提升。

　　下面的几章，你将会看到一些不同的人在不同的地方以他们自己的方式进行变革免疫工作，你也许已经开始琢磨着要在自己或者团队身上尝试一下。在本书的第三篇，我们将与你分享对打破/穿越变革免疫的关键要素的理解，同时帮助你对自己的情况进行诊断。

第三篇　为你自己或你的团队
诊断并打破/穿越变革免疫

第 8 章
释放潜力

三种必需要素

人们经常问我们："你们是否发现有些人比其他人更适合使用你们的方法取得进步？"这个问题通常伴随一些不确定的或者不太确定的假设。他们会这么说，"我敢打赌，这个方法更适合女人"或者"更适合欧美人，而不适合亚洲人"，或者"更适合社会部门的人士"。然而，正如本书涉及的案例显示的那样，所有这些假设恰恰都是站不住脚的。

但是我们注意到，有些人确实更擅长打破/穿越变革免疫。大量证据表明，人们与三种要素（为简便起见，我们将其称为"胆识"、"头脑和心灵"、"技巧"）联系越密切，他们的变革效果就越显著。我们将依次研究这些要素的隐喻。

要素一：胆识——推动变革的重要动力

一个人如果想真正开始并坚持其发展训练，他必须非常渴望完成其第1栏目标。仅仅拥有"有道理"的目标是远远不够的，即使这个目标背后有很多令人信服、富有逻辑的理由。理由能够增强我们的变革动机，但不足以帮助我们跨越关键的界限。理由属于内在交谈的"应该"和"可能"范畴，我们还必须体验足够的需求或欲望以及内心的感觉，这就是为什么我们说它们来自胆识（gut）。

我们曾看到，有人在第1栏描述他们的首要自我改进目标时认为实现这些目标对他们"重要"或"极其重要"（在5分制中评分为4分或5分），但他们最终决定不追求这些目标。为什么呢？他们可能不会说放弃，却几乎总是设想变革会带来各种不愉快，而没有勇气去接受这一切。通过他们的免疫地图，看到若想达成目标必须要改变其自我保护的承诺时，这些人是如此惊恐，以至于他们立即重新评估了目标的重要性。就在一个小时前，实现一个目标的重要性的评分还是4分或5分，现在它却突然变得无关紧要了。这也是人们解决冲突的一种方式，它来自有足够大的胆量认识到：自我保护的代价过于昂贵而难以为继，使深切渴望的目标取得进展全无可能。

我们在第二篇中探讨了大卫和凯茜的成功故事，他们认为完成自己的目标不仅仅是"非常重要"，对他们而言甚至是绝对必须。换句话说，他们开始不能再容忍无法实现目标。听之任之已经不是一个可行的选择，他们已经不堪重负，意识到并已经为维持现状付出了高昂的代价。

我们的胸中之火的一个主要来源是感觉到如果不变革的话，就会将自己所爱的人或所关心的事物置于危险境地。在撰写这本书的时候，我们正与一位成功的商业领袖弗雷德合作。最初他出于单纯的职业目的制作了一个4栏免疫地图，并将"成为更好的倾听者"作为改进目标开始训练。但几周之后，他意识到自己糟糕的倾听能力正在伤害他的女儿和他们之间的关系，这给了他颠覆自己的变革免疫的巨大动力。听到女儿的治疗师暗示女儿的举止可能与他和他的情绪低落有关，他的心都碎了。他第一次看到自己如何让女儿失望，于是他下定决心，要颠覆自己的变革免疫。

因此，为了减轻自己或他人的痛苦而产生的本能的紧迫感是个人变革的一种常见的驱动力。自我效能感是另一种驱动力，包括对于"为了完成想要的变革，我们能够做什么"有个概念。我们也许有一个关心的目标（可能是舒展自己、追寻激情、弥补不足或者提升能力），但如果我们不能从内心深处觉得有能力完成这一目标，或者并不确定自己的能力是否足够，我们就不会为努力实现目标而付出行动。

对于这些人来说，了解关于自身的真相这一激发常会促使他们做好改变的准备。当他们发现自己的免疫系统时，一扇他们未曾预见的门就此打开，揭示了他们是如何限制自身发展的。尽管他们最初的反应可能是沮丧，但许多人也同时感到有一种希望和机会，因为他们最终明白了削弱自身的各种行为的根源。

这正是与我们合作过的一位女士在描述她成功应对自己的变革挑战时对转折点的感受，安娜(Anna)是终身教师兼系里的副主任，当我们请她反思自己的训练过程时，她这样回答：

绘制免疫 X 光片的会议帮助我解放了自己，不再去做别人的工作，因此我可以做好自己的事情。我以前参加了太多的委员会，在这些委员会中我的职责很多，却没什么权力，只是收拾同事留下的烂摊子，我被迫参与的研究、合作与自身的兴趣关系很小。4 栏训练使我茅塞顿开，让我独自踏入相对未知的领域，这意味着要有信心设定并努力实现自己的目标。回想那次训练讨论会，我觉得它开阔了我的视野，并赋予了我力量。我得到了自己的许可，想走一条不同的路。

安娜的顿悟是：当她想到自己的内隐承诺时，发现了她因无意间做了别人的工作而使自己痛苦的真相。她谈起了自我发现的方式：

我的自我发现是从我进入第 3 栏开始的，我写下了自己的恐惧——我的工作可能不够好，我容易犯错和不完美。而当我大声读出这些恐惧后，我自言自语道"哦，天啊"，然后产生了一种低落的情绪，这些担忧是真实存在的！我知道我必须特别注重他人对我的工作评审，因为在这里同侪评审就是一切，你必须适应同侪评审的状态。你可以天真地犯错，但只能有一次，否则你必须打造一副保护自己的盔甲。我想别人可能觉得我坚强、有韧性而且不知疲倦，但我自己并不这样看。

所以我现在的情况就是这样：我对工作感到沮丧，因为当我拥有所有我想做的事情时，却把大部分时间用于做别人的工作。然后我开始看到：我之所以参加这么多委员会并对每个人说"可以"，是因为我觉得做他们的工作比做我自己的工作容易！而我之所以这么想，是因为我担心自己的工作不够好！

借助她的新领悟，安娜在绘制免疫地图的会议结束之前就已经制订了工作计划，以实现自己的工作目标，"在那次会议结束之时，我认为我需要更加自信。为了摆脱其他事务并专心做自己的工作，我需要挤出更多时间、创造更多机制。我想，如果我能腾出时间做好自己的工作，我将会获得更多好评。"

我们忍不住想告诉你她的努力结果，请往下看：

我今年参加了一个享有声望的研究员项目，目前正在和一家著名的教材出版公司就一项有关遗传学的创新学习材料的图书合同进行谈判。我已经提交了与该项目相关的国家科学基金资助申请，基金委员会对我的计划评价良好，所以我对赢得该项基金非常乐观。我正在写几篇关于这种新方法及其对理解遗传学的影响的论文。如果你在几年前就认识我，你会知道这对我来说是个彻底的转变。我现在激动、兴奋，而不是像以前那样总是痛苦万分、脾气暴躁，这种良好的状态将对我的余生产生积极的影响。我饮食更好、经常锻炼，一切事情都步入了正轨。

所以，有胆量的感觉可以使我们准备好采取行动，这或许是因为维持现状的代价已经变得不可容忍（对我们自己或对别人），又或许是因为我们在之前一直不清晰的前进道路上突然看到了希望。胆识的第三个来源可以是个人的深度差异体验。

在这些情况下，人们感到有必要解决他们自己看到的明显差距，差距可以是认知的、情感的或行为的。这可能会导致一个人对自己的感觉很不好（例如"我想戒烟，但现在抽得和以前一样多"），而另一个人对成为自己渴望成为的人感到兴奋（例如威尔士手机销售员保罗·波茨［Paul Potts］，他坚持不懈地追求当一名歌剧演唱家的梦想，最终他成功了，并有幸为英国女王表演）。第1栏目标可能是去纠正不足之处（"成为更好的授权者"），也可能是实现更全面的自我发展（我们曾经与一位成就斐然的高管合作，尽管他即将退休，但为了自己的成就感，他仍然热切地想提高其辅导能力和"幕后领导"的能力）。

对许多人而言，不管处于哪种情况，只要看到自己如此矛盾（一脚踩油门，一脚踩刹车），都会激发改变的胆量。正如心理学家威廉·佩里（William Perry）所说："有机体善于组织，人类这一有机体组织了世界。"如果你将一幅差异明显的自我组织图像放在人们面前，它通常会引起他们的高度注意。

我们的胆识是推动我们前进的源泉——我们内心最深处的渴望给予我们动机和能量——促使我们迎接各种调适性的变革挑战。就算人们迈出了变革承诺的第一步，他们仍然需要坚持这条道路的动力源泉，这就是下面要介绍的两个要素。当我们开始体验变革本身带来的嘉许时，这两个要素就产生了。

要素二：头脑和心灵(head and heart)——变革训练必须同时结合思维和情感

在每一种调适性挑战中，问题领域既包括我们的颈部以上，也包括我们的颈部以下。对于任何特定的心智复杂度层级，变革免疫都会表达出不同水平的心智复杂性的思维和感觉特点。我们需要从这两个维度着手（如"将情感和思维相结合"小节所示），以便实现真正的调适性的变革。我们的感觉方式是问题本身所固有的，因此大量的思考或努力本身都不足以解决调适性的问题。而且我们的感觉方式与知觉方式之间有着错综复杂的联系，因此如果我们的感知没有发生变化，我们的感觉也不会发生变化。我们需要一个更大的情感和认知空间，在这个空间中，我们可以体会调适性挑战的内在冲突和矛盾并非不可避免和难以解决。

将情感和思维相结合

还记得第 5 章中的大卫吗？他的目标是"成为更好的授权者，更好地集中精力以关注少数关键事务"。从表面看，这个目标似乎相对简单，不涉及情感因素。然而进一步观察大卫的免疫 X 光片，我们能够看到其目标本质上是一个调适性挑战，因为授权和他的身份特征紧密相连，与他关于有效领导力的信念也有关系。回想一下他的大假设："我觉得缺乏行动的领导力是'高高在上'的，没什么价值。如果我不亲自做这项工作，我会离开，变得自私、懒惰、被宠坏并失去自尊。"

大卫要有意识地从这种假设中解脱出来，就需要重新定义有效的领导力——不仅要在思想上，还要在内心深处。这样，他才能继续尊重自己、自我感觉良好、忠于自己的根基，并做一个好的授权者。

换句话说，大卫要想改变他对领导力的观念，必须处理好自己的感觉，即当他甚至只是想到要背弃他长期认同的优秀领导力的定义时就会立刻浮现的那种觉得自己不忠诚和自卑的情绪。

变革免疫中反映出来的心智模式并不仅仅是一种认知现象，正如我们前面所说，这种心智模式也是一个出色的焦虑管理系统。篡改它意味着篡改经过精心调校、经久耐用、存在已久的仪器，这个仪器使得各种危险无路可逃。我们之前说过，每个免疫系统都是一种智能力量，它旨在保护你——正如你所知道的，甚至可以拯救你的性命。你会在这个定义中了解到头脑和心灵是如何疯狂协同工作的。

当人们看到自身的免疫 X 光片时，他们肯定会立即注意两个现实——他们照顾自己的方式所带来的好处以及为此付出的代价。应对调适性挑战是头脑和心智综合考虑的结果，是对成本和收益精确分析的产物。了解是否有可能在追求变革的同时思考和感觉到我们仍然安全，是变革的根本挑战。这就是我们所说的在焦虑中进行训练：我们的思想转变到对立的另一方，有了新的领悟，即世界的运作方式与我们曾经想象的大不相同，且我们做之前认为不可能做到的事情时依然能够安全，甚至会收获更多。我们发现自己不仅能够存活，还能蓬勃发展，这一发现是对风险和收益重新衡量的结果，它同时需要"思考我们的感觉"以及"将我们的感觉转化成新的思考方式"。

为了更具体地说明这个问题，让我们看看凯茜（在第 6 章介绍过）是如何经历这一转变的。表 8-1 显示了当凯茜无意识地受限于其完整的免疫系统时（"之前"）以及推翻它之后有意识地释放时（"之后"），她从他人以及自身得到的收益。在这两种情况下，她都有所获益，但关键区别在于：后者的收益没有阻止她实现其愿望，即更好地控制自己的情绪。这些描述与凯

表 8-1　凯茜的收益：之前和之后

收益	当她受免疫控制时	当她摆脱了免疫时
凯茜从他人那里得到的收益。	• 我被视为灵魂人物，队友们一直依赖我，相信我可以出色地完成工作，他们觉得我值得信赖。 • 我被其他人视为团队榜样（尽了 110% 的努力并确保每件事都做得完美）。	• 我仍然被队友们视为可靠的，"我是谁"比"我做了什么"更受到尊重。 • 我不断收到有关他们何时认为我正面临高压的反馈。 • 我经常收到关于我的工作的具体反馈，以及对我对团队的贡献的感谢。
凯茜从自身得到的收益。	• 我避免感到自己没有能力，并避免别人抢走我喜欢的工作。 • 我知道我可以提供完美的最终产品。 • 我知道我一直在尽其所能，因此不能或不会让我的团队失望。 • 我成功地向别人隐瞒了我的不足之处。	• 我充满自信，因为我真正了解了自己的价值，所获得的满足感增加了，不再总是担心珍贵的东西被夺走，不再从内心深处觉得自己能力不足。 • 我觉得我自己的价值是内在的，而非外在的（以前我一直在"做"事情，现在我是在"做我自己"，在我的经验和教育的基础上相信并使用我的独特见解，以便生产出色的最终产品）。 • 我很高兴能够按照自己的理解来决定应该做什么和如何做。 • 我不用担心精疲力竭，我会问自己："这件事我能控制什么、不能控制什么？"并根据自己能控制的东西作出选择。

茜改变情绪化的反应并行存在：一方面她不寻求帮助，不拒绝别人以及超负荷工作；另一方面她想有效地控制情绪，分清工作的轻重缓急以及学会拒绝自己和他人。

下面看一看大卫经历的风险和收益转变。回想一下，大卫想做个"实干家"，而且不寻求他人的帮助。他最初对这种想法感觉很好，然而随着时间流逝，他发现有选择性地做事并专注于核心事项会带来更大的好处。他意识到自己可以在之前被摒弃的世界里积极享受，并且对自己感觉良好。表 8-2 简略描述了他的这一转变。

表 8-2　大卫的收益：之前和之后

收益	当他受免疫控制时	当他摆脱了免疫时
大卫从他人那里得到的收益。	• 他们将我视为一个聪明且善于解决问题的人、一个可以做得比他们更好的人，我因此获得了他们的尊重。	• 人们很高兴知道发生了什么事、我们的方向是什么，以及我们为什么要实现目标。他们还认为，能让自己作决定真是太好了。最好的是，人们来找我告诉他们有关如何以不同的方式前进的想法。这令我非常满意，比独自完成一项任务满意得多。
大卫从自身得到的收益。	• 我避免感到自私、懒惰、被宠坏和高高在上。 • 通过自己完成个人任务，我感到很重要，也很有价值。这使我高效，与人联系起来。我正在做一个关键的工作，我感觉成为一个明星很好。 • 我感觉自己与工人阶级的根基保持一致，继续作为一个可以弄脏自己的手(并且比其他任何人都做得更好)的人，即使我现在也是"穿西装"的老板。	• 通过花时间寻找方法来帮助我的员工更有效，我感到这很重要，也很有价值(我发现自己更多地关注我的员工所取得的成就)。 • 关于什么是高效，我现在有了一个新的概念，使我仍然忠于自己的根基(我不是自私，而是在帮助别人)。 • 作为一个能够指导工作并优化执行工作的资源(人和钱)的领导者，我有了更强的自尊心。我有一个更清晰、更令人满意的领导实践，在该实践中，我不必为了知道正在发生什么而做事，但我确实需要知道正在发生什么才能指导工作。我并不一定要比我雇用的人更好，而且事实上，如果我那样做，我的工作就不会很好。

随着人们体验到前所未有的选择的出现，他们开始感到新的活力和希望。品味生活在安全无虞但显然大得多的空间中的可能性令人陶醉，并且是人们继续工作下去的动力源泉。新的思维方式允许新的感觉方式，新的感觉方式鼓励并验证新的思维方式。困在免疫系统中的能量现在可以释放，并且可以重新定向为感觉我们生活中不断增强的能力和控制力。新的能量引领新的行动，而某种特定行动进一步促进了适应过程，这将我们带到成功变革的第三种要素。

要素三：技巧(hand)——变革训练同时关乎思维模式和行为

无论我们实现目标的动力有多大，都不能仅仅通过思想或者感受就摆脱我们的免疫系统。康德曾经说过"没有概念的知觉是盲目的"，我们同意：思维定势确实创造了我们所看到的。但是，没有任何现实基础的观念是无力的，这也是事实。我们必须出发，开始采取新的行动。成功源自出手——采取刻意的、特定的行动，这与我们的免疫相违背，我们可以以此测试自己的心态。

我们从看起来最适度的行动开始这项工作。首先，我们只观察第 2 栏"实际上做得很多/做得很少"(违背我们的改进目标的行为)中列出的行为。这些观察使我们能够实时看到自己心中内隐的承诺和大假设，可以扩大我们的思维方式的其他方面。这些观察还可以使我们看到自己的大假设发挥作用的其他领域，反过来又可以进一步激励我们作出改变，因为我们看到的成本要比我们最初意识到的成本高。大卫最早的自我观察就是这样做的，正如我们在"观察行动中的大假设"中所看到的。

下一个"做什么"步骤涉及制定新的行为(我们的大假设会告诉我们不要做的那些行为)，以便获得有关我们的心态的有效性的信息。对要采取的行动和要收集的信息，我们一样需要目的明确。通过有意采取的行动来测试我们的思维方式、收集并解释数据，是我们用来判断意图与当前兑现能力之间的差距的核心手段。

观察行动中的大假设

回顾一下，大卫首先是有意识地观察自己如何继续接受更多任务，并避免要求别人帮助他，这些行为显然与他更好地授权以便他可以专注于最关键的事情这个意图完全相反。通过敏锐察觉他何时同意接受任务和不寻求帮助，跟他第一次绘制自己的免疫地图时相比，他认识到这种觉察带来的益处比他想象的要多得多。看着自己的行为，然后调整自己的内部经验，他能够知道"通过自己完成个人任务，我感到很重要，也很有价值。这使我高效，与人联系起来。我正在做一个关键的工作，我感觉成为一个明星很好"。他还赢得了团队的积极评价："他们将我视为一个聪明且善于解决问题的人、一个可以做得比他们更好的人，我因此获得了他们的尊重。"这些都是对他的第3栏中保护自己想要成为的自我（重要、有价值、一个明星）的承诺的丰富补充。

自我观察还使大卫看到工作不授权也是他的个人生活中的一个大问题。除了意味着侵蚀他的家庭时间外，他还意识到自己从未雇用过任何人做家务。他笑着对我们说："我很难授权修剪草坪！"他还告诉我们，让别人帮着熨烫衣服他也不舒服。

我们采取不同行动的全部目的是生成相关数据，以检验我们的大假设。我们的直接目的不是改善，而是获取信息。通过这样做，我们再次在调适性挑战的最佳范围内工作。通过了解到当我们终止自我施加的限制时预期的不良后果不会出现，我们发现有可能用另一种安全性来取代之前那些限制自身的安全性。不仅如此，我们还可能发现增加行为选择的好处以及在改进目标上取得进展会带来兴奋、成就和精通的感觉。这正是大卫认识到的，就如"检验一个人的大假设"中所描述的。

在变革议程上保持思维和行为一致并不容易，两种常见趋势（仅支持一个或另一个维度的变化）突出了难度。我们先来看一下行动趋势，有些人发现很难明确制定新行为的目的。我们已经看到人们的行为还有其他很多原因，包括想要向自己证明自己可以做某件事（无论他们的行为挑战是什么）、完成"它"或者勇敢地接受"它"，问题解决了（即使对于理解并接受

4 栏图的假设的人来说，也会发生这种情况，即行为是系统的症状，任何持久的改变都将要求系统变革）。就像患者过早中断青霉素疗程，因为痛苦的症状已被消除。许多人将特定行为的短期改变与目标的实现相混淆。

检验一个人的大假设

让我们回到大卫的案例，看看他的调适性工作如何将思维和行为结合在一起。在后续流程的几周后，大卫选择停止执行他一直亲自完成的某些任务，并要求团队中的其他人来处理这些任务。在寻求帮助之前，大卫利用他对人们的长处和偏好的了解来决定向谁提出请求。这样，他增加了人们成功完成任务的可能性。

回想一下，大卫希望更好地授权的一个关键原因是他可以专注于精选的关键问题。他阐明了自己的三大优先事项，并开始进行工作。

到目前为止，大卫的变革工作是行为层面上的。如果没有下一步，他的新行为将构成其调适性挑战的技术解决方案，即采取"变得更好"而不是"获取信息"的行动。但是，当他使用新的行为方式来检验自己的心态、收集有关自己作为领导者的数据，以及停止尝试完成所有任务而继续追求自己的优先事项仍然能够增加价值的能力时，他便开始能够调适性地实现自己的目标。为了使它成为一个很好的检验，他无法事先知道自己的感受。他收集的数据可能会强化他对问题的观念以及他继续保护自己的需要，或者开始导致他重新构造问题并减少或解决问题。

他通过对团队进行调查并观察随时间推移发生的事情来收集各种数据：当他给人们提供发光的机会时，他们完成任务的能力比他更好。他对他们的成功感觉很复杂（喜欢人们蓬勃发展，但也感觉自己受到"小小一击"），人们欣赏他对他人的处事方式更加开放的意图。他还想办法给出了起点和终点，并提供了合适的环境。他因而感到成功和自豪，他看到自己通过"划清界限"为团队带来价值。

他同时收集那些随着时间推移按优先顺序工作时会发生变化的相关数据：一开始他觉得他的工作不够大或不够个人化，但是随后他发现了新的更深层次的方法来与人联系，并有了更多的精力、取得了更好的结果。放下"关注细枝末节"，围绕正确的工作进行思考和计划，从而增加价值——所有这些都激发了他的兴奋和信念。

他最初的假设是："我坚信没有实干的领导力就是'高高在上的'和没有价值的。如果我没有亲手去做事，就背离了我的蓝领根基。我就会变得懒惰、被宠坏，自己都不尊重自己了。"在用新的行为测试了这种心态并收集了有关这些行为的结果的数据后，他修改了假设："我并不需要自己去做，我需要的是洞悉。我需要洞悉各个部分是如何契合在一起的，以确保全局高效运转。这无关具体的工作技术，我需要的是得到详细的信息。"

这是完全可以理解的矛盾。如果你想在 10 年内减掉 5 千克，而节食最终可以帮助你做到这一点，那么你很可能会认为自己已经实现了目标。但实际上你的目标不是减掉 5 千克。许多人（甚至你）有很多次减掉了 5 千克！目标应该是减掉 5 千克并保持体重，节食不会导致减肥持久。为此，我们必须将行为的变革与思考和感觉方式的变革结合在一起。而且为了改变思考和感觉方式，我们需要改变思维模式。当我们为实现真正的调适性目标（需要我们发展思维模式的目标）而工作时，我们必须不断将从行为变革中学到的知识转化到思维模式的变革中。

仅仅寻求洞察力无法真正完成任务，尽管洞察力看上去可能会有效澄清或赋能任务的完成。这是我们看到的另一种常见趋势：人们对自己的 4 栏练习所提供的自我理解感到震惊，但随后他们陷入了思考、分析和反思的困境，几乎没有采取行动的意愿。那些走这条路的人可能正在运用他们个人的通常是心照不宣的变革理论，该理论倡导人们对内部世界的自我意识。这个假设可能是：越来越深刻地了解促使我们前进的动力是改变的手段，或者意识到我们的思维是关键。但是，没有行动的反思与没有反思的行动一样，最终都没有价值。

有趣的是，与这两种没有价值的方法截然相反（虽然它们都是有缺陷的行动理论）："如果我能再完成一项（行为或洞察），就能对我为什么就是无法真的改变豁然开朗。"

实现调适性变革：共同的思路

到目前为止，我们的讨论集中在大卫或凯茜需要从内部（胆识、头脑和心灵、技巧）进行调适性的工作。但是在这两种情况下，社会环境也并非偶然地起着重要作用。我们不仅仅是指他们与教练之间的关系，更重要的是，我们需要明确指出与每个人的变革叙述紧密相关的人们的贡献，无论这些人是团队成员、配偶、最好的朋友还是同事。

没有这样的环境，我们很难全面地看到自己。我们不可避免地受到自己的视野的限制。在我们最喜欢的动画片之一中，加里·拉尔森（Gary Larson）向我们展示了一位认真的艺术家。他的模特坐在他面前，处于完美的休憩状态，但在画布上，她的模样被一只巨大的昆虫覆盖了。我们可能需要一段时间才能理解动画片，直到我们看到艺术家的眼镜的一个镜片上有一只小小的飞蝇。如果艺术家从不向任何人展示他的工作，那么他会对他对现实的演绎感到非常满意！同时，由于挑战他的有缺陷的世界观，他错过了任何可预见的外部来源。没有这样的挑战，他就很难跳出领域进行转型，只能停留在当前的思维模式中。

当我们的学习具有社会意义时，更容易留在该区域并取得进步。例如，我们让某人知道我们正在努力成为更好的倾听者（也许我们要求他们成为调查对象），一旦他们了解了我们的意图，我们可以随时向他们求助。或者他们可能会主动告诉我们，他们对我们在昨天的会议上的倾听有多欣赏。他们甚至可能会很大胆，以至于让我们知道我们为了成为更好的倾听者而做过或该做却没做的事情。有时，只是在大厅里看到某人或在电话中听到别人的声音就会提醒我们正在做的事情，这些提示可以迅速将我们有效带回该区域。此外，仅仅是知道其他人知道我们在做什么就可以提供一种社会责任感。通过这种方式，我们依靠他人来帮助我们实现自己的目标。

到目前为止，我们所描述的是调适性工作的主要特征：从胆识开始，将头脑和心灵相结合，采取特定类型的有技巧的行动，统合在社交环境中进行。当所有这些就位时，我们就会看到人们正在发生改变。那么，所有那些在我们的帮助下成功应对了调适性挑战的人有什么共同点呢？

· 他们都成功改变了思维模式（塑造思维和感觉的意义构建系统）和行为方式，而不只是改变思维模式或行为，并希望其他人最终会跟随。

· 他们都成为敏锐而专注于自己的思想、情感和行为的观察者，学会了将其用作信息。他们看到推动他们前进的议程，而不仅仅是自己正在推动的议程。

· 他们的思维方式的改变总是朝着看到和感觉到更多可能性的方向发展。那些他们以前认为自己不能或不应该进入的空间（因为它们太遥不可及或太危险），现在完全可以进入。

· 他们承担着有针对性的风险，并基于有关新行动结果的实际而非想象的数据，围绕假设建立了一套新的机制和指标。即使没有消除焦虑，他们对最初的调适性挑战的焦虑也会减少，而愉悦的体验会大大增加。

· 他们将掌握更多的技巧、更多的选择、更广泛的控制权和更大的自由度。他们在第 1 栏的承诺上取得了进展甚至达到了目标，而且他们的成就往往超出了最初的抱负。因为他们已经开发了新的思维能力，而不仅仅是解决某个单一问题的新方法，所以他们可以将这些能力带入其他挑战和场所中，无论是在工作中还是在个人生活中。

你准备好开始释放自己、同事、工作组或组织的潜力了吗？你是否有兴趣看到一次相互冲突的能量被用于其他目的时，你或他人会发生什么？如果是这样，那么你自己的下一步是什么？我们的建议是你要建立起自己的第一手变革免疫经验。你自己的变革免疫 X 光片会是什么样？当你将其转化为我们所说的"好问题"时，你自己的改进目标会变成什么？通过让它首先"解决你"来解决你的"好问题"，对你而言意味着什么？如果你对这些问题中的任何一个感兴趣，我们邀请你翻到后面的章节。

第9章
诊断你自己的变革免疫

在《谈话方式会改变工作方式》出版后的几年，通过建立独有 X 光片或免疫地图这一过程，我们指导了成千上万的专业人士，并培训了 100 多名从业者去指导其他人。然而我们在训练早期就注意到，尽管多数人报告获得了一次震撼体验，但也有多达 30%～40% 的人不这么认为。这些人大部分评价这样的体验"有趣"甚至"值得"，但他们显然没有获得和他们的同伴同等价值的学习体验。

因此，我们着手确定变革免疫 X 光片的制作过程中导致这些人的免疫 X 光片失效的地方。由于这些修正，我们极大地降低了"失败率"。现在普遍的情况是，几乎所有参加过这种训练的人都形成了感觉有效或有启发意义（在 5 分制的测评中得分为 4 分或 5 分）的免疫 X 光片。

如果你从来没有尝试过制作自己的免疫 X 光片，你将是加强版绘制方法的受益者。即使你读过《谈话方式会改变工作方式》、经历过书中描述的绘制免疫 X 光片的过程，我们也强烈建议你不要跳过本章。我们相信你这一次会制作出更有效的版本，因为我们会全程帮助你避免最常见的失误。

准备开始

定义一个良好的第 1 栏改进目标极其重要。举个例子，我们在第 2 章介绍过，当我们与彼得的高级团队合作时，曾经使用两种不同的方法让人们行动起来。第一种方法带来了一次绝对有趣的 3 小时体验，但没有任何效用；第二种方法启动了一个流程，随着时间过去，如彼得所说的那样，这个流程切实改变了公司管理团队的 DNA。

运用第一种方法的时候，他们在为期 3 天的领导力训练营里给了我们一个下午的时间。参加训练营的都是公司高管（共 18 个成员，包括所有 C 级别的管理者和他们的直接下属），他们所有人都是第一次考虑第 1 栏改进目标。站在他们面前的那一刻，我们给了他们几分钟时间，让他们思考工作中最重要和最具挑战性的三四个方面。然后我们问道："为了显著改善任意或者所有这些方面，你认为自己最应该提高哪个方面？"

每个人都轻易地想出了一些事项，然后开始制作免疫 X 光片，展示他们是如何以及为什么系统地被阻止完成那件事。许多人发现，大家一起花费几个小时进行反思并制作免疫 X 光片的体验非常具有启发意义。正如人们经常评论的那样，他们"始料未及"，又惊又喜地被之前没有看到的自身存在的问题"打了一耳光"。他们认为变革免疫的整个概念振奋人心、发人深思。彼得感谢我们开了一次富有成效的会议，并向我们表示，他觉得这次训练对团队的价值不可估量。

然而，事实并非如此。

一年之后，我们和彼得进行了一次交谈，他说我们所做的训练对公司中的任何人或事情都没有一点效果。他的解释和许多参加过我们的训练的领导者一样：

> 如果训练的目的仅仅是为了展示变革免疫是个有趣的概念，这是一码事。让人们利用自身的体验亲自参与到一套观念之中，这是一个聪明的方法。但如果目的是切实为个体带来显著改变，以及在我们的案例中，目标是使整个团队发生重大变革，那么一切都决定于人们在第 1 栏中填写的内容！毕竟，就算你在诊断（下一个章节我们将会描述）后继续训练，结果仍旧表明任何重大的变革必须基于高质量的第 1 栏内容。如果第 1 栏内容不是最优目标，那么不管方法有多好，都用错了地方！

你不能放任他们选择自己填写第 1 栏内容，我们需要有反馈建议。你从自己的工作中得到的最大收获之一就是我们会自欺欺人，对不对？那么，既然这一点属实，关于我们真正应该提高的目标，怎么能指望我们自己是最好的信息来源？

彼得和他的两个高级助手兴致勃勃，想用不同的方式再尝试一次。像许多组织一样，他们意识到他们把大量时间花在评估员工、给予反馈以及确定改进目标上面，然而一年之后并没有看到多少变化。他们有两个看法：

• 或许变革免疫过程能够"脱离"这个常见的套路，逐渐提高整个评估和反馈的投资回报率。

• 参加过我们的评估会议的人确定了太多个人改进目标，如果我们仅仅确定"一件大事"，将我们所有的注意力毫无保留地集中在这上面，情况会怎样？

正如我们在第 3 章所描述的，他们如此积极地将人们引领到确认改进目标方面，以至于"一件大事"这个术语成为公司经久不衰的标语。公司要求每一个管理人员确定一个目标，"如果你能够在这个目标上取得重大突破，你将会激动万分"，而且"将会明显促使你为公司作出更多贡献"。这个目标不属于技术性挑战，不是通过学习某个新的技术就能实现的。它应该明确涉及个人成长，同时不应该要求个性的彻底改变。

在管理层进行下一次集训之前，每个人从不同方面得到了一对一的反馈：

• 他们的直接上司："这个改进目标将会对我评估你今年的奖金（或晋升之类）产生最大的影响。"

• 同僚："我认为这个目标将使你成为一个更好的团队成员。"

- 至少一个直接下属："这个目标能让我更好地为你服务。"

高层领导者互相分享这个特定的"一件大事"对他们的每一个直接下属有什么影响，然后他们互相督促："我们都真诚地对每个人的目标感到激动吗？我们都感觉每个'一件大事'都会给公司带来很大改变吗？"他们也互相挑战自身的"一件大事"，除了互相讨论外，还咨询他们的高管教练。有时候他们也去和老板以及老板的办公室的人交流，以确保他们设定了恰当的改进目标。而且他们不满足于仅在办公室范围内讨论，正如彼得描述的那样，他们回家和家人讨论，看看如果他们在选定的目标方面取得实际进展的话，家人是否也看得到重大收益。

我们有个同事是方法论研究专家，他说："如果你一开始就搞砸了初始设计，那么你之后的分析再出色也不可能解决问题。"所以，我们如何才能帮你别把初始设计搞砸呢？我们的第一条建议是：别指望用一次会议就能完成本章的训练。甚至在你完成第 1 栏内容之前，你就需要一点额外的反馈建议。你要和周围的人交流，不管是工作中的同事还是家庭中的成员，弄明白如果你提议的目标得以完成，是否会让他们的眼睛为之一亮。问他们是否有关于其他目标的提议、是否觉得其他目标对你更有价值，他们个人也更乐于看到你去实现其他目标。不要填写你的第 1 栏目标，除非你完全肯定：目标一旦完成，不但对你影响深远，而且对你周围的人意义重大。

第 1 栏：你的改进目标

一旦你已经完成以上准备工作，便可利用表 9-1 的模板开始制作你自己的免疫 X 光片。为了更好地引导你完成免疫 X 光片，我们想介绍一下弗雷德。弗雷德是一名真正的经理，他一步步地实现免疫 X 光片的演变的过程将为你提供范例（我们在第 8 章提到过弗雷德，他的目标是成为更好的倾听者。当意识到这个目标对他与女儿的关系至关重要时，他更急于完成它）。

表 9-1　制作你自己的免疫 X 光片

1. 可见的承诺	2. 实际上做得太多/做得太少	3. 隐藏的相互冲突的承诺	4. 大假设
		忧虑盒子：	

现在你已经获得了一些内心的反馈建议，而且已经填写完自己的第 1 栏目标，是吧？我们知道你还没有完成这些，没关系！你只是刚刚读完前几页而已，但是，加油！如果你自己直接体验变革免疫，将其用在自己身上，你对变革免疫到底是什么的整体理解将会深刻很多！别着急，下功夫好好研究，做好了充分准备之时，再将改进目标的初稿即你的承诺填写到第 1 栏中。

表 9-2 显示了弗雷德的第 1 栏的初始内容，他在填写之时已经能够确认关于其目标的下列所有因素。当你检查自己的目标时，也应该能够确认下列因素：

- 对他自己至关重要。如果他能够在这个目标上取得显著进展，将对他产生重大影响。他非常想在这个目标上进一步提高，甚至为此产生了一种紧迫感。这不是由于一旦完成目标可能获得喜悦感，而是因为他觉得有必要完成这个目标，不管出于什么原因。

- 对他周围的人至关重要。他知道，如果他能在这个目标上进一步提高，别人会认为他非常有价值。

- 他很清楚，需要完成的目标主要与他有关，他需要集中精力提高的领域是关于他自己、他必须要进行的改变的。毕竟，有些人会对自己的目标有其他的认识，例如："只有当人们不用无聊的闲扯浪费我的时间时，我才会真正成为更好的倾听者。"

表 9-2 弗雷德的第 1 栏改进目标——初稿

1. 可见的承诺	2. 实际上做得太多/做得太少	3. 隐藏的相互冲突的承诺	4. 大假设
成为更好的倾听者（不让思想开小差），不再如此不耐烦		忧虑盒子：	

如果你的第 1 栏内容当前的初稿不符合上述任何一个标准，不必担心，这种缺陷在此类训练的初稿中普遍存在。但是，如果你的初稿确实不符合标准，你不该置之不理而继续填写第 2 栏，这样的做法是另一个常见错误。如果你花时间修正你的第 1 栏内容，直到它符合上述所有标准，那么你最终的免疫 X 光片将发挥最大的影响和效用。

虽然弗雷德的第 1 栏内容看似符合上述所有标准，但我们可以看到，实际上有一个标准与它不符。这给了我们一个机会向你解释一个问题，即修改你的初稿意味着什么。弗雷德倾向于用否定的形式阐述他的目标，例如他会说他不想做什么——"成为更好的倾听者（不让思想开小差），不再如此不耐烦"。我们发现，如果人们开始时用肯定的语气表述其想达到的目标，而不是说他们想停止做某事，他们的免疫 X 光片最终效果会更好。相应地，弗雷德修正了他的第 1 栏内容，如表 9-3 所示。如果你发现自己的第 1 栏内容有这样的倾向，我们建议你也作修正。

表 9-3 弗雷德修正后的第 1 栏改进目标

1. 可见的承诺	2. 实际上做得太多/做得太少	3. 隐藏的相互冲突的承诺	4. 大假设
成为更好的倾听者（尤其是更好地保持当前状态、集中精力以及更有耐心）		忧虑盒子：	

第 2 栏：勇敢无畏条目

你可以从本书中所有的 X 光片样本知道，下一个步骤是要完成勇敢无畏条目，这个条目是关于你当前正在做得很多或做得很少且阻碍第1栏目标的所有事情的。

我们一会儿将任由你在第2栏中填写这些内容，但首先，我们想进一步阐明：

- 你所能列举的各种行为(你真正在做或未能做的)越具体越好。以弗雷德为例，他最初在第2栏写道："我变得不耐烦。"与其类似，有人设定的目标是更好地处理棘手的谈话，这个人最初的第2栏内容可能是"我对冲突感觉不舒服"。这些都不是最佳的第2栏内容，因为这些都是心理状态，而不是外部行为。我们会问这个人："那么，由于你的不耐烦、不舒服或者其他不愉快的感觉，你真正在做或未能做的事情是什么？"在你创建自己的条目之前，请看一看弗雷德的条目内容(见表9-4)。

- 你在此处填写的条目越多，你的态度越坦诚，免疫X光片的最终诊断效果就越显著。请谨记，没有人会看见你填写的内容，所以尽管深入探究，完全剖析自己。这样做的目的不是使你丢人或者难堪，更不是挖掘你的缺点。不久你就会发现，你的第2栏内容越丰富，你最终的收益就越丰厚。

- 确保你填写的每一项都体现出你正在阻碍自己实现第1栏目标。没错，你做的一些事情也支持了第1栏目标，这很好。但这不是填写第2栏内容的本质，我们的目的不是寻求平衡。揭示你的免疫力的最好信息最终只能在你真正在做或未能做的事情中寻找，这些事情对你的改进目标有着意想不到的破坏作用。

- 你还需要清楚地意识到，我们的目的不是想问你为什么做这些事情或者你为什么停止做这些事情，以便得到更大的自我提高的想法或计划。在训练过程的这一阶段，人们通常都非常迫切地想解释自身为何效率低下，或者设计策略将自己从这些有害的方式中解救出来。这种急切的愿望完全可以理解，因为对许多人而言，看着表中一堆白纸黑字写出来的缺点会让他们感到很不舒服，他们想努力将这些缺点抹掉。但是请抑制这些冲动，就目前而言，你只需注意描述的深度和真诚度，暂时先让行为本身保持这种令人尴尬的状态吧。

如果你需要更多说明或灵感，请参看表9-4中弗雷德的清单。

如果你能够获得定期的反馈、监督或评价，你可能会考虑把这些建议补充到第2栏的条目中。如果你没有得到这样的反馈，以及无论如何也无法列举出丰富的反作用行为，我们给你一条终极建议，只要你有勇气这么做：挑选几个你信任的而且你感觉会为你着想的人，问他们是否能确认在你的全部行为里有哪些行为(或不作为)阻碍了你的目标。我们担保，他们肯定有项目可以加入你的清单。你要感谢他们，然后把他们的观察填到你的第2栏。

表9-4   弗雷德的第2栏内容

1. 可见的承诺	2. 实际上做得太多/做得太少	3. 隐藏的相互冲突的承诺	4. 大假设
• 成为更好的倾听者(尤其是更好地保持当前状态、集中精力以及更有耐心)	• 我放任自己的思维。 • 我开始看我的黑莓手机。 • 我在脑子里列举待办事项或者随便写在一张纸上。 • 当我试图倾听客户的谈话时，我经常考虑如何作出有力的回答，从而停止倾听。 • 如果对方是我女儿，我经常考虑她该以别的什么方式做得更好，也停止了倾听。 • 如果对方是我妻子，我通常会想"这不是什么紧急的事情"，然后我的注意力就转到我认为紧急的事情上。	忧虑盒子：	

好的，下面轮到你大显身手了。

填写完条目内容后，你再看一遍针对第 2 栏的 4 个标准，检查你的内容是否符合所有这些标准。在阅读下一节之前，请确保你已经完成第 2 栏内容并且进行了所有必要的修正。

第 3 栏：隐藏的相互冲突的承诺

对于表 9-1 中第 3 栏的空白方框，你是不是一直很好奇？我们称这个方框为担忧框，它将帮助你开发第 3 栏的原始材料。

步骤一：填写你的担忧框

当你观察完本书的所有免疫 X 光片之后，你会清楚地意识到，第 3 栏承诺会让填写者大吃一惊。毕竟，直到完成第 3 栏之后，我们才开始看到隐藏的动态，即变革免疫逐渐显现。我们开始看到一组完全不同的相互冲突的承诺，这些承诺与第 1 栏改进目标并存。例如在第 2 章中，我们明白彼得真诚地想要：

- 更乐于接受新观点。
- 更灵活的反应，尤其是涉及新的任务和职责方面。
- 以更开放的态度对待授权，支持新型权威。

但当观察其免疫 X 光片的第 3 栏内容时，我们意识到他还拥有以下的承诺（或者更恰当地说，这些承诺同样拥有他）：

- 按我的方式做事。
- 体验自己直接施加影响的感觉。
- 体会控制带来的骄傲感，看到我对事情的影响。
- 不管是过去、现在还是将来，保持自己作为超级问题解决者的自我感觉，做懂得最多的那个人。

观察我们的各种各样的 X 光片展示的第 3 栏时，你可能会疑惑："他们是如何让人们看到这些事情的？"我们希望你在前两栏训练中的努力工作现在将有助于你完成第 3 栏，很快你就会看到，全部 3 栏的结果将会成为一幅激发你的兴趣并为你最终能应对调适性挑战充当平台的图谱。

填写良好的第 3 栏内容的第一步是制作原始材料，这些材料最终会使你完成目标。看一下你的第 2 栏清单，然后回答以下问题——它和每一项都有关系：假如我设想自己做与此相反的事情，在可能的结果中，最令我感到不舒服、不安或恐惧的是什么？

彼得思考过，如果他真的尝试让别人更多地分享他的权威、在公司中发挥更大的作用，那么什么事情会最令他感到不舒服、不安或恐惧？他的答案是："哎呀，我会感觉自己没那么重要，肯定会没那么重要，我会被人替代，会在自己的公司里被边缘化，糟糕！"

"哎呀"和"糟糕"非常重要，我们需要确定有那种真实的厌烦感觉。这不仅仅是关于不愉快的感觉的想法或观点，这是让你真正体验一点这种感觉，然后用文字描述出来。

现在观察一下你的第 2 栏中的每一项和第 3 栏的担忧框，记录下当你考虑去做那些与你写下的行为相反的事情时产生的最大的担忧、不舒服或恐惧。

我们此时处于另一个关键点，在这个关键点上，如果你不深入挖掘，最终形成的免疫 X 光片就不会具备足够的效果。如果你还没有真正体会"哎呀，糟糕"这样的感觉，你继续进行的时机可能就还不成熟。你必须真切体会到某些忧虑，如果做不到这一点，你可以问自己："对我来说这件事最糟糕的结果可能是什么？"你需要达到这样一种境地：某种程度上在冒险，赤裸裸地暴露在某些危险之下。

你们中的许多人可能已经依靠自己完成了这一点，但我们希望在本章结束时，几乎所有的人都有机会形成非常有效的免疫 X 光片。就让我们来看一个典型的程度不够的条目，然后看看你对此能做些什么。

弗雷德想成为更好的倾听者，他对此进行的第一次尝试如下：

如果我考虑不让自己的思想开小差，我最糟糕的感觉是什么？第一个感觉仅仅是无聊，随后是不耐烦。我非常讨厌无聊的感觉，讨厌我正在做的事情无关紧要，我找不到状态。这感觉像是在等一架飞机着陆，我终生在等它降落，但它始终没降落。我现在不得不听一大堆琐事、无关紧要的琐事，或者是我已经知道的事情，或者是在最开始的两分钟从某人口中听到的现在被他又用几乎一样的方式重复一遍的事情。我讨厌这些，无聊通常很快转变为不耐烦，我没时间听这些。我有很重要的事情需要处理，必须往前走。所以，无聊和不耐烦这两个糟糕的感觉就是我体会到的。

　　这是个最常见的例子，它体现了在这一步骤中尚未深入挖掘，还没有确认此处真正的担忧是什么。我们了解到，有些人很快就能确认某种负面感受，就像有价值的封面帮助他们从书架上选择了合适的书，但是现在他们需要翻开封面，阅读书中的内容。

　　无聊就是这样一种常见的"封面"，我们之所以感到无聊，是因为心不在焉。但是，我们通常会为自己的后退找一个很好的借口！我们经常过于心不在焉，这是因为我们不想体会某些可怕的感受。在心不在焉导致无聊的感觉产生之前，有一件可怕的事情已经快速发生了。这件可怕的事情是什么？当我们问弗雷德这个问题时，他很快深入下去："如果我和年轻人在一起时不表现得心不在焉，我会感觉不管我说什么他们都会对我翻白眼，我会因为他们的鄙视而感到丢人，这对我来说确实是件非常可怕的事情。如果我不和妻子保持距离，我就经常感到无助，因为她谈论的情况我无能为力。我什么都做不了。我讨厌这种感觉！"

　　现在我们看到，自我确实处于危险之中！

　　不耐烦的感觉也是如此。一本好书的封面是一个好的开始，但紧挨着封面下面的内容是什么？我之所以变得不耐烦，是因为我们觉得自己必须处于别的状态，而不是我们现在的状态。为什么？危险是什么？不耐烦的感觉也对我们预示了某种危险，但它到底是什么？让我们再听听弗雷德的说法：

> 不耐烦的来源有很多。当我正在听某个人说话，他的话提醒我有其他事情需要完成，如果我不允许自己考虑需要做的事情，我会感到很恐怖，觉得就像我抛出的球要脱手一样。在我的生活中有许多需要做的事情，但事实上我不是一个组织有序的人。如果我不注意突然冒出的担忧，我会把它忘记，然后会发生糟糕的事情。
>
> 有时候，我和自己的孩子或者公司的年轻人在一起，不耐烦的感觉和一种提示我他们会捅娄子的警报有关。当我考虑继续听下去时，就必须压下自己想给出精彩建议的强烈欲望。这时我会担心，比方说，我女儿可能要走上很大一段弯路。

所以，对于什么是最初的无聊和不耐烦，我们现在来看一看：

- 担心看起来很愚蠢。
- 担心被羞辱。
- 担心无助。
- 担心失控。
- 担心放任别人犯大错（尤其是我有责任去照顾的人）。

这就是弗雷德在第 3 栏的担忧框中填的内容。

当你考虑做的事情与第 2 栏内容正好相反时，让我们看看你在担忧框这个步骤中形成的内容是什么、看看你是否已经达到这种恐惧的程度——当你面临一种毫无防备的风险时，有那种完全不想持续下去的感觉。

步骤二：形成可能的相互冲突的承诺

然而，第 3 栏真正的内容不是担忧框里的这些恐惧，而是各种隐藏的相互冲突的承诺。我们说过，担忧框里的这些恐惧是形成第 3 栏承诺的原始材料。变革免疫背后的逻辑不仅是我们怀有这些恐惧，而且是我们敏感地甚至巧妙地保护自己不受这些恐惧的干扰。我们创造各种方法，解决由这些恐惧引起的焦虑。我们不止步于担忧，而是采取实际行动战胜恐惧，保护自己不受这些恐惧的袭击。我们积极主动地承诺，而不仅仅是出于必要的意识，确保担心的事情不会发生。

这就是第3栏承诺的核心所在，这个承诺的目的就是避免我们担心的事情发生。弗雷德不仅害怕看起来愚蠢（也许他没有意识到），还承诺"别看起来愚蠢"。或者更准确说，"别看起来愚蠢"这个承诺控制着他。

他并不只是被动地害怕看起来愚蠢，还主动在做事时体现高效率，甚至是聪明才智，以此确保他周围的年轻人不说他愚蠢。他如何做到这一点？他在与年轻人谈话时心不在焉，让自己很无聊，脑子里想其他需要做的事情。他担心如果自己真的聚精会神地听他们说话、边听边作出反应，他们会鄙视他、对他翻白眼，而他会因此感到非常丢人，这是他最不能接受的一种感觉。于是，他做了个聪明的选择——撤退。

不管是对我们还是对他来说，他的撤退现在完全可以理解，这是人之常情。考虑到保护他不受羞辱的承诺，我们说他应该撤退得比现在更加彻底！他的行为非常有效，仅有一个缺点：撤退会妨碍他在改进目标方面取得任何进展，而完成这个目标对他至关重要。关于他是如何系统地妨碍自己的目标的进展的，他现在已经能够认识到这一点：因为他深受意识系统的限制。该系统旨在保护他甚至是拯救他的生命，这是个完美的有效免疫系统。

弗雷德现在可以继续训练，将他确认的每一个恐惧都转换为可能的第3栏承诺（该承诺与他想要达到的目标并存，即注意力更集中、成为更好的倾听者）。随着他填写完第3栏条目，他将看到一个动态平衡的形成，即跨越前3栏的箭头所隐含的意义。通过表9-5他可以看到自己的状态，即一只脚在踩油门（他真诚甚至是急切地想成为更好的倾听者），另一只脚却在踩刹车（所有那些相反的承诺）。

表 9-5　弗雷德的第 3 栏承诺：免疫系统逐渐显现

1. 可见的承诺	2. 实际上做得太多/做得太少	3. 隐藏的相互冲突的的承诺	4. 大假设
• 成为更好的倾听者（尤其是更好地保持当前状态、集中精力以及更有耐心）	• 我放任自己的思维。 • 我开始看我的黑莓手机。 • 我在脑子里列举待办事项或者随便写在一张纸上。 • 当我试图倾听客户的谈话时，我经常考虑如何作出有力的回答，从而停止倾听。 • 如果对方是我女儿，我经常考虑她该以别的什么方式做得更好，也停止了倾听。 • 如果对方是我妻子，我通常会想"这不是什么紧急的事情"，然后我的注意力就转到我认为紧急的事情上。	我担忧我会： 看起来很愚蠢。 被羞辱。 无助。 失控。 放任别人犯大错（尤其是我有责任去照顾的人）。 • 别看起来很愚蠢。 • 别被羞辱。 • 别感觉无助。 • 别感觉或真的失控。 • 别放任别人犯大错（尤其是我有责任去照顾的人）。	

　　请你继续进行训练，形成你自己的一些可能的第 3 栏承诺，每个承诺旨在让你最害怕的事情（从步骤一得到）不会发生。如果你在担忧框中填写的内容是"我害怕我将失去信用"或者"人们将讨厌我，不把我看作一类人"，那么你可以这样填写第 3 栏承诺："我承诺不失去信用"或"我承诺不去冒可能失去信用的风险"，"我承诺不让人们讨厌我、觉得我已经走入了'黑暗面'"。

　　除非你已经填写完第 3 栏承诺，否则没有必要继续往下阅读。你填写完了吗？你是否已经对变革免疫现象形成了清晰的认识？这个认识对你有启发意义吗？你觉得它有趣吗？请注意我们没有问你的问题。我们没有问你是否觉得已经解决了什么问题，你现在不应该感觉已经解决。我们也没有问你是否乐于看到这个认识，看到自己的免疫是一种十分愉悦的体验吗？通常不是。

也许你还记得爱因斯坦的一句名言，即清楚地看到问题与看到答案同样重要。我们现在的全部任务是更加充分地领悟问题，这个问题就是你真诚地想实现第1栏目标，却未能实现。你应该看到自己一只脚在踩油门，另一只脚却在踩刹车的做事方式。不管这个认识暂时让你感到多么紧张，你至少应该感到有趣，从你看到的之前没有意识到的真相中汲取力量。但对于出现在第3栏的个人问题，你可能早就已经意识到了（你早就知道取悦别人对你是头等大事，或者你是一个控制狂，又或者你担心自己不够聪明）。然而，新的观察方式可能带来新的发现，即这个熟悉的问题与你没能实现的第1栏目标的关系是如此紧密。

不管你在什么方面觉得免疫X光片非常有效，重要的是它的确有效。万一它无效怎么办？弗雷德在写完第3栏条目后感觉其免疫X光片非常有效，因为以下条件全部属实。请看这些条件对你是否也属实：

- 弗雷德的第3栏承诺的每一项显然都是旨在自我保护，都与一种特定的恐惧紧密相连。如果他在担忧框中注明他担心过度工作会毁掉自己的婚姻，他就不会这样确定其第3栏承诺而削弱其自我保护，即"我承诺更好地平衡工作和家庭关系"。如果他这样叙述其第3栏承诺，我们从他的自我保护承诺中就看不出任何危险。所以，他可能这样写："我承诺不让妻子抛弃我，不让孩子们恨我，不变成一个可怜的、孤独的工作狂。"

- 每一项承诺都使得第2栏中的某些或者全部妨碍行为听起来合情合理。他会看到，如果X承诺成立，Y行为恰恰是任何人都可能会有的选择。

- 他彻底明白了为什么单纯地通过消除第2栏行为不会实现目标，因为这些行为起着非常重要的作用。

- 他觉得进退两难，因为他看到自己同时向两个完全不同的方向前进。

我们已经认识到，如果训练到了这个阶段时你的免疫 X 光片仍然不够有效或者不足以给人以启发，很可能是因为你的条目在某个方面不符合上述标准。尝试修改你的条目，使其符合这些标准，看看你的 X 光片是否更具说服力。请记住，我们在此所说的有效或者启发并不是一种解决方案，甚至不是解决问题之道，现在的体验并不意味着彻底解放。

那么，我们讨论的是什么样的有效或者启发呢？用一个故事可以很好地说明这个问题。这个故事是关于一位参加过我们的一次研究的大学教务长的。这个暑期项目面向大学校长、教务长等人员，是在哈佛大学举办的。像我们所有的暑期项目一样，我们告诉参与者穿休闲装，但总有少数人在第一天不穿休闲装（可能是因为他们不太确定自己理解的休闲是不是别人理解的邋遢）。有一位特殊的参与者——一位中年女士，她第一天到来时穿了一身漂亮的职业套装，脖子上戴着一串华丽的珍珠项链。后来的几天，其他参与者的着装和举止越来越随意，而这位女士却坐在案例会议室中央，总是身着各式各样的优雅职业套装。她正襟危坐、举止端庄，而且总是戴着那串珍珠项链。

开始填写第 3 栏时，我们向大家解释了填写标准，告诉他们此栏真正应该填写的内容是什么。我们是这么说的："如果你的第 3 栏内容符合标准，你的免疫 X 光片看起来就不再像一串不相关的问题的回答组合成的笔记。相反，通过这 3 栏内容，你应该开始看到一个统一的、完整的东西。你应该开始看到一张图谱，你应该开始看到……"

在我们说完这段话之前，这位女士显然已经开始填写第 3 栏内容了，她把图谱的"完整性"、"统一性"和"连贯性"当成了耳边风。令每个人惊喜的是，这个尊贵庄严、穿着正式、正襟危坐而且总是戴着珍珠项链的女士脱口而出："我可以告诉你你将看到什么，好吧，你将看到你是如何……如何搞砸的！"

这句话简洁地概括了我们在这个阶段训练的目的，也就是说，你现在会更清楚地意识到你自己的重要目标是如何被你的核心矛盾"搞砸的"。换句话说，每一个朝正确方向前进的真实、真诚和热切的步骤，都被相反方向的相等力量所抵消。由于这个原因，你寸步难行。

如果你的 X 光片提供了类似的认识，那么你在训练中已经处在一个自相矛盾的阶段。也就是说，你只有更加深入地认识到自己是如何系统地妨碍自身的变革，才能够更有能力促进真正的变革！做到这一点，你将成功完成第一个重大步骤，开始将你的变革目标转化为一个好问题。

现在，下一个步骤是什么？为调适性地而非技术性地解决你的变革挑战，你需要制作一个工具，这个工具将帮助你最终完成 4 栏训练。

第 4 栏：各种大假设

免疫 X 光片的目的，是为调适性地而非技术性地应对调适性挑战提供一条路。我们在第 2 章说过，这个过程开始于设计一个调适性的公式，该公式向我们展示了第 1 栏目标是如何限制当前的发展的。

我们说过，一个调适性的公式将涉及思维和情感两个层面。如果我们已经成功帮你做了一个有力的免疫 X 光片，请你审视一下自己的变革免疫，看它如何影响你在第 1 栏中确定的进步目标。你现在应该能够看到自己的预防变革系统(各种行为如何阻碍你的改进目标，而这些行为正是由你自己系统地产生的)和焦虑控制系统(产生的这些行为如何帮助你抵挡最令你害怕的恐惧，这些恐惧与你真正希望取得的进步有关)。

判断你已经设计出调适性挑战公式的标志之一，是能够清楚地意识到为什么技术性的方法——直接查看第 2 栏的妨碍行为，尝试消除或者减少它们——没有效果。如果这些行为同样是在很好地为第 3 栏的承诺服务，你很可能会乐于做出这些行为(或类似行为)，除非你能够从整体上重建该免疫系统。

为了最终瓦解免疫系统，最可靠的方法开始于确认维持此系统的核心假设。我们使用大假设这个概念，是想表明我们有很多理解自身和这个世界(以及世界和我们自身的关系)的方式。我们并不将其视为自己的精神产物，相反，我们将其视为精确地反映了我们自身和世界的本来面目的真相及无可辩驳的事实。

这些关于现实的诠释实际上是各种假设，它们可能非常符合事实，但也可能完全失实。如果我们把某个尚未确认的假设理解为事实，就把它变成了我们所称的大假设。

有些大假设不可避免地经不住考验，必然是昙花一现。例如图 9-1 中的恐龙，它们不会有太多浪漫的夜晚了。

噢，看哪，亲爱的！许个愿吧！

图 9-1 漫画

我们想起盖瑞·拉尔森的一幅漫画：两个正在执行飞行任务的飞行员透过风挡玻璃往外看，在他们前面有个动物隐藏在雾中。"嘿！"一个飞行员对他的搭档说，"云巅上的那只山羊在搞什么?!"飞行员歪曲的假设维持不了多久，相反的证据会很快揭穿这个假象。

然而有趣的是，因为我们是如此聪明，总是压制着相反的证据，所以有些歪曲的假设更成问题、难以解决。有些证据表明我们的假设是种曲解，在上述情况下，我们可能总是故意忽视这些证据。可以说，我们会带着对现实不准确的理解，继续驾驶着生活的飞机。我们能够利用高心智不断弥补我们的空气动力效率低下的曲解心智模式，依然保持飞机飞行，但需要付出某些代价。

简而言之，任何诠释现实的思维模式或方式都不可避免地包含着某些盲点。一个调适性挑战之所以是挑战，就是因为盲点的存在，而我们的适应将涉及对自身盲目性的认知和改正。

因此，就像相互冲突的承诺一样，大假设通常也是难以看到的。若想显现一个假设，需要将它从"主体"（我们过分依赖、认同或者服从以至于看不到的地方）转移到"客体"（我们可以从自身之外的角度观察的地方）。在这种移动中，更高的心智复杂度在形成。

一旦你开始使潜藏在变革免疫之下的大假设浮出水面，就能在更有利的状况下处理你的免疫系统，而不是受免疫系统的局限。尽管这项工作很难"从零做起"，但你为描绘自己的免疫系统尤其是已经确认的隐藏性承诺所付出的努力会使工作难度比你想象的低很多。

我们请弗雷德仔细观察他最终确定的第 3 栏承诺，然后让他尽情发挥想象，思考拥有此类承诺的人可能持有的所有假设。这个步骤一开始进展缓慢，但他一旦开始思考，各种可能的假设就开始涌现，表 9-6 显示了他想出的结果。

待会儿我们将要求你发挥想象，思考你可能潜藏的第 3 栏承诺背后的各种大假设。在思考之前，请你参考弗雷德判断的标准，衡量其所填写的内容是否有效，这将有助于你发挥想象。对弗雷德及其所填写的内容而言，下列所有情况都属实，你也应该这样如实评估自我：

• 对于大假设，有些你可能视为事实（"你说我假设要发生糟糕的事情，你这话什么意思？相信我，糟糕的事情肯定会发生"），有些你一眼就看出不符合事实（"我能够看到这显然不符合事实，但我的表现和感受就像它属实一样"），有些你可能不确定是否属实（"我认为这个情况部分属实，或者多数情况下属实，但又认为它部分不属实"）。然而，你总是会以某种方式感觉自己所列举的每一项大假设都属实，而你可能是正确的。我们再次重申，并不是说所有大假设都是虚假的。我们的意思是，直到发现并检验这些假设之前，我们无法确定它们的真伪。

表 9-6　弗雷德的完整免疫 X 光片

1. 可见的承诺	2. 实际上做得太多/做得太少	3. 隐藏的相互冲突的承诺	4. 大假设
• 成为更好的倾听者(尤其是更好地保持当前状态、集中精力以及更有耐心)	• 我放任自己的思维。 • 我开始看我的黑莓手机。 • 我在脑子里列举待办事项或者随便写在一张纸上。 • 当我试图倾听客户的谈话时，我经常考虑如何作出有力的回答，从而停止倾听。 • 如果对方是我女儿，我经常考虑她该以别的什么方式做得更好，也停止倾听。 • 如果对方是我妻子，我通常会想"这不是什么紧急的事情"，然后我的注意力就转到我认为紧急的事情上。	• 别看起来很愚蠢。 • 别被羞辱。 • 别感觉无助。 • 别感觉或真的失控。 • 别放任别人犯大错(尤其是我有责任去照顾的人)。	• 我假设和年轻人在一起的"机会"有限(如果他们多次认为我"愚蠢"，他们将再也不会听我的)。 • 我假设在和我的孩子交流时如果他们忽视和嘲笑我说的，比彻底没有交流还要糟糕。 • 我假设当妻子和我分享某个问题时，她期待我能够帮她解决这个问题。 • 我假设帮助是意味着帮助别人朝着正确的方向走。 • 我假设如果我感到无助，就不会成为一个好的倾听者。 • 我假设如果我不能控制形势，事情很可能变得更糟糕。 • 我假设如果犯了一个大错，将无法弥补过错。 • 我假设如果我没能帮助想要照顾的孩子或年轻同事避免犯错误，就会让同事、家庭或者公司失望，他们会遭遇不好的事情。

- 如果每一项假设都被视作属实，它显然会不可避免地导致一个或多个第 3 栏承诺(例如，如果我不能弥补重大错误，那么我应承诺在现实世界中永远不犯大错，所以这个承诺在假设的支持下显得完全合情合理)。将一组大假设视作一个整体，它们会不可避免地导致整个

第 3 栏承诺。因此我们可以看清这些假设在如何维持当前的免疫系统：大假设显然导致了第 3 栏承诺，这些承诺显然产生了第 2 栏的行为，而这些行为显然损害了第 1 栏。

- 重大目标假设揭示了一个你直到现在还是不允许自己冒险进入的更大的世界，你已经看到你的大假设如何在这个更宽广的世界门前设置了一个警告标志："危险！勿入！"（"至少在理论上，我能够进入自己并不是可以完全控制甚至感到无助的世界。我能够走入这样一个世界：在这里，如果无人寻求我的意见，我不会随便发表建议；在这里，我认为我的孩子们比我想象的更宽容"，诸如此类。）可能所有警告标志都是恰当的，而且也确实应该注意警惕。但同样可能的是，你的大假设证明你正将自己限定在屈指可数的房间之中，而人生的大厦有无数个房间。请尽可能多地形成大假设，并根据上述标准检查这些假设。制作免疫 X 光片的最后一步可能会产生令你"惊奇"的效果，但这也不是本阶段的必然结果。判断免疫 X 光片是否良好的标准，是你一旦完成第 3 栏就能够看到并感到自己的变革免疫力度。完成这一步骤之后，你应该感到自己的免疫 X 光片发人深省、清晰明确，至少能引起你的兴趣。

"好吧，好吧。"在你看到你正系统地阻碍自己想要的进步时，可能感觉，"这吸引了我的注意力，可谁想一只脚踩油门、另一只脚踩刹车呢？！但是，现在我又能做什么呢？"我们在本书的下一章将解答这个问题，你将在下一章中学会如何确定大假设。这些假设看似增强了你的免疫系统，但实际上也有助于你瓦解这个系统。

第 10 章

打破/穿越你的变革免疫

了解我们的自我保护动机如何系统地妨碍我们实现最渴望实现的目标，这很有必要。洞察力的效果可能显著甚至令人激动，但它不会自动导致变革。大多数人都需要一个架构来帮助他们引导期望、验证并远离他们的大假设，以及稳步建立一套新的方法来弥合意图与行为之间的鸿沟。这正是我们设计的变革免疫地图的后续训练的目的所在。

在本章的开始，我们也有一个假设——从第 9 章的训练中，你已经获得了一张激发你的好奇心的变革免疫 X 光片，它攫取了你的注意力和兴趣。你能够看到自己一只脚踩着油门（真诚并急切地想进一步实现第 1 栏的目标），另一只脚踩着刹车（主动并持续地产生一些最有可能阻止你在这个目标上取得任何进步的行为）。你也能够看到你正限制自己前进的那个绝妙理由：你想挽救自己的生命。通过第 3 栏和第 4 栏，你可以看到为什么每一项阻碍行为对自我保护感觉都很有必要。

如果你想打破/穿越自己的变革免疫，该如何前进？在行动之前，你应该：

- 准备花几个月的时间应对这个过程，不要期望它会在一夜之间发生。

- 在此过程中，选择最适合你的支持形式。

- 考虑我们逐渐开发出来的各种可能帮助你的任务和活动，稳固、渐进地颠覆你自己的变革免疫。

关于上述建议，再多说几句。

首先，变革免疫训练不会花费数年。在接下来的几个月，你也无需花费大量时间。但是我们确实发现，你需要每周持续地投入30分钟。多数人在大约12周之后能够注意到显著的鼓舞人心的变化，这意味着你显然不应该指望一口气看完本章之后就能成功。通读本章之后，你可能会对线路图有大概了解。但是如果你真的想开始旅程，就需要在恢复和持续下去之前定期放下书本，真正做些事情。

其次，决定是要独自进行此段旅程还是和公司一起进行，这很重要。你可能更倾向于独立打破/穿越免疫（使用本章作为指导），但是你还有其他选择。在整个过程中，你可以找一个搭档，最好对方也正想打破/穿越其变革免疫。在你打破/穿越自己的免疫的过程中，你们可以互相提供信息。你也可以选择与教练一起合作，选择的教练最好拥有完整的"培训链"的经验。这样，他既能指导你训练，也能帮助你坚持下去（如果你有意找一个教练，请告诉我们，我们可以帮你联系一个经过培训的从业者）。

最后，无论你是独自练习、与搭档一起练习还是找教练训练，都会发现最好的练习组合来自一组基本的活动。人们已经发现这些活动非常有助于颠覆变革免疫，我们将它们归纳为开局、中局、终局3个阶段，每个阶段的目的都有简单介绍。你在之前的章节中已经看到许多对此类活动的描述。由于每个人的免疫系统都是独特的，并非每个人都需要进行每一项训练。

开局：创造条件

完善你的免疫地图：用以下方式回顾和修订你的免疫地图，以便它对你而言功能强大，并且具有可检验的大假设。

初步检验：针对你的第1栏目标的重要性和价值，从外部获得反馈建议并设定一条底线，注明你在训练之初的目标实现状况。

中局：深入挖掘

进程连续性：想象实现第1栏目标后，会得到什么样的全面成功。

自我观察：在行动中留意各种大假设，对反例保持警惕。确认你的大假设何时、何地被激活，何时处于虚假状态。

大假设建档：针对每个假设问自己，它是什么时候开始起作用的？它以前的状况如何？它当前的有效性如何？

检验大假设：如果某个大假设希望你以某种方式行动，你可以有意识地以相反的方式行动，看看会发生什么事情，然后反思那些结果所告诉你的关于假设的正确性。反复进行几次这样的过程，逐渐扩大这些检验的范围。

终局：巩固学习

跟踪调查：从完成你的初始调查的人那里获取关于第 1 栏目标的反馈信息，将你对进度的自我评估与他们所看到的进行比较，了解你的变革对他人的影响。

确认陷阱并逃脱：观察你最近的大假设状态，考虑如何保持进步，提防将来的滑坡（"陷阱"），当滑坡出现时及时弥补（"逃脱"）。

未来进步：一旦你从当前的大假设中"无意识地逃脱"，就可能想再次参与免疫训练，尤其是在你尚未达成目标或目前感到停滞、气馁的领域。

训练过程的核心：大假设的各种设计、操作和解释测试

在之前的章节尤其是第 5 章和第 6 章中，通过大卫和凯茜的案例，你已经看到关于这些步骤的大多数说明。因此，我们将在本章中专门介绍训练过程的核心，即大假设的各种设计、操作和解释测试。这是重复最多、耗时最长的活动，也是打破免疫系统的作用的最大杠杆。

设计你的大假设测试

你进行的每项测试的目的都是为了了解当你有意改变常规行为时会产生什么结果，然后反思这些结果对大假设的意义。测试的目的不是为了试图使你立即取得进步或得到提高，而是为了获取信息——一种特定的信

息："这对我的大假设意味着什么？"根据我们的经验，人很难始终将这种意图摆在首位，因此在你进行训练之前，我们希望与你分享在设计一个测试的过程中最常见的挑战。

还记得我们在第8章中提到的过于热情的行动趋向(完全忽视我们的思维定势)吗？正是这种趋向导致我们错误地采用了一种聚焦结果的方法来检验大假设。人们在这种方法中假设存在某种特定的行动，如果我们能够采取此行动，将"解决"大假设并中和它的效果。[1]运用这种方法的一个常见的例子是：与老板或同事进行一次拖延已久、非常棘手的谈话，在谈话中勇敢挺住并继续前行。

聚焦结果的方法将测试的成功完成视为终结步骤、克服障碍或者排除干扰。一旦我们进行了测试(尤其是看起来像是一次成功的体验)，就可以感受完成一项重要任务的轻松和成就感。我们可以尽情品味和感激已经完成的训练，这一切很好，但并不意味着学习的结束。出于调适性学习的目的，我们一定要明白，进行测试的目的不仅仅是进行测试中的特定活动。我们需要收集有关这次行动的结果的数据，然后分析、解释这些结果，以确认或修改我们的大假设。换句话说，直到结果与我们研究的大假设有关系，测试才真正获得成功。

具备了这样的背景知识后，我们邀请你开始训练。首先，此训练要求你清楚地知道需要测试哪一个大假设。如果你提出了几个大假设，那么现在是时候选择一个了。选择的标准有两个：第一，这是一个有力的假设(它牢固地控制着你，为了让你感到安全，它显然将你的体验限制在"界限之内")；第二，它是可测试的。如果你不确定哪个大假设符合这些标准，就看看下列问题，会对你有所帮助：

- 哪个大假设最妨碍你前进？
- 如果你可以改变任何一个大假设，哪个大假设的改变会对你产生最大、最积极的影响？
- 这个大假设是否具有灾难性，以至于你永远无法拿来测试？提示：含有死亡、被解雇或精神崩溃等词语的大假设尚未成熟到可以拿来测试，但不要放弃这样的假设，它可能具有很多重要的意义。为了使其可被测试，你必须揭示出一两个在此之前的假设，正是这些假设导致了灾难。例如"我假设如果我不同意老板的意见，我将被解雇"，或者"我假设如果我说 X，老板会生气"，或者"我假设如果老板确实生气，他会发现我没有提供反馈信息的价值"，或者"我假设老板在一个场合中发现我没有提供反馈信息的价值，他将永远不再支持我"。

• 你能够设想出这样一些会使人对大假设产生质疑的信息或数据吗？你的假设是可证伪的吗？

或许你还不确定你的大假设是否符合"可测试"的标准，为了帮助你考虑清楚，我们打算介绍几位真正的客户作为案例供你比较。我们首先介绍苏，她是一家大型社会服务机构的主管。

苏的测试，第 1 部分

苏的初始大假设是："如果我不被接受，人们将不再喜欢我，我会丧失价值。"通过确定导致她不被接受的因素，她将这个假设转换成了一个可测试的假设："如果我拒绝，其他人会认为我冷漠无礼。"她选择把第一个测试放在拒绝别人将导致破坏关系这个假设上。

现在你尝试一下，写下你的假设，如表 10-1 所示。

表 10-1　写一个可测试的大假设

我假设，如果……

选择了一个重要的假设进行测试后，下一步要做的就是设计质疑该假设的试验。首先问自己：什么行为变化可以为我提供关于大假设的准确性的有效信息？然后计划你真正要做、要说的事情，以确保你有一个公平的测试。例如，当你被要求执行另一项任务时，你决定说"不"，但这样的决

定并没有说明你如何拒绝的问题。举个例子，你可以立即发出"不"的声音，或者你可以这样说："我希望我可以帮你，但是现在我手头的事情太多了"。以上说"不"的方式肯定有一个可以用来测试你的做法会不会让对方生气。

再下一步是计划收集数据，即当你做出这种行为时需要收集什么数据。数据可以是外部的（其他人对这一新行为的反应），也可以是内部的（你自己的反应、认知和情绪），还可以是两者兼而有之。现在是时候提前考虑什么结果会导致你质疑大假设的正确性了，这是关键的一步。如果你想不出任何可能挑战或者质疑大假设的数据，表明你尚未找到好的测试。这种情况下，你需要重新绘制免疫 X 光片。

苏的测试，第 2 部分

下面是苏的测试计划，待测试的假设是："如果我拒绝，其他人会认为我冷漠无礼。"

首先她观察到，最能刺激其大假设发生的场合是团队成员向她倾诉其他团队成员的秘密时。

接下来，她选出了她愿意承担拒绝这个人的风险。

然后，她练习了要说的话。例如："这件事很重要，我很同情你，听到这件事我很难过。但是你找错人了，你应该直接和当事人谈。假如我认识当事人，我怎么帮你直接和他谈？"或者："我听说你的事了，确实很重要，我想听你倾诉，但我对处理这件事无能为力。"或者："我不能掺和这件事，这与我无关。我们之间的关系很重要，我们和当事人的关系也很重要，你应该直接和当事人谈，或者直接找她的老板谈。"

至于数据，苏计划关注当她说"不"时的感受，并且观察被拒绝人在做什么或者说什么，以此观察对方的反应。如果最终她觉得没有安全感，或者对方觉得她冷漠无礼，或者她和对方的关系受损，这些都将表明她的这个大假设是正确的。但是，如果没有得到上述感受，她就会质疑自己的假设的绝对正确性。

然而我们知道，在现实中并不是所有人都能很好地安排测试计划。

克劳斯的测试，第 1 部分

克劳斯的案例说明，有的人并没有好好计划其测试。考虑到他的大假设是"为了有效工作，需要过度准备"，这对他而言反而可能是个有利因素。如果某人想要测试的假设有被计划过程激活的风险，测试计划将显得自相矛盾。与我们合作过的许多人的假设就属于这种情况，对他们而言，任务是设计一个不会过分控制、过度准备也不会过度关注进程细节之类的有效测试。在克劳斯的案例中，如果他为了确认在准备较少的情况下是否能够有效工作而过度准备一个测试，这将适得其反！

下面是克劳斯的测试：假期结束后，他决定与一名工作人员讨论岗位调动的问题。他还没有考虑过如何与这个人打交道，但是在假期结束后上班的第一天早上，他碰到了这个人，并很反常地和他谈论了起来，"我手头的工作如此之多，所以心里想：如果我现在不和他谈，何时谈？所以我当时就和他谈了。"

这件事之所以是个测试，不是因为其本身，而是因为克劳斯开始关注自己一时冲动之下行为的结果。当我们转向测试的解释维度时，将研究该数据以及克劳斯如何理解这些数据。我们先观察该数据，看克劳斯对此如何理解，然后再解释、分析这次测试。

如果克劳斯不是一时冲动，我们将鼓励他自身较少地关注测试准备，而更多地考虑如何定义测试的"安全"条件。也就是说，即使他准备较少、效率低下，在某些情况下（特定的人、话题和会议），他也不必付出高昂的代价。

你已经通过阅读了解到良好测试的目的、常见缺点以及特征，我们希望你已经很好地意识到这个步骤的目的，并准备好制订你自己的测试计划。

下面是训练步骤，表 10-2 是一张用于完成训练的指导表，在这一步中请确保设计可以用来测试你的大假设的安全、适度的试验。在测试的引导下，你的行为应当与平时的惯例不同，这些惯例是当你认定大假设属实时所做的事情。该设计是一种准备，旨在真正进行第一次正式的假设测试。

表 10-2　对大假设进行有效测试的设计指导表

> 1a. 将你打算做的事情写在下面。（确保你打算做的事情与大假设平常要求的事情不同。）
>
> 1b. 关于你的大假设，你认为测试 1a 将使你获得什么样的信息？请写在下面。
>
> 2a. 接下来你要收集什么数据？（除了人们对你的反应之外，你的感受也是一种丰富的数据来源。）
>
> 2b. 那些数据如何帮助你证实或证伪你的大假设？（什么结果会使你相信你的大假设是正确的？什么结果将使你质疑大假设的有效性？）
>
> 2c. 你是否想请某人充当你的"智多星"，或者请他做测试后给你反馈的观察者？
>
> 3. 最后，根据以下标准检查你的测试：
>
> 　测试安全吗？（如果测试产生了最严重的后果，你也能承受。）
>
> 　收集的数据与你的大假设有关吗？（请参阅问题 2b。）
>
> 　测试有效吗？（该测试需要真正检测你的大假设，见问题 1b。）
>
> 　数据来源是否可靠？（选择既不会威胁到你也不会试图保护或拯救你的数据来源。）
>
> 　测试真的会巩固你的大假设吗？（它是否经过精心设计，从而确实能够导致糟糕的结果，正如大假设所告诉你的那样？你是否准备好接受失败？在你收集的数据中，是否有数据能够确定你的大假设？）
>
> 　可以很快完成吗？（进行测试所需要的人或形势能够到位，你相当确定你知道如何实施计划，而且能够在随后一两周之内进行测试。）

作为第一步，请考虑为了获得大假设的有效信息，你可以改变什么行为（开始做或停止做）。下面是一些选项：

- 更改第 2 栏中的行为。

- 执行与第 3 栏承诺相反的操作。

- 直接从大假设（第 4 栏）开始："什么样的试验会告诉我这个假设的设定是否有效？"

- 观察你的连续统一进程（见第 5 章和第 6 章），实施下一个可辨别的步骤。

如果你已经完成包括问题 3 在内的训练，表明你对大假设的第一次测试有了高效的设计方案。现在需要采取一切必要的行动，尽可能确保测试顺利。在具体细节方面，请联系给你提供反馈的人。你可能希望这个人除了给你提供你想要的特定种类的数据，还能给你提供你的请求范围之外的反馈。你预先对需要的数据越清楚，这个人就越有可能为你收集到有价值的数据。制订一个计划，当测试结束后，尽可能迅速地和这个人交流。

下面这些提示可能有助于你在真正进行测试之前使自己进入恰当的心智模式中[2]。有些事情你之前虽然做过，但经验仍然不足。练习想要做的事情，这将增加你感觉已经充分准备好做此类事情的可能性。例如：

- 准备你的测试笔记。
- 练习各种技巧，以便减少或消除负面的"心智混乱"。

你可能会想象即将到来的相互作用展现的各种情景，以及你会针对每一种设想的情景如何反应或如何坚持己见：

- 考虑语调、肢体语言和所用词语的各种隐含意义。
- 提前设想你通常的表达方式，看它如何导致之前的结果，并考虑是否可以采取更有效的表达方式。如果可能的话，在头脑中进行角色扮演，或者与你信任的人进行排演。
- 准备使用替代方案来处理通常对你不利的事情。

预测可能使得你难以收集到有效数据的事项。下面这些提示供你参考：

- 你可能同时体会到多种感觉。你的这些感觉可能会在测试过程中发生变化，所以要争取经常调整你的情绪渠道。
- 一个人受其大假设限制越深，观察他人（他们的行为及内在状态）的技能就越差。应对调适性挑战的一个最重要的技能就是尽可能不带主观色彩地观察所见所闻，更清楚地观察和倾听是变革开始的潜能所在。

• 人们会很容易从观察转而诠释别人的反应，那会使测试无效，尝试保持与对方的言行一致的理解（例如他说"这让我生气"与"他对我很生气"）。有效数据具备直接可观察的特征，是可以通过录音或录像捕获的语言和行为（包括非言语行为）。

对你的大假设进行测试

你可以采取行动，开始进行测试！记得收集你的数据（既包括你真正的行动，也包括这些行动的结果）。如果你最终没有按照计划进行精确的测试，那也可以，只要确保你运行的实际测试仍然符合有效测试的标准即可（上一节中的问题 3）。如果你得出结论，认为你的测试存在缺陷，那不是致命的问题，这种情况也属常见。只是你要记得还没有获得相关的数据，即可以用来测试大假设的数据（所以不管结果如何，都不能确定你的假设）。下一步，你应当考虑是继续进行起初希望做的测试还是设计一个新的测试。

使用表 10-3 描述你的行为和后果，尽可能保持客观。在下一节中，我们将转向理解或解释数据。

在进行下一步之前，请仔细检查，确保已经对真正要进行的测试（而不是你计划的测试）和你的数据质量做好了效果评估，并确保两者都有效。一旦完成了这些步骤，你就已经准备好了，可以对发生的事进行解释了。

表 10-3　对大假设进行测试的指导表

1. 你实际上做了什么？
2a. 发生了什么？当你进行测试时，人们真正说过或者做过什么？如果你征询某个人的反馈，这个人怎么说？你当时的想法和感受是什么？（这些是你的数据点。）
2b. 核查数据质量，确保数据有效。这个数据是你直接观察到的其他人的反应还是你给出的解释？团队内部是否还有其他人同意你的描述？你的测试中是否存在任何非同寻常的情况？

对大假设测试的解释

设计一个行之有效的大假设测试是一个步骤，进行测试是下一个步骤。现在的挑战是怀着唯一的目的观察你的数据，即为了理解该数据对你的大假设意味着什么。请谨记，进行一个好测试的目的不是为了看你是否有所进步、你的行为变化是否"有效"（尽管这并非无关紧要），而是利用测试数据重新评估你的大假设。如果你能看到有些数据证实或证伪了大假设的某个方面，那说明你的训练正步入正轨。

解释这一步的最好方法是继续讨论苏和克劳斯的案例，以便你能够看到他们做过什么、收集了什么数据，又是如何理解这些数据的。在此之后，我们将邀请你解释自己的数据。

苏的测试，第 3 部分

以下是苏进行的测试：苏选择了两个感觉可以安全进行测试的人，其中一个告诉苏他对团队另外一名成员很不满时，苏告诉他自己不想被牵扯进去，而且认为他最好直接找当事人谈。

以下是苏收集的数据：她内心的想法和感受是："我拒绝了他，而且没有糟糕的感觉。我并没有因为拒绝他的过程简短、坚决而感到厌恶自己，并没有让这个过程困扰自己。当天的事情一切正常，我并没有整天因此而担忧。"那么，外部数据如何？那个人后来给苏打电话，为把她牵扯进来而道歉："我只是想找个人谈谈发生了什么事。"

苏将这些结果看作对其大假设的初步否定。尽管她不喜欢拒绝别人，但也没有因此而感到自责，而且她很高兴自己没有被牵扯到冲突中去。更重要的是，同事的道歉让她明白了，设定界限完全可以令人接受（至少在当时是这样）。

克劳斯的测试，第 2 部分

那么克劳斯的情况如何呢？下面是当他因为一时冲动和员工交谈时的

情景。

他认为那一刻"对我来说是真正的突破"，包括他感到自己离开了舒适区。至于外部数据，那个人更充分地阐述了这个话题，这出乎克劳斯的意料，让他感到惊讶，因为他原以为这将是一个棘手的问题。克劳斯还注意到他和该员工进行了一场真正的谈话，双方开诚布公、坦诚相待。最后，他还意识到自己很喜欢这种感觉，即"我有胆量做到这一步，而且不怕失败，尽管我在测试时没有考虑到这一点"。

关于他的大假设，该数据为他提供了什么信息？用他自己的话说："这一次体验告诉我不要没完没了地分析，现在我能够更加清楚地意识到我之前的想法错了。从前我用很长的时间进行分析或一直等待，以为时机自然会成熟，但并没有（发生这样的事），然后我开始感觉糟糕，因为我没有完成它。我从中吸取到什么教训？服从我的本能，确保我的理智不会阻碍直觉。"他明白了大假设如何导致错误的判断，即误以为凡事需要过度准备。事实上，这种错误意识使他越来越焦虑。他现在知道，至少在这种情况下，他的直觉已经准备充分。

当你如表10-4所示开始解释你的数据时，请谨记下列几个提示：

* 使得大假设不仅仅是假设的是这样一个信念：不管间接还是直接，我们所假设的总是正确无误的。大假设自动告诉我们该如何看待现实，也就是可以说它在眼睛"后面"而不是"前面"。

* 一个大假设很少是完全的，而且总是对或错。问题通常在于，我们倾向于过度使用大假设，并且过于笼统地使其适用性大大超出范围。

* 测试的目的很少是直接拒绝一个大假设，而是帮助塑造其轮廓，以便你获得一个基于数据的实际版本——关于何时、何地以及何人与你的大假设相关。即使是对相对较大的假设的相对适度的更改，也可能会推翻变革免疫。

* 可以进行有价值且完整的测试（针对此步骤），而无需在某些操

作中"成功"进行。例如，我们可能无法进行艰难的对话，但是我们收集的数据使我们能够了解阻碍我们前进的新事物，从而进一步完善我们的大假设。

- 没有一个单独的测试可以就一个大假设本身得出结论。

表 10-4　对大假设的测试进行解释的指导表

1. 查看你收集的数据，你对发生的情况有何解释？
2. 对这些数据，你是否还有其他解释？当大假设强有力地控制我们时，它引导我们进行可预测的解释。这些解释将使大假设充满活力，发挥出更大的作用。抵抗这种倾向的一个矫正方法，就是逼迫自己对数据另外进行至少一种解释。
3. 关于你测试的大假设，你的解释提供了什么信息？你认为该数据证实或否定了大假设的哪些方面？是否产生了新的假设？
4. 你是否考虑对大假设进行下一次测试，以加深自身对大假设的新认识？为了了解得更多，你下次将设计什么样的测试？如果你有更多的大假设，你应该对它们进行测试。

该训练的最后一个问题指向测试大假设的反复特性。一旦我们进行一个测试来观察它对大假设的影响，就会设计另一个测试，该测试将提供给我们下一步想要了解的该假设的数据。我们在第5章和第6章中介绍的大卫和凯茜的案例以及在本章中介绍的苏和克劳斯的案例都进行过多次测试，每一次测试都会促使他们进一步修改其假设。通常，第二次和第三次测试是第一次测试的自然延续，所不同的是参与方、环境及风险程度。在多数情况下，正是多次测试的累积作用开始推翻人们的变革免疫——我们不要忘记，所有训练的目的都是推翻变革免疫。一旦大假设不再具有效力，第3栏中的自我保护承诺就没有存在的必要，我们也就不再需要做出第2栏中的阻碍行为。

苏的测试，第 4 部分

我们继续跟踪苏的这个大假设的下一个测试："如果我拒绝，别人会认为我冷血、没有同情心。"

苏听说她的两个同事发生了争吵，她为自己准备好要说的话——如果其中一个来找她抱怨另一个。她进行了排练，包括自言自语地说："我知道我无法解决她们之间的矛盾，这超出了我的能力。"这次，她准备做一个反思型的倾听者。

苏做了什么？她提醒凯蒂自己正在进行 4 栏训练，承诺不再卷入此类谈话，"我小心翼翼，不想和她一起指责薇姬。我也非常谨慎，不是告诉她该做什么，而是做一个很好的倾听者。"

苏因此获得了哪些数据呢？她关注自己的感觉，包括舒适感和焦虑程度，以及凯蒂对她的行为的反应。在讨论过程中，她发现自己感觉很好，这不仅是因为她能够采取行动并以自己想要的方式出现，而且是因为对话朝着意想不到但非常富有成效的方向发展。苏感到自己能够向凯蒂挑明问题，在非常脆弱的情况下还能进行有效的谈话，她为此非常高兴。这次谈话使她和凯蒂都觉得获益匪浅。

苏认为这个数据与她的大假设相矛盾，通过设置某些界限，她实际上与凯蒂建立了更亲密的关系。

随着我们对自我的观察技巧越来越完善，进一步测试大假设将变得非常顺利。在这些情况下，我们会本能地采取与大假设相矛盾的行动。但我们会意识到这一点（在当时或者稍后），并把这种认识当作提问的机会："发生了什么？这告诉了我们关于大假设的什么信息？"

苏的测试，第 5 部分

苏有过很多"本能"的测试，其中最重大的一次是和老板发生了激烈的争吵。在她看来，老板是最具风险的冲突对象。这件事发生在一次领导小组会议上，苏当时说了些话，导致老板萨姆对她生气地大喊大叫。苏想不通她的话怎么会引发如此极端的负面反应，她设想假如老板没有听到她说的话会怎样，想搞明白自己在这次错误交流中应负什么责任，"我必须和其他团队成员核实：'我说了什么？'他们告诉我，我一直思路清晰。"在苏与老板的后续谈话中，萨姆承认当时他走神了，没有听清苏说了什么。

苏总结说："对我个人来说，我承受住了那次冲突，没有因此惊慌失措，也没有在接下来的一整天背负着这个包袱。我没有像 6 个月前那样让这样的事情一直困扰着我。我现在知道我和萨姆的关系经受得住冲突的考验，我能够承受他那天显然无理的愤怒。"

很多时候，后面的测试反映出我们希望进一步了解大假设的其他方面，前面的测试为这一点做好了铺垫。

苏的测试，第 6 部分

让我们再一次跟随苏的测试见证更深层次的测试的绝好例证。一旦苏意识到拒绝别人不会危及与他人的关系，她就发现了一条全新的学习曲线。她能够说出真正想说的话而不危及与他人的关系吗？换句话说，她能够冒引起冲突的风险吗？

> 我确实说过"我不同意"贝丝的看法，这是一次冒险，我从内心感到是在逼迫别人。对我来说，这是拿关系冒险，我确实冒了风险……但好消息是这种关系没有受到影响。当我不同意时，我可以继续说不同意，但我想清楚地表达自己的不同意见，而不是进行情绪化的宣泄！我觉得自己的表达并没有达到想要的水平，如果我对别人说我们在回避实质性问题，这样的表述风险更大。

现在该轮到你设计自己的第二次测试了，请参考之前的指导表，回顾测试的三个方面（设计、控制和解释）。

如果经过几轮测试，你还在想"我如何才能知道何时该结束"以及"我如何维持自己的进步"，这意味着你很可能已经准备好进行下面的训练："确认陷阱并逃脱"。

巩固你的学习：确认陷阱并逃脱

表 10-5 显示了颠覆免疫过程的发展顺序。通过使用"有意识地逃脱"和"无意识地逃脱"这样的描述，你仔细考虑一下自己目前处在哪一个阶段。

我们设想，如果你已经阅读到本章，你肯定已经度过了"有意识地免疫"阶段。

哪一个描述更符合你的情况？如果你的自我评估是"无意识地逃脱"，那么你可能会发现下一个练习仅对确认自己所处的阶段有帮助。如果"有意识地逃脱"可以更好地描述当前你与大假设之间的关系，那么下列两个选择中的任何一个都适合你，前提是你想全面地颠覆变革免疫系统，并成功地实现第1栏的承诺。

第一个选择是考虑对你的大假设继续进行更多的测试。如果你意识到大假设经常牢牢地限制住你，这是个不错的选择。正如我们之前所说的，测试过程应该反复进行。测试多少次才能推翻免疫系统？这并没有固定的数目。如果你一直单独练习，可以考虑在随后的测试设计和解释中找一个值得信赖的朋友或同事做搭档，与人交流会非常有助于你的进步。

第二个选择是完成另一种练习，我们称为"确认陷阱并逃脱"，它旨在增加你持续成功的可能性。它要求你记录大假设的当前状态，评估假如后退要冒的风险，并计划如何预防下滑。它还会引导你制作个性化提示表（看"凯茜已完成的'确认陷阱并逃脱'训练"）。

表 10-5　从无意识地免疫到无意识地逃脱

无意识地免疫
↓
有意识地免疫
↓
有意识地逃脱
↓
无意识地逃脱

　有意识地逃脱：测试你的大假设并探索大假设在何种条件下有效和无效，这是发展阶段的关键任务。你也可能在这一过程中发现大假设在任何情况下都没有理由成立，人们通常在这个测试过程中学到新的行为和"内心独白"。在大假设无效的情况下，当你能够按照新发现采取行动并去解释大假设(还有旧行为以及与此相关的内心独白模式)时，意味着你正展示新能力，即从大假设的束缚中"有意识地逃脱"。这需要精心训练，而且训练之路崎岖不平、充满挑战，所以人们经常会溜回与大假设相关

> 的旧模式，这很正常。然而，你知道了自己正在后退和再次混乱的原因也是进步的标志。这时，你也应该看到自己正朝着第 1 栏进步目标迈进。
>
> **无意识地逃脱**：当你不必再为了中断大假设而停顿、思考以及计划时，你已经拥有了"无意识地逃脱"的能力。达到这个阶段后，在大假设无效的情况下，你的行动和思考方式自动地与之前的大假设相反。在此过程中，新的信念和领悟已经取代了大假设。即使没有大获成功，你也已经取得了重大进展，更加接近第 1 栏目标。

为了使你能够看到该训练的潜力，并能清楚地回答"我怎么才能知道我已经完成任务了"，我们想提醒你回顾第 6 章中凯茜的案例。当你读完该案例后，请注意该案例对下列问题的阐述：是什么因素将我们带入了大假设的陷阱？为了从陷阱中逃脱，我们能做什么？认识到这些问题，将使你获益匪浅。

凯茜已完成的"确认陷阱并逃脱"训练

你认为自己正处于发展过程的哪个阶段？请论述。

我现在处于"有意识地逃脱"和"无意识地逃脱"之间的某个状态，我已经大幅修改了我最大的各种大假设，感觉不再受它们控制。相反，根据我经历的"休斯敦事件"，我已经对自我和自我的价值有了新的理解，并且过去的几个月中一直在测试。我非常确信，这些关于自我的新观点将防止我回到考虑自己和他人的旧方式。

我现在有很多方法可以降低压力水平，包括如何一开始就不感到压力。我经常使用这些工具和信念，有时是有意识的，而有时则是在不知不觉中反思。

关于你的大假设在什么条件下起作用，你是否已经得出结论或形成某种预感？多考虑特定的场合，例如何人、何事、何地以及何时。

我再也没有看到我的大假设起过作用。

关于你的大假设在什么条件下不起作用，你是否已经得出结论或形成某种预感？多考虑特定的场合，例如何人、何事、何地以及何时。

　　是的，在我所有的工作中，甚至包括我和丈夫的关系中，大假设都不再起作用。

在你知道大假设不该起作用的场合中，你是否发现大假设仍然试图发挥作用？如果是，你能否总结出在什么样的条件下，你发现自己可能（或多或少）陷入与大假设有关的旧思维模式？是什么因素让你仍然经常陷入陷阱？

　　不，我经历的"休斯敦事件"已经摧毁了我的大假设，而且从那时起，我已经学会帮助自己不再陷入旧的思维和行动模式之中。

每当面临大假设时，你是否已经形成随时可以使用的关键"逃脱"方法（例如使你摆脱陷阱的内心独白）？

　　我和一些团队成员制订了一个计划，即当我已经进入高度紧张状态时，我就用一个密码或信号提示他们。但我至今还没有用过这个密码，因为之前打断紧张情绪的步骤一直有效。

在之前激活大假设的场合中，你是否已经形成用于内心独白的新的行为或方式？

　　是的，总的来说，我的自我意识和自控能力明显加强。我现在可以更好地适应之前让我高度紧张的形势，即使已经开始紧张，也能很好地调整。我现在已经具备一套行之有效的方法，能够在我变得过分情绪化之前打断这个周期的开始，或者在它开始之后将其瓦解。

我暗示自己："要冷静。"

我使用减压球。

当感到情绪过度紧张时，我在行动之前会让自己冷静一会儿。

有人说一些让我烦躁的话时，我对自己说："要有礼貌，要冷静，这又不是世界末日，你可以控制局面，你可以礼貌地倾听，然后礼貌地表示不同意。"

当感觉哪里不对劲时，我问自己："是我的问题吗？还是环境的问题？"

当意识到自己处于紧张状态中时，我问自己："什么在我的掌控之中，什么不在？"然后根据我能控制的东西作出选择。

我问自己："犯得着为这件事冒住院的风险吗？"

我更多地按照自己的时间选择能做和不能做的事情。

当我有时间计划时，我会告诉对方我无法按时完成任务，或者告诉对方我认为我可以做或不能做的事情。或者，对于我已经着手做的以及承诺要做的事情，问对方是否可以推迟截止日期。

我要对自己说："为了优先关注其他重点事务，这件事我不能做。"

临近截止日期之时，我问自己："为了赶上截止日期，必须放弃哪件事？"

我根据自己的日程表检查做事程序，确保自己多数情况下能在一定时间之前回家。当有连续的会议时，我问自己："参加所有这些会议对我来说重要吗？"

我给自己立下规矩，必须在某一时间之前回家。当我打破这一规矩时，我会给老板打电话，告诉他我第二天不去上班了，他对此没什么意见。

"这件事如此重要吗？以至于我要拿健康来冒险？"

我关注自己对公司增添的价值和贡献（我的价值并不仅限于产

品）。

　　我关注自己在训练过程中形成的自信感（排除了恐惧，这帮助我看到自己的价值所在）。

　　你在多大程度上经常利用这些"逃脱"技巧，来避免自己被拉回到旧模式中？

　　一直。

你认为大假设在有些情况下不再准确，请考虑此类情况。关于"事情如何运作"或者在这些情况下将发生什么事情，你有什么新的信念或领悟？

　　我的一个初始大假设是：如果我让自己失望，我会觉得所作的贡献比应该作出的少。现在我改变了这种想法，对失望有了不同的定义，之前注重行动，现在注重状态。例如，如果我不说出或分享我的见识这是拥有见识的行动。如果我不再拥有这些见识，或者不再相信这些见识有价值，我会对自己失望。

　　我的另一个初始大假设是：我假设每一位团队成员都在尽110％的努力。我现在仍然相信这一点，所不同的是，这个110％不再是关于检查任务、不再是确保每件事都非常完美。完美并不是仔细核查每件事，而是指概念、意图以及思维方式。

　　我还有一个初始假设是：我假设优秀的自己应该尽150％的努力。我现在仍然认为这一点是正确的，只是重新定义了努力的概念。即使只有三分钟，我也要在这期间，决定如何恰当地使用必要的精力和时间。优秀是由思考的时间和质量的总和所决定的。

　　我最主要的大假设是：我假设与不去尽110％的努力相比，值得冒筋疲力尽的风险。但我现在不再这样认为了。

你对什么因素促使你完成了变革有何想法？

最重要的是，我意识到我的初始大假设源于一种恐惧感。我担心自己喜欢的东西会被夺走，觉得我必须不断地向所有人证明自己擅长这一点，这样他们就知道不要把它拿走。医学院"出人意料"地拒绝了我的申请，这件事多年来一直困扰着我、让我恐惧，这也是一个很重要的因素。我觉得医学院拒绝录取我是对我的一种怀疑，肯定是我自身的问题。但我从来没有说出过这种考虑，只是一直不停地努力做事，以确保拒绝不会再发生在我身上。对我来说，能够摆脱这个阴影是一个巨大的解脱。一直背负这个包袱令我精疲力竭，现在我已经摆脱了这种疲惫的感觉。

整个经历使我看到我实际上非常擅长自己的工作，这不只是因为我"做"的事情，也是因为为人以及我的独特视角。我认识到，其他人也在我身上看到了这一点。

"休斯敦事件"是帮我重新理解自我的催化剂。特蕾莎代替我做了展示报告，这测试了我的一种观点，即我不必非得去做每件事。这也是对我个人价值的认可，这些价值包括独特的技能、知识和观点。特蕾莎的成功是因为我之前设计好了展示方案，也把目标陈述得清晰明了。我的独特价值体现在这些计划过程中，因此我获得了新的自信，极大地促进了自己的变革。

我是个非常细致、严谨的人，没有数据支持的道理我是不相信的。特蕾莎接替我成功完成了报告，这是一次被迫的实验，却证实了在没有我亲自参加的情况下，我的目标和观点一样可以实现！

在我释放了恐惧并形成了新的自信之后，所有的事水到渠成、进展顺利。我不断地尝试计划的方法，以便我能够减少压力，并在这一过程中发现适合自己的新技术和自我提示。一切从我放开恐惧和建立自信开始。我一直在尝试一些有计划的方法，以便减轻压力，并在此过程中找到对我有用的不同技巧和自我提醒。

无论如何，对于"我怎么知道自己已经完成了训练"这个问题，我们应该可以从上述案例中得到清晰的答案。当然,如果你还没有在第 1 栏目标上取得明显进展,那么你肯定还没有完成训练。正如凯茜的案例所显示的那样,如果你仅仅是取得了明显的进步,而并没有在行为变革和精神变革(那是你的大假设变革)之间修筑牢固而持续的渠道,那也不能表示你已经完成训练。

现在轮到你进行这个训练了,请参考表 10-6 中的指导。

如果你已经完成了"确认陷阱并逃脱"训练,请回答最后一个问题:你对自己在达成如此具有挑战性的目标的过程中取得的成就有何感想?

表 10-6 用于"确认陷阱并逃脱"的指导表

1. 你认为自己正处于发展过程的哪个阶段?请论述。
2. 关于你的大假设在什么条件下起作用,你是否已经得出结论或形成某种预感?多考虑特定的场合,例如何人、何事、何地以及何时。
3. 关于你的大假设在什么条件下不起作用,你是否已经得出结论或形成某种预感?多考虑特定的场合,例如何人、何事、何地以及何时。
4. 在你知道大假设不该起作用的场合中,你是否发现大假设仍然试图发挥作用?如果是,你能否总结出在什么样的条件下,你发现自己可能(或多或少)陷入与大假设有关的旧思维模式?是什么因素让你仍然经常陷入陷阱?
5. 每当面临大假设时,你是否已经形成随时可以使用的关键"逃脱"方法(例如使你摆脱陷阱的内心独白)?
6. 在之前激活大假设的场合中,你是否已经形成用于内心独白的新的行为或方式?
7. 你在多大程度上经常利用这些"逃脱"技巧,来避免自己被拉回到旧模式中?
8. 你认为大假设在有些情况下不再准确,请考虑此类情况。关于"事情如何运作"或者在这些情况下将发生什么事情,你有什么新的信念或领悟?
9. 你对什么因素促使你完成了变革有何想法?

未来进步

一旦从大假设的束缚下"有意识地逃脱",你可能想再次参加变革免疫训练,尤其是针对你仍然深受束缚或因灰心气馁而没有完成的目标或领域。所有训练方法都可以再次利用,这些工具可以成为你进行变革的终身学习方法。通过确认、测试以及改变其他大假设,这些方法可以帮助你实现其他承诺。是的,言外之意是:如果你用心观察,会发现自己在其他领域中也存在"无意识地免疫"。形成确认这类领域的能力，是取得持续进步的关键所在。

当然，第一步是要绘制新的变革免疫 X 光片。如有所需，你可以随时参考表 10-7 的指导。请注意，这个指导表包含了一个构思想法的栏目，可在此栏围绕你可能存在"无意识地免疫"的领域进行头脑风暴，构思改进目标。一旦完成这一步，你就可以回到之前的免疫训练步骤，提醒自己有哪些步骤尚待完成以及如何完成。

表 10-7　变革免疫 X 光片工作表

构思想法	1. 承诺（改进目标）	2. 实际上做得太多/做得太少	3. 隐藏的相互冲突的承诺	4. 大假设	第一次 S-M-A-R-T 测试
			忧虑盒子：		

本书的最后两章旨在指导你亲自体验实际生活中的变革免疫，并使你颠覆免疫的过程稳定地持续。我们在与许多领导者的合作过程中体会到，只有亲身体验才能更好地理解训练的效果。不管你从局外人的角度看到这些观点多么具有说服力，我们已经发现，最初你可能只是不反对参与这个训练（在你所在的组织或团队中），但只有通过亲身体验，你才能积极拥护这个训练。请亲自积极地参与其中，而且在出现阻碍因素时能够采取真正的支持立场。

尽管我们在第 9 章和第 10 章中一直将重点放在个人改进项目的工作上，但众所周知，集体（如工作团队、部门、领导小组、整个组织）也具有变革免疫。而且，正如你从第 4 章中了解的那样，许多这样的集体从创建其 X 光片中获益匪浅，请记住。例如，医院、诊所能够大幅度减少寻求滥用药物的患者的处方，并且能够提高单位内的医生和护士之间的信任和信心——之前他们是无法做到这些的。你或你所在的组织中的某人可能希望帮助一个集体安全有效地创建自己的 4 栏免疫地图，下一章将指导你这样做。

第 11 章

呈现你的集体变革免疫

　　许多年前，当我们第一次对集体免疫的观点进行试验时，在哈佛大学举办了一期为期两周的面向整个公立学校领导小组的暑期班。那时我们邀请所有负责人带着他们的管理团队前来参加，尤其是他们的中央办公室的同事和各个校长。当时大概有 15 个团队的合计 100 多人参加了项目。这个课程是由几支合作的教员队伍并在一起的，正如在这种情况下经常会出现的那样，乱得像一个拥挤不堪的集市。一天又一天，不同的教员队伍总是尽职尽责地忙于让这些团队参加各种活动。

　　通常，所有小组会得到一份特别训练的介绍，然后不同小组会被送到他们各自的突破空间去训练。我们总是给他们一个具体的返回时间，以便听取集体报告。然后一天又一天、一次又一次会议，每个小组都能正好在指定时间回到集合地。

　　在一个下午，我们向他们介绍了集体免疫的概念——几天前我们已经引导所有小组的每个人通过了个人变革免疫训练。然后我们发给他们一些案例和空白的 4 栏训练表格，把他们送到各自的突破空间，并要求他们在指定时间返回。

　　到了全体集合的时间，有两个小组不仅迟到了，而且根本没有回来！直到第二天早上，我们才再次见到他们。这是我们第一次模糊地感知到，我们可能在这种使用变革免疫平台的新方式上有所发现。

　　当我们联系这两个小组时，他们给了一样的理由："对不起，我们似乎忘了这是'培训项目'，那会儿我们正在进行一个工作会谈，这类谈话此前从未有过。所以毫无疑问，我们当时觉得最有价值的事情就是持续谈下去。我们一直谈到了晚饭时间，希望没有添麻烦。"

本章旨在为你提供帮助。如果你想和同事一起制作集体的变革免疫 X 光片的话，那么你为什么会想做这个？应该在什么条件下进行？

- 你是一个想进一步提高其功能或业绩的团队的一分子。可能团队有一个没有完成或者进展缓慢的重要目标，也可能团队意识到自身存在某种集体功能失调，例如"我们制订了各种伟大计划，但我们没有贯彻执行""我们没有在执行任务时互相帮助"或"我们每个人都过于专注于保护自己的地盘"。
- 为了更好地自我理解，你们团队强烈希望或者至少愿意去进行一点集体反思。
- 不管可能存在什么样的压力、冲突或猜疑，当前的团队失和状态还没有严重到团队内部所有谈话都成为公开或秘密的敌对的机会。也就是说，团队不一定非得高度和谐，但也不能是一个活跃的战场。

正如我们在第 4 章中所看到的，进行团体诊断有多种方法。你在选择自己喜欢的方法时，可以综合考虑你们团队的性质以及人们是否有时间或有兴趣参加。下面是几个应当考虑的事项：

- 如果你们团队没有可以明确识别的子团队，并且规模不大于12 人(例如，你们都是同一部门或者由同级人士组成的项目小组的成员)，你们可以一起进行诊断。
- 如果你们团队没有可以明确识别的子团队，但规模大于 12 人(例如，你们是一家大公司的合伙人或一个大部门的所有高级员工)，你们可以任意分成 8 个人左右的子团队(每一个子团队都是整体的缩影)，构造几个可能的诊断，然后对它们进行整体比较，以便创建出一个抓取了所有较早草稿中最佳内容的集合图。

• 如果你们团队有可以明确识别的子团队(例如，你们来自一家公司的不同职级或一个组织的不同部门)，每个子团队可以各自单独进行其诊断，当整个团队再次聚集到一起时，目的不是制作反映整体的免疫 X 光片(如前面两种情况)，而是为了更好地理解属于这个团队的不同部分。

• 如果你们团队无法进行集体诊断(例如，可能不是每个人都有时间或兴趣，或者团队太大了)，一个代表工作团队可以聚在一起，提出一个用于较小团队的自我理解的或日后以试探性或询问性的姿态和整个团队分享的集体诊断。

• 如果你们团队没有任何其他成员有时间，你仍然可以根据自己的解释进行集体诊断。但需谨记，你填写的所有内容应该是对整个团队一起参与诊断时会填写的内容的最佳模拟，而且你绘制的免疫 X 光片最好是一个激发讨论的可能性，是对某种迄今无法识别的真相的揭示。

显而易见，在你创建集体诊断之后，不同的方法将会启动或限制什么会发生。所以，以终为始很重要，你要尽可能在开始绘制免疫 X 光片之前就考虑清楚到底想要什么。例如，如果你的目的是更好地理解你的团队，和整个团队的代表性小团队作出一个建议性的诊断就足够了。相反，如果你想在团队内部寻求更多理解，就最好让整个团队都参与进来，以便这些理解包含其创建和形成过程中的所有利益相关者。

不管你选择哪种方法，我们都建议所有参与者在制作集体免疫 X 光片之前首先绘制各自的个人免疫 X 光片。有些团队曾经问过我们，是否可以省略个人的 4 栏训练，直接进行集体诊断("因为与个人的自我反思相比，我们确实对团体进步更感兴趣")。

集体免疫的探索道路需要精通一套技巧和概念，只有经历严格的个人评估过程才可以获得这些技巧和概念。一旦你理解了对自己的自我保护和竞争性承诺负责的思想，在进行集体免疫分析时就会倾向于认为这是理所当然的。如果人们不首先亲自理解这些思想，他们的分析充其量还是很浅薄的。更糟糕的是，这往往将导致团队内部新的敌对状态。

如果你决定忽视我们的建议，不管出于什么理由，我们强烈建议你在让人们做集体自我评估之前想办法向他们介绍个人变革免疫的概念。你可以向他们展示优秀的个人和集体免疫 X 光片（这可以在本书中找到），以便让他们明白训练目标是什么。如果你已经准备好进行集体训练，可以采取我们下面介绍的集体诊断步骤。

第一步：确认集体改进目标

在你确定哪种方法最适合你的目的之后，你们团队需要确认其特定的集体改进目标。有些情况下，团队已经知道这个目标，每个人也都很清楚将要在训练中填写什么内容，例如"我们需要下级员工做得更好""我们需要打破领导团队成员之间的讳莫如深"，或是团队中存在的任何集体变革挑战。

但是，更多的时候，一个团队会得出过于笼统或务实的改进愿望——"我们需要缩小成就的差距""我们需要改善领导团队的沟通"。只有确定合适的具体目标，团队才能从中获益（例如"我们需要改进教学方式""我们需要更有效地处理冲突"）。在这种情况下，最有效的办法是发给每个人一张带有头脑风暴栏的模板的空白图（如表 10-7）。你也可以将空白的集体免疫 X 光片（表 11-1）复印给大家，请他们花几分钟，在最左边的一栏中填入他们认为团队最需要改进的目标。

表 11-1　制作集体免疫 X 光片的工作表

改进重点——头脑风暴可能产生的结果	1. 我们的改进目标（集体承诺）	2. 我们的集体勇敢无畏条目（实际上做得太多/做得太少）	3. 集体的相互冲突的承诺	4. 集体的大假设
			忧虑盒子：	

接下来，你的小组需要一些时间来考虑每个人的第 1 栏条目并商定一个集体改进目标。许多小组甚至在他们面临揭露相互冲突的承诺的挑战之前，就已经发现仅此一步便深具启发性和价值。通常情况下，团队中的每个人都可以快速告诉你"我们需要变得更好"（例如，"我们需要成为一个对年轻员工更具启发性的领导团队""我们需要更具有企业家精神"）。但是，如果你分别问五个人这是什么意思，则会得到五个不同的答案。例如，一个人认为团队变得更勇敢会更鼓舞人心，另一个人则认为问题与领导者的吸引力无关，而与他们花时间和精力照顾年轻同事的意愿有关。或者，一个人认为创业意味着寻找新的或各种类型的客户，另一个人则认为保持已有客户一样可以创业。

一旦你的团队已经确定了可能的改进目标，就让成员对该目标进行评估，看它是否符合针对集体免疫的第 1 栏的重要标准：

- 我们一致同意在这个方面做得不够好吗？

- 我们一致同意自身与这个问题紧密相连吗？也就是说，解决这个问题不能主要依靠借助团队之外的组织或者力量。

- 改善这个问题对我们很重要吗？如果我们做到了，会有丰厚回报（或者节省巨额成本）吗？

和个人免疫 X 光片一样，这个训练的价值取决于第 1 栏内容的质量。目标越紧急、越重要，观点越被人接受，效果越好。在你们团队根据有效内容的标准定下改进目标之后，你应该把它填到展示墙上的一大张白纸上的 4 栏训练表的第 1 栏中，以便每个人都可以随时看到这个诊断如何随着时间一步步成型。

第二步：盘点勇敢无畏条目(与改进目标相反的各种行为)

下面，我们建议留出几分钟时间，让参加训练的人独自思考所在团队会如何回答这个问题："我们集体做得太多或者做得太少的什么事情违背了这个改进目标？"

当所有人都准备好之后，可以开始集体讨论怎样将自己的草稿转变成团队认可的集体免疫 X 光片。

接下来需要消除人们的紧张感，采取轻松的方式让他们完成每一栏内容。这种互动的任务每次都会影响团队的对话情境，使人们进入截然不同的领域，获得越来越多的反思。与制作个人免疫 X 光片的训练不同的是，通过这种方式，人们不用等到第 3 栏训练就能体会到这个过程的新颖价值，每一栏内容都能引发有助于增强团队的理解和提高凝聚力的对话。

当你为集体免疫 X 光片考虑可能填写的内容时，可以参考良好的第 2 栏标准，你已经通过制作个人免疫 X 光片了解过这些标准：

• 列出具体行为——团队实际做得太多或做得太少的事情。

• 你们愿意填写的内容越多、态度越真诚，免疫 X 光片的效果就越好。所以请深入挖掘、剖析自己。记住此处的目的不是为了责备或羞辱团队。你们不久都将看到，填写的内容越丰富，最终收益越大。

• 确保你们填写的每一项内容都是与团队的第 1 栏目标相抵触的集体行为。毫无疑问，团队同样在做一些符合你们的第 1 栏目标的事情。这样做很好，但请记住，这不是第 2 栏任务的本质。你不是在这里寻求平衡，这个部分的最大价值是去发现那些与第 1 栏目标背道而驰的实际行为。

　　• 不要考虑你们为什么做这些事情，也不要开始形成如何停止或做得更好的想法和计划。在训练过程的这个阶段，你可能非常强烈地想解决问题，但必须抵制这种欲望。不要试图去解释你们的行动的无效性，以及为了纠正这种无效的方式而设计策略。这种急切的心情可以理解，因为多数人面对一长串缺点时都会感到不舒服，并且想立即采取措施消除这些缺点。虽然这纯属人之常情，但一定要抑制这种冲动。目前而言，你所需要做的只是保证描述的深度和真诚，暂时先让行为本身保持这种令人尴尬的状态吧。

我们的最后一条标准专门针对开启集体诊断：

　　• 这些行为必须是你们所有人参与或没有参与的行为，而不仅仅属于"那些没有把事情搞明白的人""那个派系"或者"那些反对者"。整个团队需要承认自身的集体无效性。

如果不能够理解或注意到这条标准，你们的集体诊断会有演变为互相指责的内讧的风险；如果能够理解或注意到这条标准，将会为剖析你们团队创造一个清新、安全、毫无歧视的空间。我们回顾一下第 4 章介绍过的专业服务事务所的第 2 栏条目，它的改进目标是想在合伙人层级创造更大的信任感，促进相互支持：

　　• 我们不善于互相倾听，我们宁愿互相告知。
　　• 我们在背后互相议论。
　　• 我们觉得如果没有咨询过自己，任何决定都不算数。
　　• 我们觉得个人日程凌驾于集体日程之上。
　　• 态度不明的情况下，我们不假设别人心怀善意，通常假设别人心怀恶意。

- 我们互相避免谈论棘手的问题。

- 我们并不尝试真正理解彼此的日常安排。

- 我们不分享信息。

- 我们创造并维持了一种激励结构，这种结构重视奖励个人成就、忽视奖励集体成就。

- 我们互相严厉批判、吹毛求疵。

- 我们拉帮结派，并一直只在小圈子内协作。

- 我们四处开发客户、忙忙碌碌，为经济下滑和低迷时期作准备。

- 我们互相竞争，拉拢初级员工加入特定的项目。

或者考虑下面这个列表，它来自一个校区领导团队，他们根据研究数据确定了第 1 栏中希望实现的目标，即更好地满足英语学习者的需要：

- 我们制订了很多计划，但没有贯彻这些计划。

- 我们有许多校区学习资料，但人们可以选择用不用这些资料。

- 没有针对教师的持续培训。

- 我们不会持续加强教师的技能和策略/技术。

- 我们对教师进行培训，但自己却不打算按照培训的内容去做。

- 我们没有一贯支持学区资源项目。

- 我们没有系统地监督最好的教学实践。

- 我们没有表现出对持续教学的承诺。

- 我们承诺不断提高教育水平，但并没有遵守这一承诺。

- 我们（校区）没有明确告诉下属学校哪些事情可以协商、哪些事情不能协商。

- 我们没有分析项目成功程度。

- 我们没有组织教师和校长参加变革，没有将当前实践和结果数据联系起来作为需要改变的证据。

·我们想开展全校区范围的项目，却只喜欢适合本校的项目。

我们相信，当你所在的团队有机会决定第2栏内容时，你会发现这种看似矛盾的讨论并不会令人灰心丧气，反而会给人们一种如释重负的感觉，因为你们终于可以对大家都知道的真相进行确认并负起责任来。通过这种方式，你们不会把任何一个人变成恶棍或受害者，而是坚强地面对镜子中真实的自我。这种做法通常的效果，是团队成员填写完勇敢无畏条目后会感觉比以前更具有凝聚力。

团队可以利用所需的任意长度的时间讨论并形成自身的第2栏内容，然后将这些内容填写到所有人都能看到的公开图表中。

第三步：揭示集体的第3栏相互冲突的承诺

如果你的下一个步骤成功，它将引导你看到集体变革免疫结果。此处的关键点是设计有效的、通常能激励人心的第3栏承诺，这些承诺能够使你们团队看到比之前更广泛的社会动机。

请回顾我们已经看到的案例，尤其是第4章介绍的案例。资深教师们真诚地想为初级教师创造更有前途的职业环境，但在做到这一点之前，必须认识到他们还处于维护资历特权的承诺之中。点火者真诚地希望减少伤亡人数，但他们在达成目的之前可能还需要认识到，他们内在的要回避不知所措或失控的承诺实际上阻止了他们学习那些会使他们的死亡率降低的东西。真诚希望英语学习者做得更好的校区管理层的情况如何？我们看到他们中的一个人认识到还存在另外一个承诺，即避免承担较重的教学负担，不对孩子们抱有过高的期望，因为孩子们可能无法满足这些期望。用他们自己的话说，就是维持一种"小可怜文化"。

一所学校的领导团队已经列举了第2栏的很多勇敢的行为，情况如何？他们对自己发现的其中一个承诺最感兴趣，即他们倾向于责备别人而不是自己（如果我们安排所有人各尽其责，但仍然不能成功，我们就别无选择，只能推断真正的问题发生在我们身上，不该责备别人，而且我们将被证明是无效的)。换句话说，他们需要认识到：为了避免得出明显的结论即他们是无效的领导者，他们在隐秘地进行无效的领导。

当看到别人制作的集体免疫 X 光片时，人们经常会说："这个团队如此坦诚地剖析自己，真不可思议！我觉得我的团队做不到这么深刻的自我剖析。"但我们想提醒你，当各个团队开始制作其集体免疫 X 光片时，他们通常并不知道能够如此坦诚地互相倾诉，"坦诚"实际上并不是问题。在多数情况下，团队并不清楚其自我保护动机(它的第 3 栏承诺)，甚至大多数个人对此也不清楚。这些动机如同相片成像一样，神奇地显现在感光纸上，由推翻免疫的过程释放的集体能量催化显影成像。

围绕第 2 栏内容的会谈释放了人们的心灵，大家最终能够集体谈论他们全都知道的自己一直在做的起反作用的事情。但是第 3 栏的解放缘于人们看到了之前不知道的行为，这些行为的存在背后全都有着完美的理由，它们代表其他集体动机卓有成效。

你们团队通过利用勇敢无畏条目实现的杠杆作用将在第 3 栏中被发现，第 2 栏中关于无效性的所有自白都与你们的目标有关。先暂停集体活动，让每一位团队成员制作其初始免疫 X 光片，填写第 3 栏顶部的担忧框："如果我们去团队做与第 2 栏的每一项内容完全相反的事情，我觉得团队最担忧的是什么？"

当所有人都亲自考虑过这个问题后，你们团队就可以启动第三次集体会谈了：

- 考虑由每一位团队成员提出的担忧或恐惧。
- 将每个担忧或恐惧转化为一项可能的第 3 栏承诺(例如，将"我们担心领导团队认为我们没有百分之百地尽职尽责"转变为"我们承诺，可不能冒险让领导团队觉得我们在偷懒"，或者将"我们担心如果信任团队作决定，我们的自身利益将得不到保护"转变为"为了保护自身利益，我们每个人承诺在每一项决策中都要拥有发言权")。
- 在集体免疫 X 光片中填写每一项可能的第 3 栏承诺。

填写集体免疫 X 光片时，我们再次鼓励你应用以集体为导向的标准，我们填写个人免疫 X 光片的这一栏时使用过同样的标准：

- 很显然，你们第 3 栏的每一项都应该是集体自我保护承诺，都与一个特定的集体担忧或恐惧紧密相关。我们在第 4 章中介绍过的专业服务事务所的合伙人在他们的第 2 栏中确认，任何没有和他们协商过的决定都不是真正的决定，"不能算数"。当考虑采取与此相反的行动时，他们讨论了由此引发的风险，得出的一致意见是："在甚至没有和我们协商的情况下，若想将这些决定视作真正的决定，我们将不得不真正地彼此信赖对方会将各自的日程安排和利益牢记心中。我们必须要彼此信任、互相支持。我们担心这样做会使得彼此更容易互相伤害或者依赖。"这个集体的担忧或恐惧清晰明了，所导致的相互冲突的承诺"我们承诺不用非得依赖别人，永远不用依靠别人"显然也是一种集体自我保护的承诺。

- 每一项承诺使得第 2 栏中的各种阻碍行为显而易见。考虑到你们将在第 3 栏中填写的承诺，你们将发现之前在第 2 栏中填写的行为恰恰是任何团队都可能做的事情，从中你们可以明白出现这种巧合的原因（该专业服务事务所的合伙人可以看到，如果他们的集体承诺是永远不要彼此依赖，他们不允许除了自己之外的任何人参与任何重要决策就再正常不过了）。

- 你们团队现在可以清楚地看到，为什么若想成功的话仅仅消除第 2 栏行为是难以奏效的，因为这些行为正在为非常重要的其他目标服务。

- 最后，团队意识到自己实际上正试图同时向两个相反的方向前进，也明白了为什么每个人都感觉进退维谷。

举个例子，随着团队的免疫 X 光片逐渐成型，该专业服务事务所能够认识到，合伙人想将内部合作提高到更高程度的真诚承诺是如何被同样真诚的东西(除了自己之外不依靠或者依赖任何人的承诺)阻挠的，尽管后者到目前为止还不太明显。借助第 3 栏的每一项内容，团队能够追溯到初始改进目标上，而且能够从本质上看到其变革免疫的另外一个层面。你们团队现在应该能够清楚地看到第 3 栏中的每个隐藏承诺是如何激发了第 2 栏中的阻碍性的，又是如何让第 1 栏改进目标的油门同时被刹住的。

我们想确定你的团队正在经历一个新的层面，这有可能绘制认知方面的全景图，但团队的多数成员仍然不会觉得这个免疫 X 光片揭示了一些强有力的东西。你可能觉得："我们已经完全按照指示做了，但这个表却并没有真正抓住我们的注意力。它似乎并没有使我们获得任何新见识。它并不具备那种令人惊叹的特征，即：'天啊，他们能够做到如此开诚布公，真是不可思议！'"

如果你们团队有这样的体验，你能对此做什么？记住，一个免疫系统产生的目的是为了在危险的世界中执行一项关键的任务，它旨在保护你们免受自己所设想的可能导致死亡的伤害。如果你们的免疫 X 光片此时缺乏冲击力，是因为团队一直在出色地(不易觉察地)上演一幕生死攸关的戏剧，而人们还没有充分认清这幕戏剧的本质。还因为你们的免疫系统认为危险正在潜伏、正准备结束你们的生命，而你们尚未在第 3 栏纳入这个情况。

导致上述情况发生的原因可能出于下面两个行为中的一个：或是因为你们还没有深入确认和采取与第 2 栏行为相反的行动有关的恐惧；或是因为你们虽然已经确定了真实的恐惧，但之后并没有在第 3 栏中叙述对这个恐惧的发现。我们将快速说明这些现象，然后讨论如何修正。

回顾上面提到过的校区的管理层团队的案例，他们最终有了强有力的发现：他们承诺过度保护孩子。他们逐渐意识到，这个心智模式限制了自己："我们不能对学生抱有很高的期望，因为这意味着在他们已经超负荷的生活里增添额外的负担，这将导致更多的失败经历。"揭露这个集体意识对他们来说非常有价值，但需注意，他们在第一次尝试时并没有获得这一发现。

在第一次草拟免疫 X 光片时，他们没有深入挖掘最大的担忧，而正是这些担忧笼罩了希望，使他们不能实施严格的课程和教学。他们解释说，自己会担心要额外承担工作、在采用新的教学材料和教学方法时感觉不确定或者无能为力。严格地说，他们的免疫 X 光片符合全部的正式标准，但仍然不够完整。他们需要更深入地探索其恐惧。你是否还记得，一位勇敢的团队成员使他们彻底了解了这些恐惧？这位成员揭示了"小可怜文化"的概念："我们担心给这些小家伙薄弱的肩膀增添更多的负担"。如果你们的免疫 X 光片不够有效，没有对团队的集体心智模式提出发人深思的观点，你的第一选择是引导团队的注意力回到第 3 栏的担忧框：我们是否已经对这种担忧（如果我们的行为与第 2 栏的任何一项或者全部内容相反，会发生什么）进行了足够深入的挖掘？

还有第二种选择。我们曾经与某研究型大学的一群图书管理员合作过，他们承诺不再总是甘愿处于外围地位，不再做教学和行政决策的被动接受者，决心成为更全面的学校管理合作人。他们做的哪些事情与这个愿望相悖？在管理该大学的各种委员会中，他们没有积极争取任何一个席位；当有机会影响决策时，他们没有慷慨陈词；他们没有主动对影响重大且迫在眉睫的问题形成自己的立场。是什么样的恐惧让他们不敢做这些事情？之前他们对此采取过几次行动，但收效甚微，因此他们总结说："我们担心，如果我们有了更多发言权，我们将暴露自己的缺陷，或者因为无能而被开除，因为我们真正擅长的只有图书馆管理。"这个总结确实深入骨髓，但他们的免疫 X 光片在填写完 3 栏内容之后仍然缺乏吸引力（本应该有的），因为他们的第 3 栏承诺没有涉及任何存在于他们的恐惧当中的危险："我们承诺坚持我们的强项。"在他们草拟其相互冲突的承诺时，唯有更接近恐惧，免疫 X 光片才会令他们有全新的感觉：

- 我们承诺不采取可能会暴露我们的缺陷或者使我们显得幼稚无能的行动。
- 我们承诺不在"客户"和老板面前丢脸。
- 我们承诺绝不能发现自己缺乏成为真正的学校管理合作人所需

的能力。

如今，图书管理员们感觉这张免疫 X 光片更加强大有效了。这不仅因为他们确认了之前从未认识到的观点，还因为他们更加深刻地认识了阻碍其改进目标的"刹车行为"。他们看清了一直使自己免受其伤害的危险，认识到自己的免疫系统是多么显而易见而且自我封闭。

因此，这是第二种确定免疫 X 光片有效的方法：如果这些恐惧确实反映了团队心理和物质安全方面的威胁和危险，意味着你成功完成了这一步骤。现在你应该留意的是，你将团队的恐惧解释为相互冲突的承诺的方式是否同时保留甚至详细阐述了这些恐惧的全部威力。

如果你们已经处理了所有这些陷阱，你们团队的免疫 X 光片现在应该有效地记录了头脑和心灵：你们都能看到一个连贯的能成功防止变革的系统，你们通过已经绘制的景象都能感觉到兴趣盎然又深受启发甚至醍醐灌顶。如果存在这种情况，你也应该非常有兴趣回答这个问题：我们如何逃脱这一切？这涉及团队的下一个步骤和下一次会谈。

第四步：揭示集体的大假设

如果你对集体变革免疫已经有清晰的印象，那团队训练的最后两个步骤将帮助你搭建一座从诊断到处方的桥梁，以便颠覆变革免疫。正如你所知，颠覆免疫的程序为应对调适性挑战提供了调适性手段，该程序将改进目标转化为一个"好问题"——那种可以"解决你"的问题。像其他所有团队一样，你们团队会受到一种诱惑，即希望通过马上减少第 2 栏行为的方式获得进步，这其实是试图用技术性手段解决调适性挑战。

与颠覆个人免疫一样，你需要一个切入点，使你们团队能够影响和改变免疫系统，而不是被免疫系统束缚。来自专业服务事务所的一位合伙人表示，当看到虚拟线上会议没有在人们起立并宣誓变革的过程中结束时，他感到如释重负。多年来，他的团队一直在试图用技术性手段解决调适性挑战（即更加乐于合作），他的这些话就是源于对团队的此类尝试的体验。

单是真诚甚至感到紧迫并不够，这样的集体心智模式需要变革，因为它正"保护"着你们团队，使之不能在目标上取得进展。当你们开始处理这一免疫时，会释放大量未经计划和宣誓的行为。这些行为将席卷进步目标，通常将产生预料之外的结果(参见本书第 2 章的案例)。

团队的下一个步骤和下一次会谈将成为最佳切入点，为颠覆集体免疫系统发挥重大作用。让所有人静静地思考几分钟，考虑初始免疫 X 光片的第 4 栏，观察墙上的第 3 栏内容并问自己："如果我们拥有这些相互冲突的承诺，必须将哪些假设视作属实?"或者更准确地说："如果我们被这些相互冲突的承诺控制……"

表 11-2 的集体免疫 X 光片提供了一个范例，它由我们刚刚提到的大学图书管理员绘制。

表 11-2　大学图书管理员的集体免疫 X 光片

1. 可见的承诺	2. 实际上做得太多/做得太少	3. 隐藏的相互冲突的承诺	4. 大假设
• 不再总是甘愿处于外围地位，不再做教学和行政决策的被动接受者，决心成为更全面的学校管理合作人	• 在管理该大学的各种委员会中，我们没有积极争取任何一个席位。 • 当有机会影响决策时，我们没有慷慨陈词。 • 我们没有主动对影响重大且迫在眉睫的问题形成自己的立场。	• 我们承诺不采取可能会暴露我们的缺陷或者使我们显得幼稚无能的行动。 • 我们承诺不在"客户"和老板面前丢脸。 • 我们承诺绝不能发现自己缺乏成为真正的学校管理合作人所需的能力。	• 我们假设教员和管理人员对我们有很高的期望，期望我们马上达到他们的要求。如果我们达不到这些要求，他们会看低我们，而我们很可能达不到。 • 我们假设如果说一次愚蠢的话，一切都完了，我们将永远被当成笨蛋。 • 我们假设自己必须马上成为各方面的专家，人们不容许我们对任何事有"学习曲线"。 • 我们假设"所需能力"是固定或天生的，有就是有，没有就是没有，你无法培养这种能力。

当每个人都单独思考了一段时间之后，你们可以举行第四次集体会谈，倾听彼此的第 4 栏假设，将符合下述标准的假设填写到共享免疫地图中：

- 显而易见，如果每一项大假设都被视作属实，将不可避免地导致一个或多个第 3 栏承诺（例如，如果"一旦说了愚蠢的话，我们和大学同事的关系就会遭到毁灭性破坏"这件事可以确定的话，我们绝对会理所当然地承诺永远不在他们面前丢脸）。总的来说，大假设不可避免地导致了第 3 栏的各项承诺，它们怎样维持免疫系统会变得非常明显（第 3 栏各项承诺显然遵循了大假设，它们明显地导致了第 2 栏的行为，而这些行为清楚地阻碍了第 1 栏的目标）。

- 大假设揭示出了一个更宽广的世界，到目前为止，团队还不允许自己进入这个世界。当考虑探索这个更大的世界时，你们就可以看到大假设如何设置了一个"危险区域"的警告标志。图书管理员至少可以在理论上踏入这个世界，这要求他们系统地、整体地考虑大学事务，而不再充当门外汉。至少从理论的角度来说，前面提到的专业服务事务所的合伙人可以更加互相信赖。上面两个案例中的所有人本来都能够做到这些事情，但是他们的大假设警告他们不要这样做。所有这些警告标志有可能都是恰当的，应该引起注意；但也有可能是歪曲事实，将他们的集体生活限制在非常狭小的空间里，而他们本可以生活在更宽广的世界里。

进行第四次会谈不是要解决问题或是辩论某个大假设的有效性，理解这一点对每个人来说都非常重要。你听到的有些假设好像属实（"你是什么意思？我们假设会发生一些坏事？相信我，肯定会发生一些坏事"），你也可能认为有些假设非常虚假（"如果我们理智地思考这个问题，会发现有大量的证据表明这个问题不符合事实"），你自己或者整个团队都无法确定其真假（"我的一部分感觉属实或大部分情况下属实，我的另一部分却不确定"）。

然而，当前的重点并不是解决任何一个类似的问题。相反，重点是：不管这些假设是真是假，集体认知系统（即团队思维方式）的运行依据都是假定所有假设总是属实（正是这一点使得它们成为大假设）。一旦填写完第4栏，团队面临的问题就不是"这些事情是否属实"，而是：

- 我们是否认为，我们的思维方式严重损害了我们的效率？
- 我们是否认为，如果我们能从团队的这些意识中解放出来，团队会有重大改观？
- 我们是否认为，我们该给自己一次机会，看看能否改变其中任何一个方面？

如果对这些问题的回答是否定的，那么无论你们团队认为进行集体诊断的体验多么有趣，探索都可能会在这里戛然而止。由于人们感觉病情并非十分严重，所以都不愿意从诊断转到治疗。同样，人们断定缺乏变革的代价并不十分重大，因此无需紧急地颠覆变革免疫。事实上，此时你们团队应该进行第二次胆识测试，并决定在第1栏中选定的进步目标是否重要。

但是，在大多数情况下，对这些问题的回答是肯定的。最初的改进目标与开始训练时一样重要，现在，你可以看到思维定势在积极阻碍着大家都希望实现的目标的进展。这些发现应该会激励你采取最后一个步骤，使团队准备好颠覆其集体免疫。

第五步：准备测试你们的大假设

结束集体诊断的最佳方式是让小组成员满怀激情地进行一个或多个特定检验或测试，这些检验或测试能够提供关于大假设的信息。若想满怀激情，就要进行头脑风暴，让人们不断思考各种检验或测试的结果。这些检验或测试能够产生令人信服的信息或经验，从而质疑或反驳某个大假设。

首先要让人们进行单独的头脑风暴，思考其各自的初始免疫 X 光片，然后再进行集体头脑风暴。

与我们在第 10 章中描述的个人测试一样，你们的第一个集体检验或测试应该遵守 S-M-A-R-T 方法：

- 它们应该是安全的（Safe）（如果进展不顺利，团队应该改天再进行试验）。
- 它们应该是适度的（Modest）（团队刚刚迈出第一步，只是稍微离开了"危险区域"的警告标志，还没有到达离警告标志很远的地方）。
- 它们应该具备可行性（Actionable）（团队或者指定的代表单位能够及时地运行测试或者试验，以防丧失动力）。
- 为了获取数据，测试或者试验应该包含一种研究（Research）项目（而不是为了改善的进步项目）。
- 该计划应该被视作对大假设的一种测试（Test），以此评价其可能的收益（不是为了改善行为，而是为了证明该策略有多少前途）。

你应该还记得前面提到的专业服务事务所，其合伙人计划了一项思考试验和一项行动测试。思考试验从解锁企业家精神的全部类别开始（认识企业家精神在公司内部有着不同的含义），目的是检查他们提出的每一个不同因素，然后评估哪些因素受到合作的威胁或限制、哪些因素没有，以及以怎样的方式被威胁或限制。继而探索在这些因素中，是否有一项因素因合作伦理而真正得到支持。

在行动测试中，他们选择了十个企业计划（他们想服务的新客户或者想与现有客户开发的新计划）并打算集体实施，而非单独进行。这样做打破了常见的派系，每个成员也不再只是关心个人日程安排，能检测出公司是否能够形成新的合作并且成功开拓新的业务。

关于这些计划内的活动，我们想谈几点看法，这些看法也完全适用于你们团队将会设计的测试项目。首先，他们致力于获得有关大假设的信息，而不是让团队立即"变得更好"。这种团队安排——采取行动以便探索团队的心智模式而非马上改善——与特定设计的检验或测试同样重要。我们已经提到过一个古老的辩论，即为了促进变革，你是应该首先改变心智模式（以认知为导向的治疗师的倾向），还是应该首先"引起人们对自身行为的注意力"，再改变心智模式（行为主义者的倾向）？你会记得，我们的方法是第三种方法。我们认为认知是行为之母，同时认为认知会随着针对特定目标采取的特定行为——即为你提供关于心智模式的信息（认知和情感）的行为——而改变。简而言之，这是自我反思型学习者的行为，而非社会工程师的行为。

因此，在进行了检验或测试之后，将结果带回团队很重要，还要将结果与以下问题相联系："这些结果对我们的大假设意味着什么？"（而不是"我们是否在实现目标方面取得了进步"）一个单独的试验结果很少会让你松一口气，难以使你断定大假设是否属实。但是，如果团队的试验结果确实以某种方式对大假设提出了质疑（情况通常如此），这至少产生了积极的动力，促使人们进一步深入探索——嗯，当然了，在所有有利的条件下，试验效果良好，但如果我们做其他事或者改变一下条件，试验还会成功吗？

在实践中，经过计划的测试只是一种开始的方式。作为"行动探索"，它为行动导向型团队提供了一种文化友好的方式，促使团队开始将学习型组织的原则融入日常事务中。最终，你们最具颠覆性的团队试验常常产生于这样的反复认知："在这里，我们又一次脱离了大假设。"随着人们更加敏锐地认识到自己在行动中的大假设，这种洞察力通常自发地启动检验或测试："如果我们故意做与该大假设相反的事情，会发生什么？能安全地做这样的事情吗？如果我们将做这样的事情也考虑成一种测试，那我们究竟想探寻什么信息？我们想出的计划能够提供这个信息吗？"

按照我们的经验，在向看似复杂的组织挑战时，要取得重大进步，最有效的基础涉及两个方面的训练：一方面是个人要努力解决各自的变革免疫，因为它与团队的改进愿望紧密相关；另一方面是整个团队需要围绕同一目标认识到自身的集体变革免疫。有的团队经常浪费大量时间，毫无效率地讨论最困难的调整，但最后根本产生不了持久的结果。如果把时间用于支持颠覆个人免疫以及为探索团队的大假设努力创造机会，将这些事情作为团队的共同语言和集体惯例，那么免疫框架就会成为一个坚固的结构，能把个人学习和组织成功地连为一体。

正如本书第二篇中的案例所示，如果你们团队决定采取这个训练并持之以恒，则可能取得的成果将远远超过仅仅实现你的第 1 栏改进目标。用调适性方式应对调适性挑战意味着将促进心智的持续发展，甚至对成年人也有效果；还意味着有助于个人和集体同时建立起日益复杂的各种能力，这些能力适用于生活的所有领域。如果你们团队对此感兴趣，我们预祝你们成功，并希望你们把这一路上的训练的收获告诉我们。

结论

引领自我成长，促进他人进步

每年 1 月，全球最受瞩目的盛事就是世界经济论坛。在为期 4 天的会议期间，来自世界各地的公司高管、国家领导人、大学校长、电视谈话节目主持人等 2000 多位嘉宾受邀而来，齐聚位于阿尔卑斯山的瑞士小镇达沃斯，共同商讨世界大事。

几年前，我们应邀参加了会议。这很有趣，特别是如果你喜欢不间断的刺激和与那些你通常只能在报纸或电视上看到的同伴一起探讨、学习全球动态，而且他们还都来自最具活力的学习型企业的话。然而，在所有会谈和华丽的辞藻背后，真正的主题只有一个：变革。世界在变，你的业务在变，如果你意识到了这一点，你最好也适时应变。无论早上、中午还是晚上，小组会议还是全体大会，用餐还是坐车，人们都在不停地谈论变革。

但是，由于有如此之多的各界领袖出席会议，各种会谈很少关注内心世界，如促使人们不进行变革的感觉、焦虑和动机等，也就不足为奇了。你在达沃斯论坛花上 4 天时间，可能也找不到一场讨论为什么变革如此困难或者我们可以为此采取哪些措施的会议。

在这本书中，我们试图将 25 年的研究和实践提炼为对单个现象的实践描述。我们认为该现象是阻碍个人和集体变革的核心因素，并提出你为克服该因素可以采取的措施。我们认为在 21 世纪，能够打破/穿越变革免疫的领导者和组织将在各自的领域中独占鳌头，将按照自己的目标设定标准，他们将受到竞争者的最大尊敬，并且将在内部成员中拥有最大的忠诚和承诺。

领导者如何引领成长之路

你的组织如何才能变成具备持续变革能力的沃土？你怎样才能帮助更多人实现你在这里看到的飞跃，使他们释放出全部潜能？

为了促进真正的变革和发展，领导者和组织的文化必须采取某种发展姿态。也就是说，他们必须传达出希望大家能够成长的信息：

"我们都能持续成长。"
"为了实现我们的目标，我们需要成长。"
"为了体验工作中最大的活力和满足感，我们想要成长。"

真正的发展姿态有什么特点？我们确定了 7 个关键特质：

(1)它承认存在"青春期之后的生命力"，成年之后依然可以持续成长和发展。

(2)它认同技术性学习议程和调适性学习议程之间存在区别。

(3)它识别并培养个人的内在动机以促进成长。

(4)它假设心智模式的变革并非一蹴而就，进度也不会同时达到。

(5)它认为心智模式塑造了思维和感觉，因此心智模式的变革需要同时涉及头脑和心智。

(6)它认为单独的心智模式改变或行为改变都不会导致变革，必须利用彼此来实现。

(7)它为人们承担改变其思想固有的风险提供安全的平台。

在更深入考虑每一个特质的同时，我们邀请你进行盘点，既为你自己，也为你的团队或组织。但是我们建议你不要抱着填写清单的态度来做这件事，因为仅仅回答是或否并没有太大的价值，你需要把每一个特征视作一个统一体并深入思考。当你按照以上 7 个特质衡量自己或者团队的时候，考虑一下：在这个统一体中下一个可能的步骤是什么？这个步骤在你的案例中是什么样的？是容易的还是富有挑战性的？哪些步骤对你最重要？

1. 存在"青春期之后的生命力"，成年之后依然可以持续成长和发展

只要我们相信心智发展是年轻人的领域，就会认为正式学习是进入成年阶段的准备或是职业生涯的起点。然而，21 世纪的成功领导者也将认识到，有组织的学习对成年阶段而言确实是必不可少的准备，对促进成年阶段心智能力的增长同样必不可少。

根据我们的经验，大多数组织（无论是私营公司还是公共部门）的职业发展文化实际上与这种期望有很大的不同。然而有趣的是，许多领导者并未意识到这一点。尽管人们随处使用"成长"和"发展"这样的表达，但我们看到的实际行动往往仍停留在学习模式而非变革模式的传播阶段。这种模式的目的是从一个人（通常是专家）那里把知识传授给学习者，期望学习者"增加"更多心智内容，而非为达到更高的心智复杂度重建心智。这就像往已有的操作系统中增加更多的文件和应用程序，对操作系统本身并没有实质性的提高。

随着领导者采取更多的行动，不断在工作场合中纳入更多的变革模式，他们最终将迷上我们当前的组织型学习模式，例如重点培训项目、管理教育、企业大学或者不定期的"职业发展"事件。所有这些模式都把青年学校教育安排的方式和功能应用于成人领域，这种新型学习模式不是"为成长旅途作准备"，而是"终身学习"。

我们并不是设想这些已有的职业发展模式会消失，我们认为它们也不应该消失。它们是适当的非正式培训手段，可以帮助工作者获得新技术、

迎接技术性挑战。应该消失的是只依赖这些模式以满足各种学习需求的观念。

如果你观察自己组织内的学习实施系统，"工作中的心智系统"揭示了什么固有现象？是需要改进该系统的组成部分，还是需要改变该系统本身？

2. 技术性学习议程和调适性学习议程之间存在区别

我们当前的设计不足以促进应对调适性挑战所必需的转化式学习。在本书的开头，我们提到了海菲兹的评论，即领导者最大和最常见的错误是试图通过技术手段应对调适性挑战。我们相信这一天将会到来——那些负责组织内学习的人会回头，对他们在工作过程中的学习需要的第一波回应说出类似的话："我们使用了技术性学习方法，却期望它们产生调适性结果。"

我们的一个客户负责公司的企业大学，他曾经告诉我们："一线经理将员工送到我们这儿，希望他们回去时能够做现在做不到的事情。多数情况下，为了真正满足这些期望，我们必须准备好支持变革学习，但我们没有这种准备。据我所知，所有企业大学都没有准备好。"

不管在企业还是社会部门，今天的领导者都希望下属积极进行种类繁多的学习。瑞士一家金融服务公司的部门首席执行官告诉我们："世界在变化，我需要我们的财务经理切实地重新思考其职责。20年来，这些经理一直在管理客户们的投资组合，他们擅长使用金融工具、财务数据及分析和预测。现在，他们需要善于与人打交道、擅长处理人们的情感。这些经理需要能够与客户谈论他们的生活、他们所爱的人和他们在世界上最关心的事物，以及他们想如何使用其资产。这是一个全然不同的新工作。"

我们从辛辛那提的一所学校的负责人那里听到了几乎完全相同的话："世界在变化，我需要校长们重新思考其职责。20年来，他们就像出色的工厂经理。他们知道如何协调各种操作，以实现安全高效的生产。现在，他们需要成为教学改进的领导者，需要更加接近'实践现场'、深入教室、观察教师的教学情况，而且需要考虑如何提高教师的教学质量。这是一个全新的工作。"

甚至顶级的领导者也是如此：为了满足今天的学习需求，他们会采取一种方式；而为了满足明天的学习需求，他们会采取另一种方式。现在请考虑这两种方式之间的差异：

假设财务经理们正在参加金融服务公司的一流企业大学的系列学习项目；企业大学的校长们正在参加世界一流的大学暑期集训，该集训还会举办后续的网络研讨会，也会安排大学教员到工作地点进行指导和教练。

单位中的领导者强烈、自愿地响应配合，投入大量资金和资源支持雇员学习；雇员本身也积极参与、履行义务。尽管在这些可能的最佳情况下，每个人经过培训后仍然不能肯定取得进步。他们虽然没有明确意识到，但都在期望最初为儿童设计的某个学习系统能够满足成年人的需要。

财务经理和企业大学的校长都感觉自己在上课——临时聚集的一群人被人为地安排到一起，他们互相之间没有集体的目的或义务，而且在经过一段事先安排的相对短暂的时期之后，他们彼此可能再也不会见面。上司将他们送来参加学习项目，深深地寄望于得到那个只可意会不可言传的结果。上司以为所有这些临时职业发展项目都能产生"转变"，好像人们可以在陌生的群体中学到转变的能力，回到工作岗位时又可以将转变能力应用到实际工作中。

人们认识到，按照上述方式组建的团队不适合深入挖掘参与者被限制的心智模式。不管是出于上述考虑，还是因为在任何情况下讨论更私人的问题时人们通常都会感到不舒服，这些学习项目的设计者和讲述者以课堂为依托都不可能为参与者创造更广泛的学习机会。参与者若想显著地改变自身行为，就需要参与得更多。

如表 C-1 所总结的，未来成功的学习组织领导者更倾向于采用以结果而不是课程为导向的成人发展路径。他们将意识到试图解决"转变问题"的学习项目可能在一开始就迷失了方向；他们将更喜欢"从转变开始"的学习项目，这些项目以真实、完整的运营工作团队为基础。在这样的团队中，成员的任务不仅有集体学习，还有与学习紧密相连的其他任务。因为他们每天一起应对真实的挑战，所以自然地形成了一种持续、利己的需要。他们希望看到每个同事都能变革和进步，而且当这种情况真实地发生时，他们会自发地乐于赞赏同事的进步。

表 C-1　将学习从课堂转移到工作团队：组织学习的高水平方法的特征

20 世纪的特征 课程驱动	21 世纪的特征 结果驱动
1. 在假设的团队中学习（课堂）	1. 在真实的工作团队中学习
2. 工作流程的"暂停时间"	2. 将学习融入工作流程中
3. 时间有限	3. 时间灵活
4. 学习者对学习负间接责任	4. 学习者对学习负直接责任
5. 信息性/技术性	5. 转变性/调适性
6. 寻求学习的转变	6. 从转变本身开始
7. 为团队领导者服务	7. 与团队领导者一起进行学习
8. 学习人员和工作人员之间界限分明	8. 宽松的界限/辅助关系
9. 与公司整体战略联系松散	9. 与公司整体战略紧密相连
10. 准备发展出进取心	10. 在进取心中得到支持

那么，当财务经理和企业大学的校长参加未来的组织学习时，他们会发现自身有了什么变化？设想这样一个情景：为了鼓舞组织完成目标，某个教育主管或者首席执行官的领导团队定期开会——正如今天的情况一样，该组织的真实工作模式花费的时间与以往一样，但效率比以前有了显著提高，这是为什么？

这是因为，团队还开发了一个坚固且可持续进入的第二渠道。在计划好的规定间隔内或者当新的需求出现时，组织会自动从运行模式转为学习模式。团队成员能够意识到自身以及他人的变革免疫，也能够看到组织试图阻止想要的进步。在第二个模式下，团队可以进行个人学习试验，也可以探讨在其他方面的试验。因而该团队成为孵化新能力的沃土，好像是在飞行时对飞机进行翻新——这正是调适性训练的任务。

团队并不总是一个舒适的地方，人们需要极大的勇气去冒风险，学习的过程有时也会使人感到惊慌。但是，如果你询问其成员中的任何一个，即使询问的是最初最怀疑或最抵制的成员，你也将发现很少有人想回到从前。引领我们不断进步的学习珍贵异常，它使我们觉得更加充满活力。在重塑组织的同时，我们也在重塑自我。

在这个训练统一体的一端，它将有组织的学习视作与工作基本无关的事务；而在它的另一端，有组织的学习已经融入每周的工作方式的方方面面，深入骨髓。你将把训练场景放在这个训练统一体的哪个位置？

3. 识别并培养个人的内在动机以促进成长

你的组织或组织文化将什么视作持续的而非临时的优先考虑事项？这个问题非常值得思考。我们听说，旧金山的金门大桥一直在不断喷新漆，全面喷漆一结束，便意味着下一次重新喷漆的开始。该市不惜重金，不断保持着大桥迷人的金色光辉。你的领导团队或组织显示出的你们一直关注的事务又是什么？

具有讽刺意味的是，甚至是那些深受质量运动影响、考虑"不断提高"操作和系统的组织，通常也没考虑过要持续发展人的能力。大多数系统改进都是调适性挑战，这意味着它们不仅需要结构或运营上的重新设计，还需要人才的转化性成长以维持再设计。所以尽管有如此之多的才华横溢的咨询师给出了很多好建议，客户组织也对此表示欣赏，而且组织的领导者确实真诚地想实施这些建议，但始终收效甚微，原因正在于此。

相反，多数组织将人才发展视作可以通过零散的或者定期的培训方式达到目的的重点项目，这就不是其"金门大桥"。我们"派人去学习"，时不时地为工作者创造休息时间，送他们去企业大学、高级人员管理课程、领导力发展学院，就像上述的财务经理和企业大学的校长所做的那样。总之，我们时不时给人们来个学术休假。

通过与私营及公共公司部门合作，我们看到唯一真正的区别在于：你能让这些人拥有多长时间的学术休假？学校管理者可以在暑假参加两周的学习项目，首席执行官顶多愿意来几天。但这点时间差异无关紧要，基本模式一模一样：偶尔学习一段时间，给自己充充电；学习一点好内容，并为你的组织带来一点新的活力。这种学习模式与一种工作安排惊人地类似，那就是休假！我们现在都已经知道成年阶段的发展潜力，但为什么我们的人才转变的基本模式却只能是周期性的学术休假和恢复？

如果你的团队或者组织处于这个发展统一体的另一端，情况将会怎样？也许你的团队或者组织能够通过下列大部分测试：

- 我们可能走进你的单位，随机挑选几个员工（也许包括你），所有人都能够回答下面这个问题：你个人正在努力提高的最重要的一件事是什么？

- 不管是新员工还是公司元老，每个层级的所有人为了个人学习，都在努力解决一个"好问题"。所谓的"好问题"是指不是你在努力解决它，而是它在"解决"你。换句话说，人们的答案可能是确定某件事，为了完成这件事，人们需要成长（而不是指人们试图获得的新技术）。

- 他们能告诉我们一种方式，通过这种方式，他们不断有机会获得上述所需的成长。

- 他们能告诉我们组织内至少一个人的名字，这个人知道组织的目标，也在乎是否能够完成目标。

- 每个人都能告诉我们为什么完成变革对他们个人意义重大，用他们自己描述的方式进行变革。这不仅对组织非常有益，对他们个人也是如此。

在组织的需求与其个人成员的需求之间，没有比人们在工作中的持续成长更完美的利益结合。如果一种"利益"能够满足最深刻的人性渴望，使我们不断体验才能的扩展、更深刻地看清内在的和外在的事物的本质，并且在更大范围内更有效地行动，那么这将是组织能为员工提供的最好的"利益"。变革免疫诊断是一种能够将难以企及的进步目标转化为"好问题"的策略。"好问题"就是说，如果我们解决不了这个问题，这个问题就能够在我们解决它之前把我们给"解决"了。

你所在的环境中，每个员工是否都有一个正在"解决"他们的"好问题"？

4. 心智模式的变革并非一蹴而就，进度也不会同时达到

我们对你直言不讳：人才的变革需要时间。成人的发展没有汽车穿梭餐厅那样的快速通道，如果有人告诉你这种转变可以一蹴而就，那只是一个不现实的诱惑而已。你可能认为你的自我评估问题是"你的耐心有多大"，但其实不是这样的。

如果你像我们在私营公司及公共部门合作过的每位领导者一样，一个更好的问题是："你为什么如此不耐烦？"根据我们的经验，答案通常是："因为我没有时间！"抱歉，我们答应过对你直言不讳：如果这是你的答案，那么完全错误。对于任意给定的员工，只需几个月时间就能帮助他打破变革免疫，而投入传统培训的累计时间可能要多得多。实际上，传统培训只是一系列断断续续的培训投资和迂回管理，每一次都时间短暂。事情并不像表面的样子，你有足够的时间。

为什么变革需要时间？因为我们要培养的是人，而不是某种技术。我们不是在讨论打开电灯开关，而是在讨论心智复杂度的演化、讨论心智差异和对其重新整合的渐进过程、讨论观察一种我们过去只能浏览的意义构建方式、讨论从主体向客体的转变。如果在组织内讨论其他重要举措，你不会因为时间长而不耐烦。为什么在这个问题上，你就期望一夜之间取得成功呢？

"显然，他需要更相信自己的直觉。"你可能会说，"而且不能再过多地考虑其他人的想法。如果我不能让他坐下来，在一小时之内向他解释清楚，组织内肯定有其他人能够做到！"好吧，从你的角度看，这想法可能非常明显。然而，如果他从社会化意识角度考虑问题，相信我们，这对他来说并不那么明显。

我们在此想强调非常重要的一点：不是你需要耐心来接受发展的观点，而是接受发展的观点会给你耐心。你之所以不耐烦，是因为你认为事

情应该能够进展得更快。当你接受我们的发展研究阐明的这个观点后，通常会发现自己可以更有耐心。当你知道一个郁金香球茎的未来是盛开成一朵美丽的郁金香、一条毛毛虫的未来是长出翅膀并自由飞翔时，就不会对郁金香球茎和毛毛虫那么不耐烦了。

没有积极的行动手段，也将于事无补。采取发展的观点并不意味着你只能坐在那里静静地等待，我们仍然需要采取关键但不同的行动。我们不能对郁金香球茎揠苗助长，也不能训练毛毛虫飞翔，但我们能够确保郁金香球茎有良好的土壤来生长、毛毛虫有多汁的树叶当食物。"好问题"和主动性为探索大假设创造了机会，它们为心智模式的转变提供了营养。"好问题"即 X 光片显示的内部冲突，而大假设则维持着这些冲突。

关于你的组织内的人员发展，当他们真正取得进步时，实际结果和你所期待的结果有多匹配？

5. 心智模式塑造了思维和感觉，因此心智模式的变革需要同时涉及头脑和心智

我们知道，根本无需问你是否认为自己和他人的感受是工作中的一个重要部分。我们并不认为领导者对情感世界的存在和重要性一无所知，我们只是发现，大多数领导者对于如何以持续的、建设性的、富有成效的和适当的方式参与这一强大维度感到无所适从。因此，他们倾向于要么忽视情感世界，希望它能自生自灭；要么将它转移至警戒区域（"人力资源或管理培训会处理这个问题"）或其他时间（"我们换个时间讨论这个问题，让擅长解决此事的人来处理"）。

这种做法完全可以理解，但你还有其他可选的解决模式吗？你知道自己不是也不想成为心理治疗师，你甚至不能肯定那些经过培训后成为心理治疗师的人有多少会适合你的工作场合，所有这些考虑都合情合理。在改革人力才能方面采取发展的观点，这并不意味着应该将工作场合变成依沙兰学院（Esalen Institute），也不意味着需要变成费尔（Phil）博士那样的领导者。

但这确实意味着要认识到效率和有效性之间的差异在变革领域和其他

领域一样重要，而且以牺牲有效性为代价换取效率是一笔不划算的买卖。发展的观点意味着要理解：尽管学习方法看似棘手而且耗时，但如果不能改变参与者的心智模式，这个方法对于改变工作模式基本无效。发展的观点还意味着：正如我们在本章提到过的那些领导者那样，请不要忘记人们每天都是带着人性一起工作，因此必须想办法将人们的情感生活融入工作场所，否则我们将无法成功完成最重要的目标。发展的观点也意味着认识到：想在公共和私人之间、"工作领域"和"个人"之间作严格区分是天真和无效的。

我们在本书开篇介绍过彼得和哈瑞的案例，现在请你仔细思考一下他们的经历。他们都发现变革免疫方法的价值在于建立共同语言，它提供了一种集体的共同框架，既能用于将私人情感带入工作环境，又能将其紧密地绑定到目标明确的个人改进上，这些个人改进对组织和个人都具有极高的价值。

在你自身的环境中，人们是将重要的情感公开，还是锁在"橱柜"里？当这些情感表现出来时，它们对个人和集体学习起到了支持作用还是阻碍作用？

6. 单独的心智模式改变或行为改变都不会导致变革，但是必须利用彼此来实现彼此

正如我们已经讨论过的，个人变革哲学家们有一个存在已久的争论：我们是应该"反思我们对待变革的方式"，期待行为方面的最终变化，并将其视作勤勉个沉思的结果，还是应该尽最大努力采取新的行为，并且相信我们的意识会赶上新体验的现实？例如，在心理学界，以洞察力为导向的方法反映了第一个流派，而行为矫正的方法则反映了第二个流派。

我们的答案是：二者都不是，这个问题本身属于论点与反论点的关系，需要超越这种整体结构以便形成新议题。而新议题的内涵非常不同，不只是两个论点的简单综合。

根据我们的经验，若想走出 X 光片所揭示的心智模式，既不能单纯靠沉思，也不能只是改变第 2 栏的行为。相反，我们必须专业地采取一种所

谓的"实践"活动，这种实践专门旨在探索改变个人和组织理论（存在于大假设之中的各种理论）的可能性。

如你在本书第2篇中所看到的，与我们合作过的人通过两种变革转变了才能，即旨在给他们带来思维模式改变的行为变革以及旨在促使他们实现目标的最终行为改变的思维模式变革。

现在，你在这个方面进行探索的机会来了：这可能令人惊讶，然而根据我们的经验，大多数人——甚至那些描述自己很适应反思和"行动"模式的人——从来没有进行过集中的、结构化的、持续的和积极的反思。他们经历过的更像是"计时思考"，或者通过一系列访谈问题将他们的注意力引导至特定的时间、经历或者事件。这些能反映真正的你吗？

7. 为人们承担改变其思想固有的风险提供安全的平台

人们对儿童心智的发展已经研究了一个世纪，我们从中学到很多知识，但还没有将其引入成人发展的新领域。在这些发现中，最强有力的是心智成长所需的因素：挑战和支持。我们当前的意义建构方式存在着局限，而"好问题"揭示了这种局限：我们对自身或者世界的理解并不像自己以为的那样好。我们意识到这一点时会感到焦虑，"好问题"支持我们忍受这种焦虑。这两点对我们今天的成长和年轻时的成长同等重要。

变革免疫程序像一个工厂，它将每一个没有完成的目标转换成一个可以应用于变革学习的"好问题"。但如果你仅仅引入"挑战"而不考虑其引起的焦虑，我们敢肯定你会对结果感到失望。

你可以跟人们说要采取完全私人化的一对一的指导方式，以此鼓励他们参加这种训练。但你仍然需要认识到，如果该训练完全有效，他们进行的训练可能将导致一些意料之外的结果，然后才会取得想要的改进目标。当你观察到艾尔故意冒险走出其能力范围和舒适地带时，你对他当前的表现有些疑虑。请记住你的怀疑信念——"艾尔永远是艾尔"，他绝对不会改变的。好吧，瞧瞧，你现在看到的（虽然可能有点尴尬）正是你认为不可能发生的变革的最初迹象。我们知道，光是这一点可能还不值得鼓励，但它绝对值得而且也需要你的支持性的认可和肯定。

不管艾尔最初的新行动在你看来多么不专业，这些行动都是他的勇气和意愿的结果，他想改变这个成功使他成为现在这副模样的焦虑控制系统。艾尔最近不太像你一直以来认识的艾尔了，这可能引起你的担忧，但相信我们，他比你更担忧。他正在进入他的大假设多年以来一直告诉他不要冒险进入的领域，你的理解对他继续其冒险之旅至关重要。

　　但是如果你还在考虑在团队环境中支持克服免疫的训练（比如人们互相让对方进入自己的免疫 X 光片那种），你几乎肯定需要采取谨慎的措施，以使团队比当前更加安全和值得信赖。这一点不难做到，你只要注意去做即可。

　　还记得彼得的管理层吗？当他们开始训练时，其中一个较勇敢的怀疑者讲出了其他几个人的心声："我已经在公司干了许多年了，我对此有许多疑虑。如果你让别人知道自己的弱点，其实是在授人以柄。今天你可能觉得万事大吉，因为我们都和睦相处。但我们怎么知道会不会有一天，有人利用这个把柄反过来对付我们？"

　　彼得衷心感谢这个人的勇敢发言，他承认自己的提议是有风险的。他如实说，不管他做什么，也无法把这个风险降为零。他还提醒他们，公司取得的所有伟大成就都包括一定的风险。最重要的是，他帮助他们制定了一项规范：如果任何人利用其他人的"一件大事"作为把柄，或者以任何方式对此表示不尊重，将被视作对团队神圣原则的侵犯。一年之后，彼得告诉我们，训练最热情的倡导者就是最初提出担忧的那个勇敢的家伙。

　　还记得哈瑞的资深团队吗？他们很容易就确认了一个深思熟虑的行动，这对团队创建训练安全区也非常必要。此处的问题不是关于成员会如何利用彼此的重要信息，他们担心的是组织对自己的评价——担心这些评价会被记录在他们的档案中。这些经验丰富的公务员深知，委员会主任经常换人，不管当前的主任如何通情达理和有礼貌地评价他们个人和职业发展，他们怎么知道未来的主任不会采取相反的态度？在当前的团队中讨论如此真实的事情是一回事，这样的坦率不会使他们在未来的环境中处于不利境地是另一回事。

问题一出现，哈瑞立即承认此时绝对有必要确定一个明确的规范。团队通过并坚持一个规范：不管在训练中人们互相谈论了多少内容（包括带有评价性质的内容），任何内容都永远不会进入任何人的永久档案。

挑战和支持两者必须齐头并进。你是否了解自己的环境可能需要更安全的方式，以确保参加训练的任何人还有所有人都不会犯错呢？

若想成为发展型领导者，可以从 7 个不同的方面努力。如果感觉这是一个巨大的挑战，我们也将为你提供一些支持：根据我们的经验，紧密联系这 7 个方面的最好方法是努力打破/穿越你自己的免疫系统。只有从内心了解并感觉到这个过程的实际情况，你才能增强领导所在组织的能力、才能让组织中的其他人同样成功并安全释放潜力。

我们是带着一种信念和一种目的写这本书的。

我们坚信你的成长能力没有截止日期，不管你多大年纪，都可以继续谱写自己的成长故事，你周围的人也同样可以。

我们的目的是让你掌握一个具有新颖的概念性和实用性的方法，以便释放你自己和同事的能力。

当你考虑参加变革免疫训练时，我们向你推荐彼得的话。当我们上一次和他谈论本书时，他说："不管你们想告诉领导者什么，一定告诉他们这句话：进行此类变革的勇气会振奋人心，而且极具感染力！我亲眼看到了我的资深团队内外的人所经历的巨大变化——开始的时候，有些人认为：'这太隐私了！'后来却觉得：'嗯，我也想这么做！'"

我们祝愿你起飞并取得巨大飞跃，而且安全着陆。

注解与参考文献

第 1 章

1. S. Milgram, *Obedience to Authority* (New York：Harper and Row, 1974)。

2. I. Janis, *Groupthink* (Boston：Houghton Mifflin, 1982). P. t' Hart, *Groupthink in Government* (Baltimore：JohnsHopkins University Press, 1990)。

3. K. Eigel, "Leader Effectiveness：A Constructive-Developmental View and Investigation" (PhD diss., University ofGeorgia, 1998)。

4. 巴尔托内(Bartone)比较了西点军校学员的心智复杂度与其领导绩效之间的关系，并发现了二者之间的显著正相关(P. Bartone et al., "Psychological Development and Leader Performance in West Point Cadets," paper presented at AERA, Seattle, April 2001)。比奈(Benay)评测了一家中型食品分销公司的 8 位领导人，运用一个"测量转化式领导能力"的多因素领导力测评工具，他也发现了同样的正相关关系(P. Benay, "Social Cognitive Development and Transformational Leadership：A Case Study" [PhD diss., University of Massachusetts, 1997]。布什(Bushe)和吉布(Gibb)运用一个包含了 77 个项目的、信度效度都很高的工具研究了 64 位顾问，发现在这些顾问的心智复杂度与其同事打分评价的顾问能力之间存在强烈的、显著的关联。(G. R. Bushe and B. W. Gibb, "Predicting Organization Development Consulting Competence from the Myers-Briggs

Type Indicator and Stage of Ego Development," *Journal of Applied Behavioral Science* 26，[1990]：p. 337-357)。

5. N. Branden，*The Six Pillars of Self-Esteem*（New York：Bantam，1995），p. 22-23。

6. C. Argyris and D. Schön，*Organizational Learning*（Reading，MA：Addison-Wesley，1978），p. 21。

7. Ibid.

8. J. Loevinger and R. Wessler，*Measuring Ego Development*（San Francisco：Jossey-Bass，1970）。

9. R. Heifetz，*Leadership Without Easy Answers*（Cambridge，MA：Harvard University Press，1998）。

第 3 章

1. R. Kegan and L. Lahey，"The Real Reason People Won't Change," *Harvard Business Review*，November 2001。

2. R. Kegan and L. Lahey，*How the Way We Talk Can Change the Way We Work*（San Francisco：Jossey-Bass，2001）。

第 4 章

1. 我们合著的关于学校改革的书籍：T. Wagner，R. Kegan，L. Lahey et al.，*Change Leadership：A Practical Guide to Transforming Our Schools*（San Francisco：Jossey-Bass/ Wiley，2006）。

2. Peter Ham，MD，Dan McCarter，MD，Nina O'Connor，MD，Andrew Lockman，MD，University of Virginia，Department of Family Medicine，这次演讲是 2007 年春天在芝加哥的家庭医生教师学会（the Society of Teachers of Family Medicine，STFM)上发表的。

3. 事实上，这个主持人告诉我们，他是有意选择变革免疫流程的。他想将这个流程当作"胡萝卜"，而不是那种传统的通过组织的政策和非激励因素来改变人们的行为的"大棒"。他觉得"大棒"的方法很低效，就像所谓的戒烟委员会似的，"强制的办法只会引发人们对变革的抵触"。

4. C. M. Bowe，L. Lahey，R. Kegan，and E. Armstrong，"Questioning the 'Big Assumptions'：Recognizing Organizational Contradictions That Impede Institutional Change," *Medical Education* 37(2003)：pp. 723-733。

5. R. Heifetz，*Leadership Without Easy Answers* (Cambridge，MA：Harvard University Press，1998)。

6. C. M. Bowe, et al.，op. cit.，pp. 727-729。

7. Ibid.，pp. 730-731。

8. Ibid.，p. 731。

9. Ibid.，p. 731。

10. Ibid.，p. 732。

11. Ibid.，pp. 732-733。

12. Ibid.，p. 732。

13. Ibid.，p. 733。

第 5 章

1. 海勒(Heller)坦率地指出了授权的本质："授权的整个过程起始于分析——选择那些管理者可以授权也应该授权的任务。当任务选定之时，任务的各项因素应该得到清楚的定义，这可以帮助管理者将任务委派给一个合适的下级，并且给出尽可能清晰的说明。不管任务是什么，清晰合适的说明至关重要——你不应该让人们去为一些模模糊糊的、定义不清的任务负责任。任务过程中的某种监督也很重要，但这种监督起到的作用应该是监管与辅导，而非干扰。授权的最后一步是评估。被授权人完成得怎么样？授权人与被授权人双方还有什么可以进一步提高的?"(R. Heller，*How to Delegate* [New York：Dorling Kindersley，1998]，p. 7)。布莱尔(Blair)对那些新近被提拔的管理者说得更加直接："好消息就是，要想成为一个真正出色的经理人，头几步其实根本就是基本常识。简单说，事情有时候会搞砸，并不是因为你笨，而是因为这些事情你以前从来没思考过。坐在你的扶手椅上，你应该充分自由地思考，并从前人的思考中学习。这样，当管理问题真实出现的时候，你对类似的问题已经充分思考过，就可以运用你的常识去解决问题了。"（G. Blair, *Starting to Manage: The Essential Skills* ［Piscat-away, NJ: Institute of Electrical and Electronics Engineers, 1996］, pp. 1-2）。

第 7 章

1. 我们的同事罗伯特·古德曼博士邀请我们和他一起合作，他帮助 NASCENT 医药公司做团队建设的工作已经有很长时间了。

2. 这个访谈包括 11 个开放式问题（例如，询问团队的优势与劣势，尤其是沟通方面的；他们对这些优势与劣势的贡献；团队领导者的优势与劣势等），以及一些 5 分制的李克特量表式项目（信任水平、公开冲突并解决的能力、决策有效性、对个人贡献的认可程度等）。

3. 除了查特的伙伴是被指定的某个团队成员以外，其他的伙伴配对都完全是自发自愿产生的。

4. 团队成员只为自己的同事接受问卷调查，因为他们的特定目的就是要提高整个团队的绩效。

5. I. B. Myers, *Introduction to Type: A Guide to Understanding Your Results on the Myers-Briggs Type Indicator* （Mountain View, CA: CPP, 1998）。

6. 另外，每个人的个人偏好可以组合形成团队的轮廓图，它显示了团队偏好的集体画面，可以用来确认团队哪些方面存在不平衡、哪些方面需要补足。这是第二重要的目标。

7. R. Ross, "The Ladder of Inference," in P. Senge, A. Kleiner, et al., *The Fifth Discipline Fieldbook* （New York: Doubleday, 1994）, p. 243。

8. A. S. Bryk and B. L. Schneider, *Trust in Schools: A Core*

Resource for Improvement （New York：Russell Sage Foundation，2002）。

9. 这并不是要求所有人都保持原有的时间约定不变，也不是说每个人对每个约谈都作了充足的准备。如果学习者充满动力，一些灵活的时间和日程改变是允许的，这并不会影响到他的学习进程。但是，我们也不是说学习者很容易挤出时间。我们经常听到人们说："很多时候我很难专注于这项工作。这一年中我们过得不容易，有很多的向上管理、项目，等等，这些都是你没法不参与的。我们的工作节奏飞快，太紧张了，有时很难找到时间按照项目要求对自己的发展做工作。"

第 10 章

1. 我们非常感谢哈佛的同事马特·米勒（Matt Miller），他区分了任务活动导向（event-focused）与过程学习导向（process learning-focused）的方式，以用来检验我们的大假设。

2. 我们非常感谢芭芭拉·拉帕皮尔（Barbara Rapaport），她给出了非常好的准备建议。

北京市版权局著作权合同登记号：图字 01-2022-0252 号

图书在版编目(CIP)数据

心智突围：个体与组织如何打破变革免疫/(美)罗伯特·凯根，(美)丽莎·莱希著；杨珲，殷天然译.—北京：北京师范大学出版社，2022.8(2025.7 重印)

（组织学习与进化丛书）

ISBN 978-7-303-27679-0

Ⅰ.①心…　Ⅱ.①罗…②丽…③杨…④殷…　Ⅲ.①智力学　Ⅳ.①B848.5

中国版本图书馆 CIP 数据核字(2022)第 014086 号

XINZHI TUWEI GETI YU ZUZHI RUHE DAPO BIANGE MIANYI

出版发行：北京师范大学出版社 https://www.bnupg.com
　　　　　北京市西城区新街口外大街 12-3 号
　　　　　邮政编码：100088
印　　刷：北京盛通印刷股份有限公司
经　　销：全国新华书店
开　　本：710 mm×1000 mm　1/16
印　　张：19.5
字　　数：277 千字
版　　次：2022 年 8 月第 1 版
印　　次：2025 年 7 月第 4 次印刷
定　　价：96.00 元

策划编辑：周益群　　　　　　　责任编辑：林山水
美术编辑：李向昕　　　　　　　装帧设计：李向昕
责任校对：段立超　陶　涛　　　责任印制：马　洁